प्राचीन भारतीय प्रतिमा-कला एवं मंदिर-वास्तुकला

(गढ़वाल हिमालय के विशेष संदर्भ में)

डॉ अजय परमार

इतिहास विभाग, गढ़वाल विश्वविद्यालय

स्वामी रामतीर्थ परिसर, बादशाहीथौल, नई टिहरी (उत्तरांचल)

प्रकाशक

कॉलेज़ बुक डिपो

त्रिपोलिया • जयपुर

वितरक

विश्वभारती पब्लिकेशन्स

नई दिल्ली- 110002

प्राचीन भारतीय प्रतिमा-कला एवं मंदिर-वास्तुकला

•

डॉ. अजय परमार

ISBN : 81-85788-55-3

पुनःर्मुद्रित संस्करण : 2011

मूल्य : 300/-

Published by **College Book Depot, 83, Tripolia Bazar, Jaipur-2**

Distributed by : **Vishvabharti Publications, 4378/4B, Ansari Road, Daryaganj, New Delhi-1100002**

Type Setting at Mukesh Computers, Jaipur

Printed at S.K. Offset Printers, Delhi

भूमिका

गढ़वाल हिमालय की पुरातनता प्राचीन साहित्यिक स्त्रोतों से पहले ही सिद्ध हो चुकी है, परंतु उसकी संस्कृति और कला को पुरातात्विक स्त्रोतों के माध्यम से जानने का इतिहास ज्यादा पुराना नहीं है। उन्नीसवीं शती ई. के अंत से इन प्रयासों की शुरुआत तब हुई, जब भाभर के प्राचीन पुरावशेषों पर कुछ विरल सामग्री ए. पुलन (1867 ई.) और कुमाऊँ के शैल चित्रांकन पर एक लेख रिवेट कारनक (1877 ई.) ने हमें प्रदान किया। प्रारम्भ में जो भी कार्य इस ओर किये गये, वे अत्यंत अल्प स्तर पर थे। फर्गुसन् ने यहां बहुसंख्यक मंदिर होने की बात तो कही, परंतु उसने वास्तुगत् आधार पर उसकी व्याख्या नहीं की। कनिंघम और मारखम ने यहाँ उत्खनन करवाये और इस आधार पर उन्होंने जो निष्कर्ष निकाले, उनकी रिपोर्ट्स अत्यंत महत्वपूर्ण साबित हुईं। फुरर ने भी अपनी पुस्तक के माध्यम से यहाँ का पुरातत्व विवरण प्रस्तुत किया, जो कनिंघम तथा अन्य विद्वानों की रिपोर्ट् पर आधारित था। इस समय गढ़वाल हिमालय में पाये गये अभिलेखों पर डॉ. राजेन्द्रलाल मिश्र, प्रो. कीलहार्न, एटकिन्सन, सेनार्ट, जार्ज ह्वीलर जैसे विद्वानों ने उल्लेखनीय कार्य किया। बीसवीं शती ई. के आरम्भ में गुप्ते, तेलंग, डॉ. बी.सी. छाबड़ा, डॉ. डी.सी. सरकार ने अभिलेखों पर तो प्रकाश डाला ही, साथ ही इस समय इस परिक्षेत्र से प्राप्त कुणिन्द, कुषाण, यौधयों की मुद्राओं पर रैप्सन, प्रयाग दयाल, एस.सी. काला ने भी महत्वपूर्ण कार्य किया। *हिमालय परिचय* - खण्ड एक और *मेरी जीवन यात्रा*-खण्ड पांच में महापंडित राहुल सांकृत्यायन ने पहली बार यहां के मंदिर, प्रतिमाओं और अभिलेखों पर कला समीक्षक की दृष्टि से प्रकाश डाला और उनकी ऐतिहासिकता पर व्यापक दृष्टिपात किया।

आरम्भिक स्थानीय लेखकों, डॉ. पातीराम, हरिकृष्ण रतूड़ी, बदरीदत्त पांडे ने यहां के सामाजिक राजनैतिक इतिहास लेखन में तो ज्यादा रुचि दिखाई परन्तु स्थापत्य शिल्प, अभिलेखीय अध्ययन में उन्होंने अपनी ओर से स्वयं कोई प्रयास नहीं किया। इस पर आधारित जो भी जानकारियां उन्होंने हमें प्रदान की, वे उनसे पूर्ववर्ती विद्वानों द्वारा किये कार्यों की व्याख्या मात्र थीं। इस प्रकार प्रारम्भ में जो भी सामग्री प्रकाशित हुई, वह एक व्यवस्थित ग्रंथ के रूप में नहीं थी अपितु विभिन्न जर्नल, रिपोर्ट्स[1] में प्रकाशित लेखों के रूप में बिखरी हुई थी जिसमें स्थापत्य की दोनों विधाएं मंदिर वास्तु और शिल्प सर्वथा अछूते ही रह गये, परंतु यह स्थिति अधिक समय तक न रह सकी। क्षेत्रीय पुरातात्विक कार्यों में भारतीय पुरातत्व सर्वेक्षण, उ.प्र. पुरातत्व विभाग, प्राचीन भारतीय इतिहास, संस्कृति एवं पुरातत्व विभाग गढ़वाल

1. जैसे—बंगाल एशियाटिक सोसाइटी के जर्नल, हिस्टोरिकल सोसाइटी के जर्नल, इंडियन ऐंटक्विरि, आर्किऑलाजिकल सर्वे रिपोर्ट्स, एपिग्राफिया इंडिया आदि।

विश्वविद्यालय (श्रीनगर) तथा कुमाऊँ विश्वविद्यालय, अल्मोड़ा, नैनीताल का पर्याप्त योगदान रहा है। उ.प्र. राज्य पुरातत्व विभाग द्वारा 1962-63 ई. में निम्न हिमालय के देवालयों का सर्वेक्षण एवं वर्ष 1978 में टिहरी बांध डूबं क्षेत्र का ग्राम स्तरीय सर्वेक्षण आदि महत्वपूर्ण कार्यों का शुभारम्भ किया गया। इससे उत्साहित हो उ.प्र. राज्य सरकार ने कुमाऊँ में पर्वतीय क्षेत्र की पुरासम्पदा का व्यवस्थित सर्वेक्षण एवं समुचित रख-रखाव सुनिश्चित करने की दृष्टि से पर्वतीय पुरातत्व इकाई, अल्मोड़ा में स्थापित करने की अनुमति प्रदान की जो 1980 से उत्तम ढंग से कार्य कर रही है। इसी से प्रेरित हो उ.प्र. राज्य सरकार ने 1984 में गढ़वाल हिमालय की पुरासम्पदा के सर्वेक्षण और उसके रख-रखाव के लिए पौड़ी गढ़वाल में भी एक अन्य इकाई स्थापित की। उपरोक्त दोनों इकाइयाँ, वर्तमान में उत्तरांचल सरकार के पुरातत्व विभाग के अन्तर्गत कार्य कर रही हैं। इन दोनों विभागों द्वारा कराये गये सर्वेक्षण और उत्खननों के फलस्वरूप गढ़वाल हिमालय की कला, संस्कृति एवं इतिहास की तस्वीर को हम अधिक स्पष्ट रूप से समझने में सफल हुए हैं।

हम पूर्वकालीन लेखकों के ऋण को विस्मृत नहीं कर सकते क्योंकि उनके द्वारा की गई शुरुआत ने ही वर्तमान खोजकर्ताओं को इस दिशा में कार्य करने की प्रेरणा प्रदान की। आज भी यह क्षेत्र अनेक रहस्यों को अपनी गोद में समेटे है। अत: हमें और प्रयास अवश्य करने चाहिए, साथ ही बिखरी पुरातत्व सामग्रियों को संजोकर रखने के लिए प्रादेशिक पुरातत्व संग्रहालयों की स्थापना भी अति आवश्यक है।

प्राचीन भारत का इतिहास लिखना सरल नहीं है क्योंकि यहां कभी किसी ऐसे शासक ने जन्म ही नहीं लिया, जो सम्पूर्ण भारतीय उपमहाद्वीप को एक सूत्र में बांधने का कार्य करता तथापि इस दिशा में कुछ सार्थक प्रयास अवश्य किए गये। सर्वप्रथम चाणक्य जैसे महान राजनीतिज्ञ ने सम्पूर्ण आर्यवर्त को एक सूत्र में पिरोने और उसे एक शक्ति तले एकत्रित करने के उद्देश्य से मौर्य वंश की स्थापना की पर अपनी सोच के अनुसार किया गया उसका यह प्रयास सम्राट अशोक के पश्चात् ही बिखर गया। यद्यपि इसके पश्चात् भी विशाल साम्राज्य की स्थापना के साक्ष्य हमारे पास मौजूद हैं परन्तु वे सभी सम्पूर्ण भारतीय उपमहाद्वीप को एक सूत्र में बांधने का कार्य पूरा न कर सके और इस धरा का प्राचीन इतिहास न जाने कितने स्थानीय राजवंशों, शासकों का इतिहास बनकर रह गया।

प्राचीन भारत के इतिहास को यदि शृंखलाबद्ध करना है तो उसे प्राप्त करना होगा बिखरे हुए टुकड़ों में से और मिलाना होगा इसे छूटे हुए सूत्रों से। अत: इस परिप्रेक्ष्य में स्थानीय इतिहास की महत्ता अपने आप स्वयं बढ़ जाती है। मेरा स्वयं का मानना है कि स्थानीय इतिहास के बिना देश का सामान्य इतिहास अधूरा है, मृतप्राय: है। वास्तविकता यह है कि वर्तमान में भारत का सामान्य इतिहास तैयार करने के लिए राजनैतिक एवं सांस्कृतिक दृष्टि से स्थानीय इतिहास की खोज अत्यन्त आवश्यक है। पश्चिम में सातवाहन, उत्तर में राजपूत, दक्षिण में चोल, पल्लव, चालुक्य, राष्ट्रकूट आदि स्थानीय राजवंशों तथा सीमावर्ती राज्यों-सिंध, कामरूप, बंगाल के इतिहास ने ही भारतीय

इतिहास को वर्तमान स्वरूप में प्रस्तुत करने का उत्तम कार्य किया है। इस संदर्भ में गढ़वाल हिमालय के प्राचीन इतिहास की उपयोगिता भी अति महत्वपूर्ण हो जाती है। वह धरा जो सदा से जन-मन की आस्था का केंद्र रही हो और जिसे पूरब, पश्चिम, उत्तर और दक्षिण के जनों ने अपने कदमों से नापा हो, उस धरा का इतिहास अपने आप में भारतीय इतिहास को नई दिशा प्रदान करने में पूर्ण सक्षम साबित हो सकता है। प्रस्तुत पुस्तक के अन्तर्गत यहां के इतिहास को मैंने इसी आधार पर प्रस्तुत करने का प्रयास किया है।

कला की विशेषता इस बात में है कि वह मनोमय और भूतमय जगत् के मध्य में सेतू का कार्य करती है तथा हमें अवगत कराती है कि मनुष्य ने राष्ट्रीय संस्कृति के विकास हेतु किस प्रकार की योजना बनायी, किस प्रकार का उसने निर्माण किया। जिस प्रकार विद्वान लेखक ग्रंथों की रचना करते हैं, उसी प्रकार शिल्पी भी अपने द्वारा बनाई प्रतिकृति के माध्यम से न जाने कितने अर्थों को नित्य बना जाते हैं।

वास्तव में, कला का जन्म संस्कृति के जन्म से जुड़ा है अत: गढ़वाल हिमालयी कला का इतिहास भी अति प्राचीन है। उसने किस प्रकार अपना स्वरूप धारण किया, कैसे विकास की नित्य नई ऊँचाइयों को स्पर्श किया और इसके सहारे विभिन्न युगों में अलग-अलग राजवंशों ने समय के र साथ कला को किन-किन रूपों में ग्रहण किया तथा कैसी-कैसी कलाकृतियों का सृजन हुआ, आदि बताने की चेष्टा की गई है। स्थानीय इतिहास एवं कला की आवश्यकता को ध्यान में रखकर कला के उन सभी पहलुओं पर प्रकाश डालने का प्रयत्न किया गया है, जो विषय की दृष्टि से अत्यन्त महत्वपूर्ण हैं।

प्राय: कला का अध्ययन उसकी शैली के आधार पर किया जाता है। कला पर आधारित उपलब्ध साहित्य, विभिन्न संस्कृतियों, यथा सिंधु सभ्यता से क्रमानुसार मौर्य, शुंग, सातवाहन, कुषाण, गुप्त, राजपूतकालीन संस्कृतियों से जुड़ा हुआ है। कला का आधार सिर्फ मानव कौतुहल की पूर्ति नहीं है वरन् वह निश्चित रूप से धार्मिक, सामाजिक एवं आर्थिक स्थिति की भी परिचायक है। अत: प्रस्तुत पुस्तक को साहित्यिक प्रमाणों, उत्खननों एवं सर्वेक्षणों के आधार पर प्रस्तुत करने का प्रयास है।

विश्व इतिहास पढ़ने के बाद भी मुझे अपना जन्म-स्थल गढ़वाल हिमालय सदा से ही आकर्षित करता रहा और मेरे हृदय में जगाता रहा जिज्ञासा एवं उत्सुकता तथा प्रदान करता रहा, प्रत्युत्तर में मुझे विस्मय और श्रद्धा। यही वह क्षेत्र है, जहां से निकलकर पवित्र पाविनी गंगा मायापुर (हरिद्वार) से होकर मैदानी क्षेत्रों को प्राण प्रदान करती है। यही वह स्थल है, जहां हर और हरि समाये हैं। इतिहास साक्षी है कि आर्य संस्कृति इस क्षेत्र में जीवित रही है। नालन्दा के समान शिक्षा केंद्र भले ही यहां न रहे हों, पर यहां के अनगिनत् स्थल सदैव लौकिक और परालौकिक शिक्षा से जुड़े रहे हैं। यही नहीं जब-जब अवसर मिला इस धरा ने आक्रांताओं को हटाने का भी भरसक प्रयत्न किया, सब कुछ दांव पर लगाया और अपना सर्वस्व बलिदान किया। राष्ट्रीय आंदोलन की ज्योति भी इसने अपने हृदय में सदा प्रज्जवलित रखी।

इन्हीं विशेषताओं ने मुझे इस दिशा में कुछ लिखने को प्रेरित किया जिसकी परिणति आज पुस्तक रूप में प्रस्तुत करने में, मैं सफल हुआ हूँ। मुझे विश्वास है कि मेरा यह प्रयास गढ़वाल हिमालय क्षेत्र के प्रति जिज्ञासु मनीषियों एवं शौधार्थियों के मार्गदर्शन का कार्य करेगा।

परम् श्रद्धेय डॉ. के.पी. सिंह (डिप्टी सेक्रेटरी, यू.जी.सी., दिल्ली) एवं प्रो. बी.एम. खण्डूरी (विभागाध्यक्ष, इतिहास एवं प्राचीन भारतीय इतिहास, संस्कृति, पुरातत्व विभाग, गढ़वाल विश्वविद्यालय, श्रीनगर, उत्तरांचल) के सहयोग को मैं कैसे विस्मृत कर सकता हूँ, जिन्होंने न सिर्फ पुस्तक लेखन की मुझे प्रेरणा प्रदान की, अपितु इस कार्य निमित्तृ मेरा मार्गदर्शन भी किया। जीवन पथ की राह पर मेरे प्रयास को सही दिशा प्रदान करने वाले आदरणीय प्रो. जे.सी. जोशी (विभागाध्यक्ष इतिहास त्रिभाग, गढ़वाल विश्वविद्यालय, स्वामी रामतीर्थ परिसर बादशाही थौल, नई टिहरी, उत्तरांचल) एवं आदरणीया प्रो. कुसुम मिश्रा डोभाल, (विभागाध्यक्ष हिन्दी विभाग, गढ़वाल विश्वविद्यालय, स्वामी रामतीर्थ परिसर, बादशाहीथौल, नई टिहरी, उत्तरांचल) का मैं हृदय से कृतज्ञ हूँ जिनके प्रयासों से मैं इस पुस्तक को प्रकाशित करने में सफलता प्राप्त कर सका। माननीय प्रो. आर.सी. नौटियाल (विभागाध्यक्ष, शिक्षा विभाग, गढ़वाल विश्वविद्यालय, स्वामी रामतीर्थ परिसर, बादशाहीथौल, नई टिहरी, उत्तरांचल) को मैं अपना धन्यवाद प्रेषित करता हूँ, जिन्होंने इस पुस्तक का व्यवस्थित रूप साकार करने में महत्वपूर्ण भूमिका अदा की। डॉ. दिनेश सकलानी (रीडर, इतिहास प्राचीन भारतीय इतिहास, संस्कृति एवं पुरातत्व विभाग, गढ़वाल विश्वविद्यालय, श्रीनगर, उत्तरांचल) ने पुस्तक लेखन सम्बन्धी जो निर्देश मुझे दिए, उनके प्रति मैं कृतज्ञता प्रकट करता हूँ। आदरणीय पण्डित श्री दर्शनलाल उनियाल (देहरादून) को भी मेरी श्रद्धा समर्पित है, जिन्होंने प्रस्तुत पुस्तक के सम्बन्ध में मुझे महत्वपूर्ण सुझाव प्रदान किए। प्रो. कश्मीर सिंह भिण्डर (प्राचीन भारतीय इतिहास, संस्कृति एवं पुरातत्व विभाग, गुरुकुल कांगड़ी विश्वविद्यालय, हरिद्वार) का मैं हमेशा ऋणी रहूँगा, जिनके दिशा निर्देशन में मैंने इस पुस्तक को अंतिम रूप प्रदान किया।

अंत में, श्रद्धेय डॉ. देवेन्द्र सिंह चौहान (इतिहासकार) के प्रति भी मैं हृदय से अनुगृहीत हूँ, जिनका आशीर्वाद सतत् मेरे साथ रहा। मैं उन महानुभावों, इष्ट मित्रगण आदि का भी आभारी हूँ, जिन्होंने प्रत्यक्ष या अप्रत्यक्ष रूप में मेरी मदद की। कॉलेज बुक डिपो, जयपुर के व्यवस्थापक श्री पी. सी . जैन ने पुस्तक सज्जा में जो रुचि ली एवं शीघ्र मुद्रण में जो तत्परता दिखाई, इसके लिए मैं उनका तहेदिल से शुक्रगुजार हूँ।

डॉ. अजय परमार

अतीत में घटित सामाजिक, धार्मिक, आर्थिक एवं राजनैतिक घटनाओं के अच्छे-बुरे निष्कर्षों का, यदि विश्लेषण कर, आज के संदर्भों में उसका उपयोग किया जाये, तो निश्चित ही समझदारीपूर्ण वर्तमान् की नींव पर, भविष्य की मजबूत इमारत खड़ी की जा सकेगी। बीता हुआ समय राष्ट्र का अनुभव है, जो हम सभी को उचित सोच प्रदान कर, भविष्य को संवारने का अवसर उपलब्ध कराता है। अत: इतिहास हमारी जीवन-पद्धति को सुनियोजित करने का ढंग है, जो स्वस्थ, सशक्त एवं समृद्ध राष्ट्र के निर्माण का मार्ग प्रशस्त करता है।

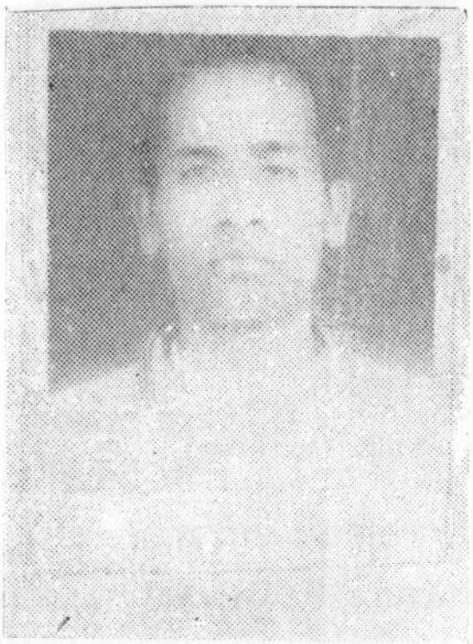

लेखक परिचय

डॉ. अजय परमार उत्तरांचल राज्य के हरिद्वार जनपद में स्थित ग्राम पांवटी के मूल निवासी हैं। इनके पिता श्री बिशम्बर सिंह (सेवानिवृत्त इंजीनियर) की नियुक्ति वीरभद्र, ऋषिकेश (देहरादून) के केन्द्रीय संस्थान में होने के कारण अपने जन्म से स्नातक तक की शिक्षा को इन्होंने यहीं प्राप्त किया। तत्पश्चात् आगामी शिक्षा एम.ए. (इतिहास) तथा पी-एच.डी. की उपाधि इन्होंने हरिद्वार के गुरुकुल कांगड़ी विश्वविद्यालय से पूर्ण की। उत्तराखंड के ऋषिकेश तथा हरिद्वार के सांस्कृतिक वातावरण और पारिवारिक विरासत में मिले संस्कारों ने इन्हें भारतीय संस्कृति के अध्ययन की ओर आकर्षित किया, वहीं अपने शोध में निरंतरता बनाये रखने के उनके संकल्प ने उन्हें अनेक विश्वविद्यालयों एवं राष्ट्रीय शोध संस्थानों से जोड़ा। उन्होंने राष्ट्रीय एवं अन्तर्राष्ट्रीय स्तर के सेमीनार्स तथा कांफ्रेन्सेज में भागीदारी करके अनेक शोध-पत्र प्रस्तुत किये हैं।

डॉ. परमार के व्यक्तित्व में इतिहास एवं साहित्य का अनुपम संगम है। एतिहासिक प्रस्तुतियों के अतिरिक्त इनका 'गुलदस्ता' काव्य-संग्रह शीघ्र ही प्रकाशित होने वाला है।

सम्प्रति गढ़वाल विश्वविद्यालय, स्वामी रामतीर्थ परिसर, बादशाहीथौल, नई टिहरी (उत्तरांचल) के इतिहास विभाग में कार्यरत हैं।

अनुक्रमणिका

1

भारतीय कला : आरम्भिक अवलोकन

(Indian Art : Beginning Inspection)

भारतीय कला एक ऐसा दर्पण है, जो प्राचीन भारतीय विचारों, धर्म, तत्वज्ञान और संस्कृति से तो हमें अवगत कराता ही है, साथ ही वर्तमान् संदर्भो में धार्मिक एवं सामाजिक विचारों में जिन नवीनताओं का सृजन हो रहा है, उसे अपने में आत्मसात् कर भविष्य का आभास भी कराता है। भारतीय इतिहास के विवेचन में जहां साहित्यिक स्त्रोत मुख्य भूमिका निभाते हैं, वहीं कला इसकी सत्यता पर पक्की मुहर का कार्य करती है। भारतीय जन जीवन की पुष्कल व्याख्या करने में भारतीय कला पूर्ण सक्षम है। यहां के लोगों का रहन-सहन, उनके विचार, उनके धार्मिक संस्कार, उनके निर्माण किस प्रकार के थे, इन सभी का ब्यौरा भारतीय कला में आज भी सुरक्षित है। वास्तु, शिल्प, मूर्ति, चित्र, कांस्य प्रतिमा, मृतभाजन, दंतकर्म, काष्ठकर्म, मणिकर्म, स्वर्ण-रजत कर्म, वस्त्र आदि के रूप में हमें आज भी भारतीय कला के दर्शन होते हैं, जिन्हें कलाकारों या शिल्पियों ने अपने भावों-विचारों का माध्यम बनाया।

कला शब्द का सामान्य अर्थ किसी वस्तु का छोटा खण्ड या टुकड़ा, चंद्रमा का सोलहवाँ अंश, समय का प्रभाग, राशि के तीसवें भाग का साठवाँ अंश, रेखाव्यास आदि होता है [1] जबकि कुछ विद्वान सौंदर्य की अभिव्यक्ति द्वारा, सुख प्रदान करने वाली वस्तु का नाम कला बतलाते हैं (कं लांति ददाति इति कला)[2]। क्षेमराज ने अपने *शिवसूत्र विमर्शिनी* में कला के विषय में कहा है ''कलयाति स्वरूपं आवेशयति वस्तुनिवा'' अर्थात् कला वस्तु के स्वरूप को सम्मोहक बनाती है तथा सुशोभित करती है।[3] कला के मर्म को समझने वाले, चाहे वे प्लेटो, अरस्तू, दान्ते, रस्किन, हीगेल, शोपेन, हाक्स, कौचे, काण्ट आदि पाश्चात्य जगत् के विद्वान हों और या फिर भारतीय विद्वान, इन सभी ने कला को अपनी विद्वता के आधार पर भले ही भिन्न-भिन्न प्रकार से परिभाषित किया है, परंतु यह निश्चित है कि इन्होंने कला को अभिव्यक्ति का माध्यम अवश्य स्वीकार किया है। इस आधार पर कहा जा सकता है कि ''मानसिक विकास के शीर्ष पर पहुंचकर कलाकार जिस किसी भी साधन द्वारा अपने अव्यक्त भावों को अत्यंत सुंदर और व्यवस्थित ढंग से प्रस्तुत करता है, वही कला है।'' इस प्रकार कला मानव कौतूहल की पूर्ति का, उसे व्यक्त करने का साधन तो है ही, साथ ही आत्मा-भिव्यक्ति को प्रस्तुत करने का माध्यम भी है।

---

1. *आप्टे :* संस्कृत हिन्दी कोश, पृ. 226

2-3. *सिंह व यादव :* प्राचीन भारतीय कला और संस्कृति, पृ. 16

कला का विकास—कला ने सृष्टि के गर्भ से तभी जन्म ले लिया था, जब प्रागौतिहासिक कालीन मानव ने पेड़ों की छालों को काटने-छीलने, शिकार करने, मांस हड्डियों को काटने-चीरने के लिए अलग-अलग आकृतियों के हथियार बनाये तथा गुफाओं और शैलाश्रयों की दीवारों पर अपनी अभिव्यक्ति को नक्काशी या चित्रकारी के माध्यम से प्रस्तुत करना आरंभ किया। आगे चलकर मानव विकास के विभिन्न चरणों को जैसे-जैसे पार करता चला गया, कला भी अनेक रूपों में अलग-अलग विधाओं में विकसित होती चली गई। इस सम्बन्ध में यह ध्यान देने योग्य है कि कला का विकास मनुष्य के स्थायित्व से जुड़ा है। उसके जीवन में स्थायित्व तभी आया, जब उसने अपने प्रारम्भिक आवास बनाकर एक स्थान पर रहकर खेती करना शुरु किया। कृषि की उन्नति ने जहां उद्योगों को बढ़ावा दिया, वहीं व्यापार की भी उन्नति हुई, परिणामस्वरूप मनुष्य की जरुरतें आसानी से पूरी होने लगीं और भोजन, वस्त्र, आवास जिनसे वह चिंतित रहता था, उसने सरलता से प्राप्त करना सीख लिया। इस स्थायित्व ने मनुष्य के दिमाग को अपनी आवश्यकताओं की पूर्ति की समस्याओं से हटाकर अन्यंत्र सोचने का मौका प्रदान किया। परिणामस्वरूप उसके मन में सृष्टि के विषय में कौतुहल पैदा हुआ, इसी जिज्ञासा ने कला के विकास को नई शुरुआत प्रदान की। ये शुरुआत तब हुई, जब लगभग 2700-1700 ई.पू. सिंधु घाटी की सभ्यता का जन्म हुआ। इस आधार पर भारतीय कला के इतिहास का आरम्भ सही मायनों में हम सिंधु घाटी की सभ्यता से मान सकते हैं। तृतीय सहस्त्राब्दि ई.पू. से शुरू हुई भारतीय कला की यह यात्रा अगले पांच सहस्त्र वर्षों तक जारी रही। इन वर्षों में कला न जाने कितने पड़ावों से गुजरी और प्रत्येक पड़ाव में उसे नये आयामों की प्राप्ति हुई। भारतीय कला को समृद्धशाली बनाने में यहां के जनों का अमूल्य योगदान है, जिनकी संस्कृति में इस कला को पल्लवित और पुष्पित होने का अवसर प्राप्त हुआ। विभिन्न कालों में भारतीय संस्कृति का जैसे-जैसे प्रचार और प्रसार होता गया, भारतीय कला भी उसी दिशा में विकसित होती चली गई। भारतीय संस्कृति पर जब बाहरी संस्कृतियों का प्रभाव पड़ा, तो भारतीय कला भी नये-नये रूपों में सामने आई। यही नहीं, इस संस्कृति ने जब भारत से बाहर पांव पसारे, तो कला को भी वहां फलने फूलने का मौका मिला। उसका परिणाम यह हुआ कि हिन्देशिया से लेकर मध्य एशिया तक का विशाल परिक्षेत्र भारतीय कला की अविरल धारा में जीवन्त हो गया।

भारतीय कला की इस विकास यात्रा (2700 ई.पू.-1200 ई.) को हम चार पड़ावों में विभाजित कर सकते हैं :

(1) सिंधु घाटी से नंद वंश तक (2700ई.पू.-326 ई.पू.)

(2) मौर्य काल से सातवाहन तक (325 ई.पू.-200ई.)

(3) कुषाण काल से हर्ष तक (65 ई.-647 ई.)

(4) राजपूत काल (648 ई.-1200 ई.)।

सिंधु घाटी से नंद वंश तक का समय भारतीय कला का आद्य युग था अर्थात् इस समय भारतीय कला के बीजों ने अंकुरित हो, पूर्ण परिपक्वता प्राप्ति की राह में अपने कदम रखने की शुरुआत की। विकास के दूसरे पड़ाव में इसने यौवनावस्था की ओर कदम बढ़ाये और मौर्य,

शुंग, काण्व, सातवाहन के काल में भिन्न-भिन्न रूपों में समग्रता के साथ प्रदर्शित हुई। तभी तो इस समय कला के क्षेत्र में हमें सुसंगठित क्रियाकलाप के दर्शन होते हैं। मौर्य युग से पूर्व कलात्मक वस्तुओं के निर्माण में लकड़ी, मिट्टी, घास-फूस आदि का प्रयोग होता था। इस युग में सर्वप्रथम कला के क्षेत्र में पाषाण का प्रयोग किया गया। शुंगकाल में कला का विषय मौर्यकालीन कला की भांति सिर्फ धार्मिक ही नहीं था, अपितु ये लौकिक जीवन से भी संबंधित था। तभी तो इस समय की कलाकृतियों से हमें भारत के तत्कालीन जन-जीवन को समझने में काफी मदद मिलती है। शुंगकला मौर्य कला की अपेक्षा एक बड़े वर्ग के मनुष्यों के मस्तिष्क, परम्परा संस्कृति एवं विचारधारा को प्रतिबिम्बित कर सकने में सफल हुई, क्योंकि इसका प्रधान विषय अध्यात्मिक अथवा नैतिक न होकर पूर्णतया मानव जीवन से संबंधित था।[1] सातवाहन काल में शासक द्वारा धार्मिक सहिष्णुता की नीति का पालन करने के फलस्वरूप दक्षिण भारत में बौद्ध कला को बहुत अधिक प्रोत्साहन मिला। अमरावती, नागार्जुन कोण्ड, भट्टिप्रोलु, गोली, घण्टशाल, नासिक, कार्ले, पीतलखोरा, कन्हेरी, जुन्नार भारतीय कला के केंद्र बनें। अपने विकास के तीसरे चरण में भारतीय कला पूर्ण यौवनावस्था को प्राप्त हुई। प्रथम शती ई. से 7वीं शती ई. के इस काल में भारतीय कला ने समृद्ध होकर अपनी ख्याति का परचम मध्य तथा दक्षिण-पूर्व एशिया के भागों में फहराया। कनिष्क के शासन काल में कला के क्षेत्र में दो स्वतंत्र शैलियों गांधार तथा मथुरा शैलियों का विकास हुआ। पश्चिमोत्तर प्रदेशों से सम्पर्क के कारण यूनानी कला को उत्तर भारत के नगरों में प्रवेश का मौका मिला। गांधार प्रदेश के भारतीय कलाकारों ने इससे प्रभावित हो जो प्रतिमाएं बनाईं, उन पर यूनानी कला का प्रभाव स्पष्टतः परिलक्षित होता है। गांधार शैली में भारतीय विषयों को यूनानी ढंग से व्यक्त किया गया है। यही नहीं इस कला में रोमन कला का भी प्रभाव स्पष्ट है। इसी प्रकार भारतीय कलाकारों ने मथुरा में एक नई शैली को विकसित किया, जो यूनानी कला की नकल नहीं थी और जिसका आधार मूल रूप से भारतीय ही था। गांधार शैली में यद्यपि बुद्ध और बोधिसत्वों की प्रतिमाओं पर ध्यान दिया गया, परंतु मथुरा शैली में बौद्ध, हिन्दू, जैन तीनों प्रकार की प्रतिमाएँ बनाई गईं। उपरोक्त शैलियों में अध्यात्मिकता तथा भावुकता को इतना महत्व नहीं दिया गया, बल्कि बौद्धिकता और शारीरिक सौन्दर्य पर विशेष ध्यान दिया गया। इस काल की एक अन्य विशेषता यह भी है, कि कुषाण यद्यपि विदेशी शासक थे, परंतु फिर भी उन्होंने भारतीय संस्कृति में अपने को पूर्णतया विलीन कर दिया। उन्होंने भारतीय धर्म, कला एवं विद्वता, को तो संरक्षण प्रदान किया ही, साथ ही उन्होंने मध्य तथा पूर्वी एशिया में भारतीय संस्कृति एवं कला के प्रवेश का द्वार भी खोल दिया, जिसकी परिणति गुप्तकाल में बृहत्तर भारत के रूप में सामने आई।

गुप्तकालीन सम्पूर्ण उत्तर भारत में हमें एक अद्भुत क्रियाशीलता दिखाई देती है। कला के अलग-अलग सोपानों, जैसे वास्तु-स्थापत्य, चित्रकला, मृदभांड कला आदि का इस युग में अत्यधिक विकास हुआ। कला ने धर्म के साथ समन्वय स्थापित कर भारतीय कला को और

---

1. *कुमार स्वामी :* हिस्ट्री ऑफ इण्डियन एंड इण्डोनेशियन आर्ट, पृ. 17

समृद्धशाली बनाया। तभी तो हमें इस काल की कला में विदेशी प्रभाव दृष्टिगोचर नहीं होता, बल्कि अद्योपान्त, अध्यात्मिकता, शालीनता तथा भारतीयता के दर्शन होते हैं। वी.एस. अग्रवाल के अनुसार, संस्कृति के विविध क्षेत्रों के साथ ही कला और स्थापत्य के क्षेत्र में भी गुप्त युग की उपलब्धियां भारतीय इतिहास के पृष्ठों में अत्यंत महत्वपूर्ण हैं। वस्तुतः इस काल की कीर्तिकला दृश्य रचनाओं द्वारा चिर स्थायी बना दी गई हैं।[1]

गुप्तकाल में सभ्यता, संस्कृति के क्षेत्र में जो अभूतपूर्व प्राप्ति हुई तथा आर्थिक, धार्मिक, साहित्यिक एवं कला कौशल के क्षेत्र में जो मापदण्ड तय किये गये, वो हर्ष काल तक ज्यों के त्यों विद्यमान रहे। अपनी यात्रा के चौथे और अंतिम पड़ाव में अर्थात् 700 से 1200 ई. के बीच भारतीय कला अपने सर्वोच्च शिखर पर थी। इस काल की कला में यद्यपि गुप्तकालीन कला के तत्व भी विद्यमान थे, परंतु कुछ नये तत्वों का समावेश भी इस समय किया गया। पौराणिक घटना चित्रण इस काल की सर्वप्रथम विशेषता है। पर्वतों एवं गुफाओं में विशाल दृश्यों को अंकित करके तथा खोदकर कला को एक नया अद्वितीय रूप भी इस काल में ही प्रदान किया गया। कला विकास के इस आखिरी पड़ाव को हम दो चरणों में विभाजित कर सकते हैं। (1) प्रथम चरण अर्थात् पूर्व मध्यकाल (700-900 ई.) (2) द्वितीय चरण अर्थात् उत्तर मध्यकाल (900-1200 ई.)। पूर्व मध्यकाल में पांच बड़ी शक्तियां उत्तर में गुर्जर प्रतिहार, दक्षिण में चालुक्य, राष्ट्रकूट तथा पल्लव और पूर्व (बंगाल-बिहार) में पाल राजवंश का शासन रहा। उत्तर में कन्नौज गुर्जर प्रतिहार शासकों के समय शैव, वैष्णव तथा बौद्ध के अनुकरण पर हिन्दू देवताओं के लि पर्वत गुफाओं को काटकर मंदिर बनवाये गये। इन मंदिरों के उत्कृष्ट नमूने बादामी, ऐहोल, पत्तडकल तथा ऐलोरा से प्राप्त होते हैं। पल्लव नरेशों का शासनकाल भी भारतीय कला की उन्नति के लिए प्रसिद्ध है। उनकी वास्तु तथा तक्षण (Sculpture) कला दक्षिण भारतीय कला के इतिहास में सर्वाधिक गौरवशाली अध्याय है।[2] यही नहीं पल्लव वास्तुकला ही दक्षिण की द्रविड़ कला शैली का आधार बनी। उसी से दक्षिण भारतीय वास्तुकला के तीन प्रमुख अंगों (1) मण्डप (2) रथ, तथा (3) विशाल मंदिर का जन्म हुआ। पाल शासकों के समय बौद्ध धर्म की व्रजयान शाखा की उन्नति हुई, अतः इस समय बौद्ध प्रतिमांए ज्यादा गढ़ी गईं। यही नहीं अन्य सम्प्रदायों (शैव, शाक्त, वैष्णव) की प्रतिमांए भी इस समय बनीं, परंतु यह तथ्य विशेष ध्यान देने योग्य है, कि इन सभी प्रतिमाओं में हमें तांत्रिक प्रभाव दृष्टिगोचर होता है।

उत्तर मध्यकाल में सम्पूर्ण भारत वर्ष में अनेक सुंदर व विशाल मंदिरों का निर्माण हुआ और असंख्य प्रतिमांए बनाई गईं, जो अपनी सजावट और तड़क भड़क में अतुलनीय हैं। क्योंकि राजपूत शासक बड़े उत्साही निर्माता थे, अतः इस काल में अनेक भव्य मंदिरों एवं प्रतिमाओं का निर्माण किया गया। राजपूत कालीन मंदिरों के भव्य नमूने भुवनेश्वर, खुजराहो, आबू पर्वत

---

1. *वी.एस. अग्रवाल :* वाकाटक गुप्त एज, पृ. 446
2. *नीलकंठ शास्त्री :* ए हिस्ट्री ऑफ साउथ इंडिया, पृ. 457

(राजस्थान) एवं गुजरात में प्राप्त होते हैं इसी काल में चोल युगीन कलाकारों ने अपनी कुशलता का प्रदर्शन पाषाण मंदिर तथा प्रतिमाएं बनाने में किया। कलाविद् फर्गुसन के अनुसार चोल कलाकारों ने 'दैत्यों के समान कल्पना की तथा जौहरियों के समान उसे पूरा किया'। तक्षण कला के क्षेत्र में भी चोल कलाकारों ने सफलता प्राप्त की। उन्होंने पत्थर तथा धातु की बहुसंख्यक प्रतिमाओं का निर्माण किया, जिनमें नटराज शिव प्रतिमाएं प्रतिमा विज्ञान की दृष्टि से अनुपम हैं। इस प्रकार भारतीय कला ने विकास के इन विभिन्न चरणों को पार करते हुए, आकाश की अनन्त ऊंचाईयों को स्पर्श किया और जन-मन के विश्वास, उनकी भावनाओं, उनकी श्रद्धा और भक्ति का अटूट साधन बनीं।

भारतीय कला की विशेषताएँ

यह तथ्य विशेष ध्यान देने योग्य है, कि प्राचीन भारतीय कला दो रुपों में समानान्तर रूप से आगे बढ़ती रही। कभी उसे तत्कालीन शासकों ने दरबारी या राजकीय कला के रूप में प्रश्रय प्रदान किया, तो कभी वो लोक कला के रूप में बिना सहारे के पल्लवित और पुष्पित होती रही। आगे चलकर जब सभ्यताओं के विकास के साथ-साथ राजकीय तथा लोक रुचियों का विकास हुआ और दोनों में सामंजस्य स्थापित हुआ, तो भारतीय कला भारतीय संस्कृति की संवाहक बनी। तभी तो लोक जीवन के समस्त रूपों जैसे जीवन के आदर्श, सिद्धांत, मानवीय संवेदना, जन-जीवन, देवी-देवता, राजा-रानी, पशु-पक्षी, वस्त्र- आभूषण, अस्त्र-शस्त्र, स्त्री-पुरुष आदि के दर्शन हमें भारतीय कला में होते हैं।

संस्कृति से ही किसी राष्ट्र की पहचान होती है। राष्ट्र की संस्कृति जितनी उन्नतशील होगी, राष्ट्र स्वयं उतना ही विकसित एवं समृद्धशाली होगा। क्योंकि संस्कृति का विकास सभ्यता के विकास से जुड़ा है, इसलिए मानव ने अपनी सभ्यता का जैसे-जैसे विकास किया, वैसे-वैसे संस्कृति भी विकसित होती चली गई। कृषि, उद्योग, व्यापार की उन्नति ने आम जन के जीवन को जहां उन्नतशील बनाया, वहीं भारतीय समाज में जब जीवन मूल्यों, संस्कार, आचार-विचार, आस्था-विश्वास जैसे तत्वों का समावेश हुआ, तो भारतीय संस्कृति सर्वोच्च शिखर प्राप्त करने में सफल हुई। ऐसी स्थिति में समाज के प्रत्येक वर्ग को अपनी रुचियों तथा अन्य क्रियाकलापों की पूर्ति का भी सुअवसर प्राप्त हुआ। उसका परिणाम यह हुआ, कि लोक जीवन के भिन्न भिन्न रूपों को लेकर भारतीय कला नये-नये रूपों में प्रकट हुई। शिक्षा की उन्नति ने जहां ज्ञान विज्ञान को बढ़ावा दिया, वही धर्म के प्रचार और प्रसार की भी वो महत्वपूर्ण सीढ़ी साबित हुआ, क्योंकि भारतीय संस्कृति में धर्म की महती भूमिका रही है और भारत वर्ष स्वयं भी सदा से धर्म प्रधान देश रहा है, ऐसे में भारतीय कला धर्म से कैसे अछूती रह सकती थी।

सूर्य और चंद्र, नक्षत्र और ग्रह, मनुष्य और पशु, पर्वत, नदियां, समुद्र, वृक्ष, वनस्पति, जड़-चेतन, सदा से ही मनुष्य के लिए कौतुहल और विस्मय का विषय रहे हैं। यही नहीं उसने इनसे परे, एक ऐसी सर्वोच्च परम सत्ता का अनुभव किया, जो इन्द्रियगम्य नहीं है, बल्कि अगोचर और निराकार है। मनुष्य ने इस व्यक्त और अव्यक्त जगत् को एक चुनौती के रूप में स्वीकार

किया और विभिन्न उपायों द्वारा उसे समझने की कोशिश की। उसने उसे जिस रूप में जितना समझा, जितना जाना, उसे विभिन्न उपायों के माध्यम से अभिव्यक्त करने का प्रयास किया। उसने इस व्यक्त जगत् को ही नहीं, बल्कि अव्यक्त निराकार, सर्वोच्च परम सत्ता को भी आकार प्रदान कर विभिन्न रूपों में प्रस्तुत किया। इस प्रकार भारतीय कला जहां मनुष्य संस्कृति को, विभिन्न रूपों में प्रस्तुत करने का माध्यम सिद्ध हुई, वहीं विभिन्न धर्मों, सम्प्रदायों की अभिव्यक्ति का साधन भी बनी। बौद्ध धर्म के विकास के बाद जब आगे हिन्दू धर्म का पुनरुत्थान हुआ और बौद्ध धर्म से इसका तादम्य स्थापित हुआ, तो वैष्णव, शैव, शाक्य, बौद्ध धर्म से सम्बन्धित अनेक विषयों का अंकन भिन्न-भिन्न रूपों में भारतीय कला के अन्तर्गत् किया जाने लगा। देश में समय-समय पर जो धार्मिक आंदोलन हुए और जिन्होंने लोक जीवन पर गहरा प्रभाव डाला, उनसे भी कला ने प्रेरणा प्राप्त की। धार्मिक साहित्यों में वर्णित आख्यानों, देवी-देवताओं के रूपों, उनके चरित्रों, उनसे सम्बंधित घटनाओं का जो वर्णन हमें मिलता है, उसको भारतीय कलाकारों ने कला की विभिन्न विधाओं के माध्यम से प्रस्तुत करने का सफल प्रयास किया। इसका परिणाम यह हुआ, कि भारतीय कला जन-मन की श्रद्धा, आस्था और विश्वास का प्रतीक बन गई तथा सामान्य जनता के धार्मिक विश्वास भी कला में परिगृहित हुए।

भारतीय कला भावना प्रधान है। कलाकार ने अपनी छेनी-हथौड़े या कूंची के माध्यम से जो भी रचना या आकृति साकार की, उसमें भावों को विशेष महत्व दिया गया है। फलस्वरुप प्रत्येक रचना अपने को प्रस्तुत करने में पूर्णतः सफल सिद्ध हुई है। जिसे देखकर उसके उद्देश्य और प्रयोजन का पता आसानी से लगाया जा सकता है। भावों के बिना कला का अस्तित्व ही नहीं है, क्योंकि हृदय में उपजे भावों को व्यक्त करने का माध्यम ही कला है। तभी कला मानव हृदय के अत्यंत निकट है, जो इन्द्रियों के माध्यम से सीधे हृदय तक असर पैदा करती है। अतः अपने अव्यक्त उद्‌गारों को भावों के माध्यम से हमारी कला ने अत्यंत सुंदर ढंग से प्रस्तुत किया है। कहीं उसने शरीर की बनावट को आधार बनाया है, कहीं शरीर के अंगों को और कहीं चेहरे की भाव भंगिमाओं को, तो कहीं उसने इसके लिए वास्तु की विधाओं का सहारा लिया है।

भारतीय परम्परा के अनुसार कला का उद्देश्य आनन्द प्राप्त करना है। आनन्द की प्राप्ति तभी सम्भव है, जब रचना अपने सर्वोत्तम रूप में हो, परंतु सर्वोत्तम रूप बिना सौन्दर्य प्रदर्शन के हमें प्राप्त नहीं हो सकता और सौन्दर्य अपने सम्पूर्ण आवेग में पूर्णता वहीं प्राप्त करता है, जहां प्रेम है, भक्ति है। ये दोनों ऐसे भाव हैं जिनसे ओतप्रोत हो,व्यक्ति अपने प्रियतम या अराध्य देव को अपनी कल्पनाओं में अन्यनतम् सौन्दर्यमयी रूप में देखता है और उसे अनुभव करता है। भारतीय चिन्तकों, साहित्यकारों, दार्शनिकों ने भी प्रेम को सर्वोत्तम भाव माना है और उसे भक्ति का आधार भी स्वीकार किया है। यही कारण है, कि भारतीय कलाकार ने ईश्वर के ही नहीं अपितु नर-नारी के जीवन, उसके रूप, उसके प्रत्येक हाव-भाव, अंग-प्रत्यंग को सुंदरतम रूप में प्रस्तुत किया है।

कलाकार की स्वयं की प्रवृत्ति भी रसिक, सहृदय, आस्था प्रधान होती है। अत: उसका सौन्दर्य प्रेमी होना विशेष गुण है। मथुरा, अमरावती खुजराहो कला के अन्तर्गत् बनाई गई नग्न और अर्द्धनग्न प्रतिमाएं स्त्री के शारीरिक सौन्दर्य की अन्यन्तम् व्याख्या प्रस्तुत करती हैं, इनकी शरीर रचना भारतीय सौन्दर्य शास्त्र के लक्षणों के अनुसार की गई है तथा इनकी अति सुंदर, मांसल देहयष्टि इस प्रकार उभारी गई है, कि इनके अंकन में उत्तेजना, मादकता और केन्द्रियता स्पष्ट झलकती है। विभिन्न क्रिड़ाओं में रत् इन प्रतिमाओं को सौन्दर्य का जीता जागता रूप कहा जा सकता है।

मानव ने अपनी ईष्टदेव की अत्यंत रूपवान रूप में परिकल्पना की है। अत: ईश्वरीय भक्ति और प्रेम के वशीभूत हो, कलाकार ने उन्हें अप्रीतम सौन्दर्यमयी मूर्तरूप में प्रस्तुत करने की चेष्टा की। अनगढ़ पत्थर, धातु लकड़ी आदि पर जब कलाकृति का निर्माण हुआ, तो वो सुंदरता या अप्रीतम सौंदर्य से पूर्ण कलाकृति के रूप में ही सामने नहीं आई, अपितु वो मोक्ष प्राप्ति का साधन भी बनी।

भारत सदा से ही धर्म प्रधान देश रहा है और यहां का जीवन धर्म के अनुपालन को सदा से ही महत्व देता आया है। इसलिए अपने ईष्टदेव के प्रति अटूट श्रद्धा और उसे उच्चतम स्थान पर प्रतिष्ठापित करने की भावना ने कला में नाना प्रकार के प्रयोग करने का अवसर प्रदान किया। अत: प्राचीन भारतीय कला में हमें जितने प्रतीकों के दर्शन होते हैं, वे समस्त धर्म के महास्त्रोत से उद्गमित हुए हैं। भारतीय जीवन दर्शन सदा से ही मोक्ष को मानव का अंतिम लक्ष्य मानता आया है और प्रत्येक भारतीय धर्म में इसकी प्राप्ति की अपने-अपने ढंग से व्याख्या भी की गई है। फलस्वरूप भारतीय दृष्टि में मंदिर, प्रतिमा, देवविग्रह आदि सभी का चरम उद्देश्य आत्मसाक्षात्कार ही है। तभी तो हमें भारतीय कला में भौतिक, सांसारिक, विषय वस्तु के स्थान पर धार्मिक विषयों, चरित्रों से संबंधित कलाकृतियों के ही दर्शन ज्यादा होते हैं और जिनका रूपायन हमें साधारण मानवीय शरीर से श्रेष्ठ अति मानवीय रूप में देखने को मिलता है। अत: भारतीय कला की मुख्य विशेषता उसका अध्यात्मिकता से ओत-प्रोत होना है। क्योंकि भारतीय जीवन-चिन्तन और दृष्टि सदा से ही अध्यात्म प्रधान रही है, इसलिए कलाकृति के माध्यम से उस निर्गुण, निराकार, अगोचर, अविनाशी, परालौकिक, परमब्रह्म को परिकल्पित एवं व्याख्यायित करने का यहां उत्तम प्रयास किया गया है।

मानव ने जबसे इस धरती पर कदम रखा, तब से वो अपने जीवन समाज एवं संस्कृति का निरन्तर विकास करता चला आया है। उसने ये विकास कब कैसे और किस रूप में किया, इसे कला के माध्यम से जाना जा सकता है। अत: कला जहां सभ्यता संस्कृति के विकास की सूचक है, वहीं ये सबको एक सूत्र में बांधने का कार्य भी करती है। ये सदा से ही जीवन को साथ लेकर चली है, इसलिए हमें भारतीय कला में जीवन मूल्य, संस्कार, धर्म, दर्शन, कला, शिक्षा, साहित्य, आचार-विचार, आस्था, विश्वास, मानवीय संवेदना, जीवन के आदर्श सिद्धांत, सामाजिक क्रियाकलाप, समाज की प्रगतिशील एवं परिवर्तनशील दृष्टि, रहन-सहन आदि सभी कुछ प्रतिबिम्बित होता है।

भारत सदा से ही विविध धर्मों और संस्कृतियों का देश रहा है। समय-समय पर भारत में विभिन्न धार्मिक आंदोलन हुए और उसके परिणामस्वरूप जिन धर्मों तथा सम्प्रदायों का विकास हुआ एवं जो सांस्कृतिक परिवर्तन हुए, उसका प्रभाव भारतीय कला में स्पष्टतः झलकता है। यही नहीं भारत के बाहर से आने वाले विभिन्न संस्कृतियों के लोग, अब चाहे वो अध्यात्मिक खोज के निमित्त यहां आये हों और चाहे आक्रमणकारियों के रूप में यहां आये हों, उन्हें भारतीय संस्कृति ने अपने में आत्मसात् किया। यह भारतीय संस्कृति की ग्रहणशीलता का ही परिणाम था, कि जो भी विदेशी यहां आया वो यहीं का होकर रह गया। फिर भी यदि वो वापिस भी गया तब भी भारतीय संस्कृति ने उसकी सांस्कृतिक विशेषताओं को स्वीकार किया। अब चाहे वो भारत में जन्म लेने वाला बौद्ध, जैन, ब्राह्मण, लोकायत आदि धर्म या सम्प्रदाय हो या फिर बाहर से आने वाले ग्रीक, शक, हुण, कुषाण। सभी का प्रभाव हमें भारतीय कला में दृष्टिगोचर होता है। यह तथ्य विशेष ध्यान देने योग्य है, कि इस ग्रहणशीलता ने जहां अपनी पहचान को बनाये रखा, वहीं बाहरी संस्कृतियों के प्रभाव से भारतीय कला में ओर ज्यादा निखार आया।

भारतीय कला अलंकरण प्रधान भी है। प्रासाद वास्तु और देव प्रतिमाओं की भूषा तथा शांति के लिए जो प्राकृतिक या काल्पनिक अभिप्राय प्रयुक्त हुए हैं, उन्हें अलंकरण कहा गया है। ये अलंकरण यद्यपि सृष्टि जगत से प्रेरणा प्राप्त हैं, परंतु कलाकारों ने इन्हें अभिव्यक्त करते समय अपनी कल्पनाओं से विभिन्न रूपों में प्रस्तुत किया है। ये सिर्फ सौन्दर्य अभिवृद्धि के लिए ही नहीं प्रयुक्त हुए, अपितु इनका उपयोग मांगलिक एवं शुभ चिन्हों के रूप में भी किया गया। भारतीय सौन्दर्य शास्त्र में कहा गया है, कि यदि आवास या देवगृह में मांगलिक चिन्ह अंकित किए जायें, तो अमंगल से सदा रक्षा होती है। मानवर (39) में भी स्पष्ट वर्णित है, कि इसे सदा रक्षा और पुष्टि के लिए निर्मित करना चाहिए। अलंकार, सौन्दर्य सहित कला को गहन दार्शनिक अर्थ भी प्रदान करते हैं। अग्नि पुराण (58,31) में जो अष्ट मंगल माने गये हैं, वे हैं सिंह, वृषभ, गज, व्यजन, कलश, वैजयंती, भेरी और दीप। इनके अतिरिक्त मांगल्य विहग, श्रीवृक्ष, स्वास्तिक, घट, मिथुन, पत्रवल्ली और प्रमथ भी अलंकार है, जिनके द्वारा द्वारभूषा करने का आदेश बृहत संहिता (56, 15) में मिलता है। इसी प्रकार त्रिरत्न, शंख, चक्र, पद्म, कीर्तिमुख, आदि नाना मांगलिक प्रतीक हैं। उपरोक्त सभी अलंकरणों का चित्रण मंदिरों की द्वार शाखाओं, द्वारोत्तरांगो, भित्तियों, वितानों, स्तम्भों तथा प्रतिमाओं के बाह्य पृक्ष और श्रृंग पर पाया जाता है।

❑❑❑

2

गढ़वाल हिमालय : परिचय

(Garhwal Himalaya : Introduction)

प्राचीन समय से ही भारतवासी हिमालय की विशालता और भूगोल से परिचित थे। उस समय इस महान पर्वत को पांच भागों में विभक्त किया गया था। पूर्व में नेपाल, पश्चिम में क्रमश: कूर्मांचल, केदार, जलन्धर और काश्मीर।[1] इन पांचों के मध्य में केदारखण्ड (गढ़वाल) है। अत: इसको मध्य हिमालय भी कहते हैं।

स्कन्द पुराण के केदारखंड पुराण में गढ़वाल हिमालय की सीमाओं को सुनिश्चित किया गया है। पश्चिम में नंदा पर्वत से प्रारम्भ होकर पूर्व में काष्ठगिरि तक, उत्तर में रत्न स्तम्भ से लेकर दक्षिण में माया क्षेत्र तक इसका विस्तार है।[2] केदारखंड पुराण के 40वें अध्याय में केदारखंड (गढ़वाल हिमालय) को पचास योजन लम्बा और 30 योजन चौड़ा कहा गया है। जोकि स्वर्ग जाने का मार्ग है। यह पृथ्वी से लोकोत्तर है। पश्चिम में ये तमसा के तट से लेकर पूर्व में बौद्धाचल (बधाण) तक विस्तृत है। केदारखण्ड नाम से प्रसिद्ध यह क्षेत्र पृथ्वी से भिन्न है।[3]

आधुनिक नामावली के अनुसार केदारखंड (गढ़वाल हिमालय) क्षेत्र उत्तर में गंगा के उद्‌गम से दक्षिण में गंगाद्वार या मायाक्षेत्र (वर्तमान् समय हरिद्वार की सीमाओं के अन्तर्गत्) तक

---

1. *खण्डा: पंच हिमालयस्य कथिता ने पाल कूर्माचलौ।*
   केदारोऽय जलन्धरोऽय रुचिर: काश्मीर संज्ञाऽन्तिम।। (केदारखंड पुराण 204.56)
2. *नंदापर्वतमारम्य यावत् काष्ठगिरिर्भवेत्।*
   तावत्केदारकं क्षेत्रं शिव मंदिर मुत्क्षमम्।।
   रत्नस्तम्भ समारम्य माया क्षेत्रावधि स्मृतम्।
   अति पुण्यप्रदं स्थानं हिमालय पदान्वितम्।। (केदारखंड पुराण 101.3-31)
3. *पञ्चाशद् योजनायामं त्रिंशद योजनाविस्तृतम्।*
   इदं वे स्वर्गगमनं न पृथ्वी तां महाविभो।।
   गंगाद्वार मयदि श्वेतांस्त वरवर्णिनि।
   तमसातटत: पूर्व भागे बौद्वाचलं शुभम्।।
   केदारमंडलम् ख्यातं भूम्यां तद भिन्नकं स्थलम्।
   वात्सल्यात् तत्र देवेशि कथिंत देशमुत्तमम्।। (केदारखंड पुराण 40.27-29)

विस्तृत है। पश्चिम में यमुना नदी की सहायक नदी तमसा (टोंस) गढ़वाल हिमालय की सीमा का निर्धारण करती है। गढ़वाल का यह पश्चिमी प्रदेश जौनसार के नाम से प्रसिद्ध है। पूर्व में बौद्धाचल (वर्तमान में बधाण) है। यहां पिंडर नदी का उद्गम स्थल पिण्डर ग्लेशियर है। यहीं पिण्डर नदी दक्षिण-पश्चिम की ओर बहकर कर्ण प्रयाग में अलकनंदा में मिल जाती है।

इस प्रकार केदारखंड (गढ़वाल हिमालय) की पवित्र भूमि उस स्थान पर प्रारम्भ होती है, जहां गंगा मैदान में प्रवेश करती है (अर्थात् हरिद्वार क्षेत्र से) तथा इससे ऊपर उत्तर में ऋषिकेश का पावन क्षेत्र है। यहीं से हिमालय की प्रमुख श्रृंखलाएं प्रारम्भ होती हैं।

गढ़वाल हिमालय की सीमाएं और क्षेत्रफल—गढ़वाल हिमालय उत्तर में $29^{o}26^{o}$ अक्षांश से लेकर दक्षिण $31^{o}18^{o}$ अक्षांश तक तथा पूर्व में $80^{o}\,6'$ देशांतर से लेकर पश्चिम में $77^{o}\,49'$ देशांतर तक विस्तृत है। इसके पूर्व में कुमायुं (कुमाऊँ), पश्चिम में हिमाचल प्रदेश, उत्तर में तिब्बत तथा दक्षिण में सहारनपुर और बिजनौर जनपद स्थित है। नवीन संघटन के अनुसार इसका क्षेत्रफल 30175 वर्ग किलोमीटर है तथा इसमें 6 जिले उत्तरकाशी, चमोली, पौड़ी गढ़वाल, टिहरी गढ़वाल, देहरादून और रुद्रप्रयाग हैं। गढ़वाल हिमालय के जिलों का क्षेत्रफल निम्नलिखित है —

नाम जिला	क्षेत्रफल (वर्ग कि.मी.)
उत्तरकाशी	8016
चमोली	7626
पौड़ी गढ़वाल	5397
टिहरी गढ़वाल	3796
देहरादून	3088
रुद्रप्रयाग	2252
कुल	30175 वर्ग किमी.

गढ़वाल हिमालय के प्राकृतिक विभाग—गढ़वाल हिमालय की पर्वत श्रृंखलाओं को तीन वर्गों में विभक्त किया जा सकता है— महाहिमालय, लघु हिमालय और बाह्य हिमालय। इसके अतिरिक्त पर्वतीय भू-भाग के अंत में तलहटी का समतल भू-भाग भी है। जिसे हम तराई भाबर कहते हैं । महाभारत में हिमालय के जो तीन भू-भाग अंतर्गिरी, बहिर्गिरी और उपगिरि[1] कहे गये, वे भी इस विभाजन की पुष्टि करते हैं। इस प्रकार गढ़वाल हिमालय क्षेत्र को पर्वतीय प्राकृतिक दृष्टि से चार भू-भागों में विभक्त किया जा सकता है। महाहिमालय, लघु हिमालय, बाह्य हिमालय और तराई भाबर। इसका संक्षिप्त परिचय निम्नलिखित है।

---

1. *अन्तर्गिरि चकौन्तेय तथैव च बहिर्गिरिम्।*
तथैवोपगिरि चैव विजिग्ये पुरुषर्षभ ॥ (महाभारत सभापर्व 27.31)

(1) महाहिमालय—महाभारत में इसे अंतर्गिरि कहा गया है। इसका अन्य नाम उत्तर कुरु भी है। इसकी ऊँचाई प्राय: 13000 से 26000 फीट है। हिमालय के सभी ऊँचे शिखर और पर्वत श्रेणियाँ इसके अन्तर्गत् हैं। हिमालय की नदियों का उद्‌गम यहीं से होता है। गहरी घाटि़याँ, खड़े तीव्र ढाल, तीव्र गति से बहती नदियां और उसके प्रपात यहां हैं। इसके उत्तर में तिब्बत प्रदेश है। गढ़वाल के प्रसिद्ध बुग्याल भी इसी क्षेत्र में हैं, जो अपने चारागाहों के लिए विख्यात हैं। इनमें असंख्य वनोंषधियां और पुष्प खिलते हैं। पांडुकेश्वर के समीप फूलों की घाटी (Valley of Flowers) ने प्रकृति प्रेमियों का ध्यान आकर्षित किया है। महाहिमालय में स्थान-स्थान पर दर्रे (माणा दर्रा, नीति दर्रा आदि) हैं। शिव प्रसाद डबराल ने अनेक दर्रों (गिरि द्वारों) के नाम उनकी ऊँचाई सहित गिनाये हैं।

(2) लघु हिमालय—यह महाहिमालय के दक्षिण में स्थित है। इसे महाभारत में बहिर्गिरि कहा गया है। इसका अन्य नाम करु जांगल भी है। इसकी ऊँचाई 5000-13000 फीट है। हिमालय के सघन वनाच्छादित प्रदेश, ऊपजाऊ खेत, वाहिकाएं और सघन आबादी इसी क्षेत्र में हैं। महाहिमालय से निकलने वाली नदियां यहां से होकर नीचे की ओर बहती हैं।

(3) बाह्य हिमालय—लघु हिमालय के दक्षिण में बाह्य हिमालय स्थित है, जिसे महाभारत में उपगिरि कहा गया है। संभवत: यह कुरु जनपद का उत्तरी भाग था। वर्तमान् समय में ये शिवालिक पर्वत श्रेणी के नाम से प्रसिद्ध है, जिसकी ऊँचाई 3000 फीट तक है। लघु हिमालय और बाह्य हिमालय के मध्य में अनेक मैदान आ गये हैं। देहरादून और ऋषिकेश इसी में बसे हैं।

(4) भाबर-तराई क्षेत्र—शिवालिक पर्वत श्रृंखला की तलहटी से मैदानी प्रदेश तक का भू-भाग भाबर-तराई कहलाता है। भाबर ऊँचा-नीचा विषम है तथा भूमि खुष्क है। तराई का भाग बहुत कुछ समतल है। यह भाग घने वृक्षों से आच्छादित है तथा यहां सैकड़ों प्रकार की औषधियाँ प्राप्त होती हैं। घने वनों में विविध हिंसक तथा शाक भोजी जंतु, सरीसृप आदि मिलते हैं।

पर्वत श्रेणियां—राहुल संकृत्यायन ने गढ़वाल की पर्वत श्रेणियों को 19 भागों में विभक्त किया है। इनमें कुछ पर्वतश्रेणियां बारह महीनों हिम से ढकी रहती हैं। ये 17000 फीट से अधिक ऊँची हैं। कुछ पर सर्दियों में (नवम्बर से अप्रैल) हिम रहता है। कुछ पर हिम प्राय: नहीं रुकता है। मुख्य पर्वत श्रेणियां इस प्रकार हैं—

(1) नंदा देवी—यह पूर्व से पश्चिम तक 25 किलोमीटर तक फैली हुई है। नंदा देवी, नंदा कोट, त्रिशूल जैसे शिखर इस श्रेणी में हैं।

(2) बद्रीनाथ श्रेणी—यह बद्रीनाथ से केदारनाथ तक विस्तृत है। इसमें बद्रीनाथ, केदारनाथ, चौखम्बा आदि शिखर हैं। बद्रीनाथ और नंदा देवी पर्वत श्रेणियों को क्रौंच दर्रा पृथक् करता है।

(3) कामेत-गन्धमादन श्रेणी—नंदा देवी और बद्रीनाथ पर्वत श्रेणियों के उत्तर में एक ओर पर्वत श्रेणी है, जो तिब्बत की सीमा तक विस्तृत है। इसकी सामान्य ऊँचाई 18000 फीट है। कामेत और गंधमादन इसी श्रेणी में हैं।

(4) गंगोत्री श्रेणी—इस पर्वत श्रेणी के शिखर भी हिमाच्छादित रहते हैं। भगवती, भगीरथी का उद्गम इसी श्रेणी में है। शिवलिंग, भगीरथ इसके शिखर हैं।

(5) यमनोत्री श्रेणी—यह यमुना का उद्गम स्थान है। बंदरपूंछ पर्वत इसी श्रेणी में है।

(6) तुंगनाथ श्रेणी—यह बदरीनाथ से केदारनाथ तक विस्तृत है। यह मंदाकिनी और अलकनंदा की उपत्यकाओं का विभाजन करती है।

(7) रमनी श्रेणी—यह श्रेणी अलकंनदा के पूर्व में नंदा पर्वत श्रेणी के त्रिशूल शिखर से प्रारम्भ होती है। यह नंदाकिनी और विरही नदियों की घाटियों को पृथक् करती है।

(8) मन्दाकिनी श्रेणी—यह पर्वत श्रेणी केदारनाथ से प्रारम्भ होकर रूद्रप्रयाग तक गई है। यह मंदाकिनी और भागीरथी की घाटियों को पृथक करती है।

(9) खामिल श्रेणी—खामिल श्रेणी नंदाकिनी और पिडर उपत्यका का विभाजन करती है।

(10) नंदाकोटा-दूधातोली श्रेणी—यह पर्वत श्रेणी गंगा और सरयू की जल विभाजक है। इसकी पश्चिमी नदियों का जल गंगा में मिलता है।

(11) ग्वालदम श्रेणी—यह पर्वत श्रेणी की ही एक शाखा है। यह रामगंगा और सरयू उपत्यकाओं की विभाजक है।

(12) दूधातोली श्रेणी—यह पर्वत श्रेणी काले चूना पत्थर की है और सीधी खड़ी है। इसकी तलहटियों की भूमि उर्वर है। यह ग्वालदम पर्वत श्रेणी से संबद्ध है। इसकी ऊँचाई 6000-10188 फीट है। जिसकी अनेक शाखाएं हैं।

(13) धनपुर श्रेणी—यह पर्वत श्रेणी दूधातोली से पूर्व-पश्चिम की ओर चली गई है। इसके शिखर प्राय: 9000-10000 फीट ऊँचाई तक हैं। यह व्यास घाटी तक फैली है।

(14) अमेली श्रेणी—यह पर्वत श्रेणी भी दूधातोली की ही एक शाखा है। यह दोनों नदियों की उपत्यकाओं का विभाजन करती है। सतपूली में दोनों नयार नदियों का संगम है।

(15) बिनसर-रानीगढ़ श्रेणी—यह पर्वत श्रेणी भी दूधातोली पर्वत श्रेणी की एक शाखा ही है। यह पूर्वी नयार की उपत्यका के उत्तर-पूर्व में है।

(16) खतली श्रेणी—विनसर श्रेणी से आगे पूर्व में खतली पर्वत श्रेणी है। यह पूर्व में अल्मोड़ा की सीमा में खमलेकगढ़ी के पश्चिम में रिखनीखाल तक चली गई है।

(17) उताई श्रेणी—रिखनीखाल से आगे चमता खाल तक यह पर्वत श्रेणी है। ऊँचाई प्राय: 4000 फीट है। मुख्य शिखर 6900 फीट है। यह श्रेणी लेंसडाउन तक विस्तृत है।

पर्वत शिखर—गढ़वाल हिमालय के औसतन सारे पर्वत हिमालय में सबसे ऊँचे हैं। यद्यपि हिमालय का सर्वोच्च शिखर गौरी शंकर (एवरेस्ट) नेपाल में है, तथापि संख्या में अधिक ऊँचे हिमाच्छादित शिखर जितने गढ़वाल हिमालय में हैं, उतने अन्यंत्र कहीं नहीं हैं। राहुल संकृत्यायन ने यहाँ 15 शिखरों की गणना की है।

(1) कामेत—25443 फीट ऊँचाई का यह शिखर विष्णुगंगा और धवलगंगा नदियों की मध्यवर्ती पर्वत श्रेणी में है। नीति और माणा इसके समीप हैं। इसकी हिमानियों से रिसते जल से देवरियाताल बना है।

(2) कुनलिंग—बद्रीनाथ के समीपवर्ती यह शिखर दो भागों में विभाजित है। इनमें नर पर्वत की ऊँचाई 21226 फीट है। नरायण पर्वत की ऊँचाई 20038 फीट है। इसके पूर्व में नीलकंठ शिखर है।

(3) केदारनाथ—इस शिखर के दो खंड हैं— भारत खंड और खरचा खंड। यह क्रमश: 22844 और 21695 फीट ऊँचे हैं। इन शिखरों के मध्य केदारनाथ तीर्थ है।

(4) गौरी पर्वत—यह कामेत पर्वत श्रेणी का ही एक शिखर है।

(5) चौखम्बा—यह शिखर बद्रीनाथ धाम से उत्तर में है और इसका मुख्य शिखर 20000 फीट ऊँचा है।

(6) नंदा देवी—नंदा देवी एक शिखर समूह है। इसका मुख्य शिखर 25660 फीट ऊँचा है। नन्दा पार्वती का ही एक नाम है। शिखर के नीचे प्रति वर्ष नंदा देवी का मेला लगता है।

(7) नंदा कोट—यह शिखर नंदा देवी परिवार का ही है। इसकी ऊँचाई 22530 फीट है।

(8) दूनागिरि—यह शिखर भी नंदा परिवार का है , जो कि 23144 फुट ऊँचा है।

(9) त्रिशूल—यह शिखर भी नंदा देवी परिवार का है। त्रिशूल शिखर की तीनों चोटियां सरल रेखा में उत्तर पूर्व से दक्षिण पश्चिम में चली गई हैं। ये क्रमश: 23406, 22490 और 22360 फीट ऊँची हैं।

(10) तुंगनाथ—इस शिखर का दूसरा नाम चंद्रशिला भी है। गोपेश्वर ऊखीमठ मार्ग पर चोपता पट्टी से तीन मील उत्तर में यह शिखर 12071 फीट ऊँचा है।

(11) बन्दरपूंछ—यह शिखर उत्तरकाशी जिले के खाई परगने में स्थित है। यहां तीन पर्वत एक दूसरे के सामने खड़े हैं। ये हैं श्रीकण्ठ, बंदरपूंछ और यमनोत्री। बंदरपूंछ की ऊँचाई 20731 फीट है।

(12) यमनोत्तरी—20938 फीट ऊँचा यह शिखर बंदरपूंछ पर्वत श्रेणी में बंदरपूंछ शिखर के सामने स्थित है। इसकी तलहटी से यमुना नदी का उद्गम होता है।

(13) श्रीकण्ठ—श्रीकण्ठ शिखर की स्थिति गोमुख के समीप है। इसकी ऊँचाई 20140 फुट है। गोमुख से गंगा की धारा का उद्गम है। बांयी ओर का शिखर शिवलिंग शिखर कहलाता है। दांयी ओर का शिखर नीलकण्ठ है।

(14) सतोपन्थ (सत्यपथ)—शिखर की ऊँचाई 23660 फुट है। इसकी तलछटी में हिमाच्छादित हिमसरोवर से अलकनंदा निकलती है।

(15) स्वर्गारोहिणी—यह शिखर केदारनाथ श्रेणी में है। केदारनाथ के अनुसार इसके शिखर पर भृगुपृष्ठ से गिरने पर छत्र लेकर स्वयं इन्द्र उपस्थित होते हैं और भक्त को शिव लोक पहुंचा देते हैं। इस शिखर की ऊँचाई 20295 फुट है।

हिमानियाँ—हिमालय के पूर्व से लेकर पश्चिम सिरे तक हिमाच्छादित पर्वतों से निकलती हुई नदियां प्रायः हिमनदों के रूप में हैं। ये हिमनद नीचे उतकर बहते जल की नदी का रूप ले लेते हैं। गढ़वाल हिमालय में भी पूर्व में नन्दा देवी से लेकर पश्चिम में यमनोत्री तक अनेक हिमनद हिमानियाँ-ग्लेशियर हैं। सक्षेप में कह सकते हैं, कि पिंडर नदी का उद्गम पिंडारी ग्लेशियर से, अलकनंदा का सतोपंथ ग्लेशियर से, और भागीरथी का उद्गम भागीरथी ग्लेशियर से होता है। कामेत, त्रिशूल, चौखम्बा आदि शिखरों से निकले वाली हिम से अनेक हिमानियां बन गई हैं। कुछ हिमानियों के नाम राहुल संकृत्यायन ने अपने ग्रंथ हिमालय परिचय में दिये हैं।

नदियाँ—गढ़वाल हिमालय की नदियों का बहुत महत्व है। यहां से निकली नदियां भारतवर्ष की आर्थिक, सांस्कृतिक और धार्मिक गरिमा की उद्घोषक और पोषक हैं। गंगा और यमुना के स्त्रोत गढ़वाल हिमालय में हैं। कैप्टन शूरवीर सिंह के अनुसार ऋग्वेद का सप्त सैंधव प्रदेश यहीं है। ये सात सिंधु हैं— भागीरथी, मंदाकिनी, नंदाकिनी, अलकनंदा, धवलगंगा, पिंडर और नयार।[1]

केदारखंड (गढ़वाल हिमालय) प्रदेश यमुना, भागीरथी, भिंलगना, मंदाकिनी और अलकनंदा की उपत्यकाओं में बसा हुआ है। इसके साथ ही दक्षिण में रामगंगा है। भागीरथी, मंदाकिनी और अलकनंदा मिलकर गंगा कहलाती है। यमुना और रामगंगा भी आगे चलकर गंगा में ही मिल जाती हैं।

यमुना नदी की रचना बन्दरपूंछ पर्वत श्रेणी से निकलने वाली अनेक धाराओं के मिलने से हुई है। इसकी सहायक नदियां गिरिनदी और तमसा (टोंस) हैं। तमसा की सहायक नदियाँ रुपिन और सुपिन हैं।

भागीरथी, गोमुख हिमानी से निकलकर देवप्रयाग में अलकनंदा से मिलती है। इसकी प्रमुख सहायक है जाडगंगा (जाहनवी) और भिलगना। अलकंनदा का उद्गम अलकापुरी और सतोपन्थ से हुआ है। विष्णु प्रयाग में धवलगंगा में मिलने से पहले इसको विष्णु गंगा भी कहते हैं, इसकी मुख्य सहायक नदियां हैं—सरस्वती, ऋषिगंगा, रूद्रगंगा, पातालगंगा, विरहीगंगा, नन्दाकिनी, पिंडर और मंदाकिनी।

मंदाकिनी का उद्गम केदारनाथ के शिखरों की हिमानियों से हुआ। अनेक छोटी-छोटी नदियों के जल को साथ लेकर यह रुद्रप्रयाग में अलकनंदा में मिल जाती है।

---

1. *कैप्टन शूरवीर सिंह :* गढ़वाल के प्रमुख अभिलेख एवं दस्तावेज (प्रस्तावना)

रामगंगा का उद्गम गढ़वाल-कुमाऊँ सीमा के समीपवर्ती प्रदेश से हुआ है। यह दक्षिण-पूर्व गढ़वाल से बहकर उत्तर प्रदेश के अनेक जिलों को पार करके कन्नौज के समीप गंगा में मिल जाती है।

गढ़वाल की नदियों में नयार का भी बहुत महत्व है। दूधातोली पर्वत के दो पार्श्वों से पूर्वी और पश्चिमी नयार निकलकर सतपूली के समीप मिल जाती है। तदन्तर यह सम्मिलित नयार व्यासघाट में गंगा में मिलती है। इस संगम को इन्द्र प्रयाग भी कहते हैं।

प्राचीन साहित्य में मालन (मालिनी) बहुत प्रसिद्ध है। यह कोटद्वार के समीप भाबर में से बहती हुई नजीबाबाद की ओर जाती है और इसके बाद गंगा में मिल जाती है।

ताल और कुंड—गढ़वाल में ताल और कुण्ड असंख्य संख्या में हैं। छोटे बड़े इन तालों की गणना करना भी कठिन है। तथापि कुछ प्रमुख तालों का विवरण देना समुचित होगा। गढ़वाल की पर्वत श्रेणियाँ कहीं-कहीं इस प्रकार मिल गई हैं, जिनमें अपने निर्गम स्थान पर आकर जल एकत्रित हो जाता है और वहाँ ताल बन जाता है। कुछ ताल तो बहुत विस्तृत हैं और शीतल स्वच्छ जल से भरे हुए हैं, कुछ में केवल वर्षा का जल एकत्रित होता है। उनको खाल कहते है। कुछ ताल सूख गये हैं। वे काणाताल कहलाते हैं।[1]

सतोपन्थ ताल बद्रीनाथ से 20 किलोमीटर उत्तर में हिमाच्छादित सरोवर है। यह अलकनंदा का उद्गम है। रूपकुंड ताल समुद्र तल से 16000 फुट ऊँचाई पर है। यह इतिहास प्रसिद्ध स्थल है। यहां 600 वर्ष पुराने अस्थि कंकाल मिले हैं। कहा जाता है कि इसका निर्माण भगवती नंदा ने कैलाश जाते हुए अपने स्नान के लिए किया था।[2] वेनीताल की स्थिति चांदपुरगढ़ी के उत्तर में पांच किलोमीटर दूर है। वासुकि ताल नागपुर पट्टी में केदारनाथ से आठ किलोमीटर दूर 18000 फुट की ऊँचाई पर है। केदारनाथ के समीप चोरबाड़ी ताल में महात्मा गांधी की अस्थियों का विसर्जन हुआ था। अत: इसको गांधी सरोवर भी कहते हैं। गोंनाताल(विरहीताल) की स्थिति विरहीगंगा के तल पर गोहना ग्राम के समीप है। 1893 ई. में इसके टूटने से भयानक बाढ़ ने आकर सारा श्रीनगर डूबो दिया था।

देवरिया ताल हिमाच्छादित शिखरों-चौखंबा, नीलकंठ आदि के मध्य में 8000 फीट की ऊँचाई पर है। उखीमठ से यह तीन किलोमीटर है। हेमकुंड (लोकपाल ताल) की स्थिति पांडुकेश्वर से 16 मील पर है। इसको सिक्खों ने अपना धार्मिक तीर्थ बना लिया है। कहा जाता है, कि यहाँ गुरु गोविन्द सिंह ने पूर्वजन्म में तपस्या की थी। इसको लक्ष्मण ताल भी कहा जाता है। यहाँ लक्ष्मण जी का प्राचीन मंदिर है।

मेकल ताल के लिए रूपकुण्ड होकर जाना पड़ता है। 9000 फीट की ऊँचाई पर स्थित एक किलोमीटर घेरे का यह ताल बहुत सुंदर है। समुद्र तल से 16790 फीट ऊँचे दो किलोमीटर

---

1. *शिवानन्द नौटियाल :* गढ़वाली जनमानस, पृ. 78
2. *उपरोक्त* पृ. 75

घेरे के सहस्त्रताल से भिंलगना नदी का उद्गम हुआ है। दो पर्वतों के मध्य आधा किलोमीटर के घेरे के अप्सराताल का दृश्य भी अति मनोरम है। इसके चारों और प्रसिद्ध पुष्पों की घाटी है। इस ताल में ब्रह्म कमल खिले रहते हैं।

टिहरी उत्तरकाशी के तालों में यमताल प्रसिद्ध है। हिम से सदा आच्छादित रहने वाले इस ताल के किनारे चलना भी अति कठिन है। डोडीताल के लिए उत्तरकाशी से गंगोत्री होकर जाना पड़ता है। उत्तरकाशी जनपद की धपट्टी में पचाणा गांव के समीप नचीकेता ताल सदा स्वच्छ जल से भरा रहता है। दूधातोली पर्वत श्रृंखला के मध्य एक विशाल ताल है, जो दूधिया रंग के जल से भरा रहता है। यहां जाने का मार्ग थैलीसैंण होकर जाता हैं।

तप्त कुंड—गढ़वाल हिमालय में अनेक तप्त कुंड भी विद्यमान हैं। इनके उष्ण जल के कारण यहां निवास करने वालों को कुछ सुविधा हो जाती है। बद्रीनाथ, केदारनाथ, यमनोत्री में तप्त कुंड हैं।

बद्रीनाथ मंदिर के समीप तप्त कुण्ड इस शीतल प्रदेश में अति सुखद है। गंधक का अंश अधिक होने के कारण इसका जल पेय नहीं है। इसका तापमान 128 फारेनहाइट रहता है। केदारनाथ से पहले गौरी कुंड में उष्ण जल का कुंड है। यमुनौत्री का तप्त कुण्ड मंदिर से कुछ नीचे समुद्रतल से 10000 फीट ऊँचाई पर है। इसका तापमान 194 डिग्री फारेनहनाइट रहता है। पोटली में चावल बांधकर इस कुंड में डाल देने पर चावल पक जाते हैं।

गढ़वाल में अन्य तप्त कुंड भी हैं। इनमें से कुछ के नाम राहुल संकृत्यायन ने दिये हैं।[1]

प्रयाग—गढ़वाल के भौगोलिक परिवेश और इतिहास में प्रयागों का महत्व बहुत अधिक है। दो नदियों के संगम को प्रयाग कहते हैं। गढ़वाल में छोटी बड़ी नदियों के संगम विभिन्न प्रयागों के नाम से प्रसिद्ध हुए हैं। जिनका संक्षिप्त विवरण देना उपयोगी होगा।

गढ़वाल के पंच प्रयाग प्रसिद्ध हैं। ये अलकनंदा के साथ अन्य नदियों के संगम से बने हैं। ये हैं:—

(1) विष्णु प्रयाग—यह जोशीमठ से 2.5 किमी. आगे है। यहां विष्णु गंगा (अलकनंदा) और धवल गंगा का संगम है।

(2) नन्द प्रयाग—यहां अलकनंदा और नन्दाकिनी का संगम है।

(3) कर्ण प्रयाग—यहां अलकंनदा और पिण्डर का संगम है।

(4) रुद्र प्रयाग—यहां अलकनंदा और मंदाकिनी का संगम है।

(5) देव प्रयाग—यहां अलकनंदा और भागीरथी का संगम है।

इसके अतिरिक्त कुछ और प्रयाग अग्रलिखित हैं:—

(6) केशव प्रयाग—अलकनंदा और सरस्वती नदी का संगम। बदरीनाथ के समीप माणा ग्राम।

---

1. *सांकृत्यायन, राहुल* : हिमालय परिचय खण्ड-एक, पृ. 17

(7) सोम प्रयाग—मंदाकिनी और सोम नदी का संगम। केदारनाथ मार्ग पर गौरी कुंड से पहले।

(8) सूर्य प्रयाग—मंदाकिनी और अलसतरंगिणी (अलस्तर) का संगम । रुद्र प्रयाग से 8 मील केदारनाथ मार्ग पर।

(9) कूल प्रयाग—अलकनंदा और हर्षवती का संगम। श्रीनगर से 5 मील नीचे।

(10) शिव प्रयाग—अलकनन्दा और खाण्डवगंगा का संगम। श्रीनगर से 5 मील नीचे।

(11) ढुण्डि प्रयाग—अलकनंदा और ढुण्डि नदियों का संगम। शिव प्रयाग के सामने अलकनंदा के दूसरे पार।

(12) गणेश प्रयाग—भागीरथी और भिंलगना का संगम। पुराने टिहरी नगर में।

(13) इन्द्र प्रयाग—गंगा और न्यार का संगम। व्यास घाट के समीप।

❑❑❑

3

गढ़वाल हिमालय का इतिहास एवं संस्कृति को जानने के साधन

(Resources of Garhwal Himalaya History and Culture)

(क) साहित्यिक स्रोत

प्राचीन भारतीयों में ऐतिहासिक बुद्धि पर्याप्त मात्रा में थी, इसकी पुष्टि इस बात से होती है, कि वैदिक ऋषियों और बौद्ध, जैन आचार्यों की सूचियां विद्यमान हैं। किंतु प्राचीन भारतीयों की इतिहास विषय संकल्पना आधुनिक इतिहासकारों की संकल्पना से भिन्न होने के कारण हमें प्राचीन भारतीय साहित्य में कोई शुद्ध ऐतिहासिक ग्रंथ नहीं मिलते। वैसे युवान-च्वांग ने लिखा है, कि भारत के प्रत्येक प्रदेश में राजकीय अधिकारी प्रमुख घटनाओं को लिखते थे। महाकाव्यों और पुराणों में हमें राजवंशों की सूचियां मिलती हैं। किंतु उनमें भी प्राचीन राजाओं के नाम कहां तक ऐतिहासिक हैं, यह कहना भी कठिन है।

प्राचीन भारतीय साहित्य को हम दो वर्गों में विभाजित कर सकते हैं। धार्मिक साहित्य और धर्मेत्तर साहित्य। धार्मिक साहित्य में ब्राह्मण साहित्य, बौद्ध साहित्य और जैन साहित्य आता है। इन प्राचीन साहित्यों में हमें उत्तरांचल राज्य (उत्तराखण्ड) का वर्णन प्राप्त होता है। ऋग्वेद में उत्तरांचल से निकलने वाली नदियों का उल्लेख हमें मिलता है।[1] उनमें गंगा, यमुना, सरस्वती प्रमुख हैं। ऋग्वेद में सरस्वती का महात्म्य तीन सूक्तों 6/61, 7/95 तथा 7/96 में गाया गया है तथा कई अन्य सूक्तों में भी उसकी चर्चा है। ऋग्वेद में कहा है[2] ''अम्बित में नदीतमें देवितमें सरस्वती'' अर्थात् माता रूप में प्राणियों का पालन करने वालों में नदी रूप में धन-धन जल प्रदान करने वालों में तथा देवी रूप में सभी की संपूर्ण कामनाएं पूरी करने वालों में सर्वश्रेष्ठ है सरस्वती देवी।

अथर्ववेद में ब्राह्मण ग्रंथों में, पुराणों में तथा धर्म-शास्त्र स्मृति ग्रंथों में भी सरस्वती की तथा उनसे सिंचित धर्म क्षेत्र की भूरि-भूरि प्रशंसा की गई है। पुराणों में गंगा, यमुना के तटवर्ती तीर्थों की भी बड़ी पावनता बताई गई है। अधिकांश पुराण गंगा जी और उत्तराखण्ड की पावनता की घोषणा करते नहीं अघाते। परम्परा के अनुसार व्यासजी ने पुराणों और महाभारत का गंधमादन पर स्थित बदरिकाश्रम में सम्पादन किया था।

---

1. ऋग्वेद 10/75/5
2. ऋग्वेद 2/41/16

रामकथा रामायण में उस प्रदेश से सीधा सम्बन्ध नहीं था, जिसे कुणिन्दों की मुद्राओं की प्राप्ति के आधार पर कुणिन्दों का शासित प्रदेश, कुणिन्द (कुलिन्द) जनपद माना जाता है। इसलिए रामायण में कुणिन्द जनपद सम्बन्धी विशेष विवरण न मिलना स्वाभाविक है। फिर भी प्रसंगवश काली शारदा से लेकर गंगा, यमुना एवं सतलुज तक फैले पर्वतीय प्रदेश का यत्र-तत्र कुछ उल्लेख मिल जाता है। रामायण में कुलिन्द जनपद का नाम तो नहीं मिलता, पर अयोध्या कांड में 'कलिगांपुरी' और कुलिंगा नदी का नाम मिलता है। ये उसी क्षेत्र में बताये गये हैं, जिस पर कुलिन्द जनपद का प्रसार माना जाता है।

राम जब वनवास चले गये, तो भरत को राजगृह से बुलवाने के लिए दूत भेजे गये। दूत मालिनी नदी के तट पर आये, जो कि गढ़वाल हिमालय की शिवालिक श्रेणी से निकलती है।[1] वहां से वे भरत के पास पहुंचे। भरत को उसके नाना ने राजगृह से विदा किया। भरत अयोध्या की ओर चल पड़े, पर्वतीय ढालों को लांघते हुए भरत चेत्ररथ वन में पहुंचे, जो कि वर्तमान् देहरादून जनपद में स्थित कालकूट (कालसी) तक फैला था। आगे वे पर्वतों से घिरी वेग से बहने वाली कुलिंगा नामक नदी को पार करके यमुना नदी के तट पर पहुंचे।[2] इसी नदी के पार्श्व में कलिंगपुरी थी। रामायण की कलिंगपुरी को समकालीन कुलिंगा जनपद की राजधानी माना जा सकता है। शतियों के पश्चात् उसी प्रदेश का नाम महाभारत में कुलिन्द जनपद मिलने से दोनों की एकता हो सकती है। यही नहीं कुलिगों या कुलिन्दों का सम्बन्ध कुलिन्द पर्वत एवं उसकी पुत्री कालिन्दी (यमुना) से भी हो सकता है। रामायण के कुलिंगापुरी सम्बन्धी विवरण से स्पष्ट है, कि रामायण के सम्पादन काल में कुलिंगापुरी को विशेष महत्व प्राप्त था।

रामायण में काल (कालशैल) नामक पर्वत का भी उल्लेख है।[3] ये पर्वत गंगाद्वार के निकट कनखल की पहाड़ियों में था। वासुदेव शरण अग्रवाल ने कालशैल की पहचान देहरादून-कालसी की पर्वत श्रेणी से की है। युद्धकांड में उत्तराखण्ड हिमालय में ऋषभ पर्वत और कैलाश शिखर के मध्य में स्थित उस औषधि पर्वत का वर्णन है, जिससे लक्ष्मण की मूर्छा टूटी थी। रामायण में उत्तराखण्ड की भागीरथी (गंगा), सरयू, कौशिकी (कोसी), कालिन्दी (यमुना) शतद्रु, विपाषा, सुदामा नदी का उनके नाम सहित तथा कतिपय नदियों का उनके विशेषता सूचक नामों से उल्लेख है। रामायण में ऋषियों के आश्रमों का उल्लेख है। ऋचीक (अजीगर्त) ऋषि का आश्रम भृगुतुगं (केदार हिमालय) में तथा वशिष्ठाश्रम स्वर्गाश्रम (ऋषिकेश) के आस-पास होने का उल्लेख है।

महाभारत ग्रंथ में यद्यपि कुलिन्दों से संबंधित अनेक सूचनाएं संगृहीत है, पर उसकी सीमाओं के सम्बन्ध में निश्चित विवरण नहीं हैं। कुलिन्द अनेक छोटे-छोटे राज्यों में बंटा था, जिनका सामूहिक नाम कुलिन्द था। सभापर्व[4] से कुलिन्द जनपद में कई महीपति होने का पता चलता है। कुलिन्द जनपद में वर्तमान् उत्तरांचल, वर्तमान् हिमाचल के पूर्वी भाग का अधिकांश

---

1. अयोध्या कांड-68/2
2. अयोध्या कांड-71/5-6
3. किष्किंधा-43/4-23
4. सभापर्व-26/3

हिस्सा सम्मिलित था। उपगिरि, बर्हिगिरि और अन्तर्गिरि की ढालों पर यह जनपद फैला था। जनपद में प्रवेश गंगाद्वार (हरिद्वार) से होता था। गंगाद्वार में युधिष्ठिर ने द्रौपदी आदि से उत्तरांचल के दुर्गम मार्गों पर मिलने वाले कष्ट का उल्लेख कर उन्हें वहीं रुके रहने को कहा था। उस समय उनके सम्मुख कुलिन्द राजा सुबाह का विशाल राज्य था।[1]

सभापर्व[2] में हिमालय की तीन श्रेणियों का उपगिरि, बर्हिगिरि तथा अंतर्गिरि के नाम से उल्लेख है। व्यास और काली शारदा नदी के बीच आज भी उपगिरि (शिवालिक) की दक्षिणी शाखा हिमालय और उत्तरांचल की दक्षिण सीमा बनाती है। सतलुज से यमुना, यमुना से गंगाजी तथा गंगाजी से कालीशारदा तक भी कुछ स्थानों पर उपगिरि की दो शाखांए आ गई हैं जिनके मध्य अति सुंदर द्रोण (दून) घाटियां हैं। शीलवर्मन् के इष्टिका लेख में दून उपत्यका को युग शैलमही कहा गया है। वनपर्व[3] में मैदान के निकट की कम ऊँची गिरिशाखाओं में से उशीरध्वज, कालशैल, नागश्त और नील पर्वत का उल्लेख मिलता है। इनकी पहचान क्रमश: कनखल के निकट की पहाड़ी कालेसर, कालसी की पहाड़ी, नागटिब्बा तथा नीलधारा के पूर्वी तट की धारा (गिरिशाखा, डांडा) से हो सकती है।

महाभारत के अनुसार कैलाश पर्वत बदरिकाश्रम के निकट था।[4] उस पर भगवान शिव और कुबेर[5] के अतिरिक्त यक्ष, राक्षस, किन्नर, सुपर्ण, नाग, गंधर्वों का निवास था।[6] इस पर्वत पर श्वेतकि, सगर, भगीरथी, सुरभि ने तपस्या की थी।[7] गंधमादन को नरनारायण आश्रम (बदरिकाश्रम) के कारण अति पुनीत समझा जाता था। सम्भवत: श्रीनगर से बदरिकाश्रम तक फैली गिरिशिखाओं और मध्यवर्ती घाटियों को गंधमादन के अन्तर्गत् गिना जाता था।[8] हेमकूट के निकट की गिरिशाखा का नाम नंदापर्वत था।[9] राणिहाट से केदार की ओर जाने वाली गिरिशाखा आज भी मंदराचल कहलाती है। शतश्रृंग गंधमादन की एक शाखा का नाम था, जहां पांडु का आश्रम था।[10] इसी आश्रम में कुंती और माद्री ने देवताओं का आवाहन करके पांडवों को जन्म दिया था। मानस द्वार संभवत: माणा ग्राम था। इसके मध्य भाग में परशुरामजी ने अपना आश्रम बनाया था।[11] महाभारत ग्रंथ में उत्तरांचल (उत्तराखण्ड) में निवास करने वाली विभिन्न जातियों किरात, तंगण, परतंगण आदि का उल्लेख भी हुआ है।[12]

---

1. वनपर्व-140/24
2. सभापर्व-26/3
3. वनपर्व-139/1
4. वनपर्व-141/11-12
5. वनपर्व-109/16-17
6. वनपर्व-141/11-12
7. आदिपर्व-222/36-40
8. वनपर्व-142/3-4
9. वनपर्व-110/2
10. आदिपर्व-124/3-4
11. वनपर्व-225/33
12. वनपर्व-177/11

महाभारत और पुराणों से संग्रहीत अधिकांश आख्यानों का सम्बन्ध मध्य देश के पश्चिमी भाग कुरु-पांचाल से है, जिसकी उत्तरी सीमा से उत्तरांचल सटा है। इसलिए महाभारत और पुराणों में कुणिन्द (कुलिन्द) जनपद से संबंधित प्रसंग मिलते हैं। जातकों में कौशल और मगध का ग्रामों, नगरों, नदियों, पर्वत सहित विस्तृत वर्णन मिलता है, पर इस जनपद के सम्बन्ध में विस्तृत जानकारी नहीं मिलती। फिर भी गंध मादन, किन्नर भूमि का सामान्य परिचय जातक संग्रह सम्पादकों को था।

जातकों में उत्तर हिमवंत का प्रयोग कई स्थलों पर उत्तरांचल की पर्वत श्रेणियों के लिए हुआ है। जातकों में वर्णित अहोगंग, उशीरध्वज, यामुन, गंधमादन तथा विपुल पर्वत उत्तराखंड (उत्तरांचल) में थे। अहोगंग कनखल के पास की श्रेणी थी। इसकी एक शाखा उशीरध्वज भी थी। भगवान बुद्ध इस श्रेणी तक पहुंचे थे। सम्भूत साणवासी के जीवनकाल में अहोगंग बौद्ध चिन्तन मनन का प्रमुख केन्द्र बन गया था।[1]

यामुन पर्वत यमनोत्तरी की गिरि शाखा का नाम था। वैदिक काल से ही यह पर्वत उत्तम अंजन के लिए प्रसिद्ध था। महावेस्संतरजातक में इसकी उपशाखा का आञ्जन पर्वत के नाम से उल्लेख है। गंधमादन गढ़वाल के रुद्रहिमाल की एक शाखा का नाम था। महाभारत और जातक दोनों यहां की वनस्पति का वर्णन करते हैं। गंधमादन की एक शाखा नंदमूल पर सैंकड़ों प्रत्येक बुद्ध रहते थे। यह संभवत: नंदा देवी की निचली शाखा हो सकती है। गंधमादन की शाखा वंडकपर्वत पर वेस्सन्तर कुमार ने अपनी कुटिया बनाई थी।[2]

साहित्य में वर्णित है, कि जैन मत के आदि तीर्थंकर ऋषभदेव के पिता राजानाभि तपस्या करने बदरिकाश्रम पहुंचे थे। ऋषभदेव स्वयं अष्टापद पर्वत-कैलाश पर चले गये, जहां उन्हें निर्वाण प्राप्त हुआ। जैन आदि पुराण के अनुसार आदि तीर्थंकर के पुत्र भरत चक्रवर्ती ने कैलाश की ओर जाते हुए इस जनपद (कुलिन्द) को जीता था। जैन आगम ग्रंथों के अनुसार, जैन मत के प्रवर्तक ऋषभदेव, उनके पुत्र भरत चक्रवर्ती तथा अन्य प्राचीन जैन मत के प्रचारकों के संसर्ग से अष्टपाद कैलाश के निवासी विद्याधर जैन धर्म के अनुयायी बन गये थे। कालिदास ने विद्याधरों की मूल भूमि केदारनाथ के निकट मंदाकिनी तट पर बतलाई है।

केदारखंड में बौद्धाचल का उल्लेख मिलता है, जो केदारखंड की पूर्वी सीमा की श्रेणी का नाम हो सकता है। गढ़वाल में नंदा देवी श्रेणी से घिरे बधाण परगने का प्राचीन नाम बौधायन माना जाता है। संभवत: यही केदारखंड ग्रंथ का बौधाचल है।

विक्रम पूर्व पांचवीं चौथी शती में कुलिन्द जनपद का दूसरा नाम उशीनर भी था।[3] बुद्ध के समय तक यहाँ बौद्ध मत का प्रचार कम होने के कारण बुद्ध ने विनयधर सहित पांच भिक्षुओं के गण को उपसम्पदा करने की अनुज्ञा दे दी थी।[4] ऐतरेय ब्राह्मण, कौशतकि उपनिषद, गोपथ

---

1. **राहुल** :बुद्धचर्या, पृ. 52
2. महावेस्सन्तर जातक गाथा, 337
3. *राम चौधरी :* पालिटिकल हिस्ट्री ऑफ एनिशियंट इण्डिया, पृ. 65-66
4. विनय पिटक-5/3/2, पृ. 213

ब्राह्मण में उल्लेखित साक्ष्यों के आधार पर इस जनपद का प्राचीन नाम उशीनर था। जिसके अंतर्गत् कालकूट (यमुना की दक्षिणी उपत्यका कालसी, देहरादून, स्त्रुघ्न प्रदेश), तंगण (वर्तमान् उत्तरकाशी और चमोली जिले का भोटान्तिक प्रदेश) भारद्वाज (टिहरी और गढ़वाल जिले) रंकु (वर्तमान् पिथौरागढ़ के भौटान्तिक प्रदेश), गोविषाण (नैंनीताल, अल्मोड़ा) थे। कालकूट विक्रम की 5वीं-4वीं शती में कुलिन्दो की राजधानी थी। दो शतियों पश्चात् कालकूट की महत्ता के कारण यहाँ अशोक ने शिलालेख की स्थापना की थी। पाणिनी ने भी अपने ग्रंथ में कालकूट जनपद की गणना नरेश द्वारा शासित जनपदों से की है। दिव्यवदान के अनुसार बुद्ध स्वयं स्त्रुघ्न नगर गये थे। जिसकी पुष्टि 7 वीं शती ई.में स्वयं युवान-च्वाङ ने भी की है।यही नहीं भगवान बुद्ध ने स्वयं हरिद्वार के समीप उशीरध्वज पर्वत (चण्डी की पहाड़ी) की यात्रा की। उशीरध्वज पर्वत पर इस समय बौद्धों का प्रभावशाली केन्द्र स्थापित हो गया। स्थविर साणवासी सम्भूत जो भगवान बुद्ध के पट्टशिष्य आनन्द के शिष्य थे, उशीरध्वज-अहोगंग पर्वत पर रहते थे। इन्होंने बौद्ध धर्म की द्वितीय संगति में भी भाग लिया। अशोक के समय स्थविर मोग्गलिपुत्त तिस्स भी अहोगंग में निवास करते थे। इस प्रकार पांचवी-चौथी शती ई.पू. में यह क्षेत्र बौद्ध मत का प्रमुख स्थल बन चुका था।

पाणिनी कृत ने राजन्यादि गण[1] में उदुम्बरों के साथ-साथ उत्तरांचल का वर्णन भी हमें प्राप्त होता है। विक्रम पूर्व दूसरी शती में कुलिन्द जनपद के सम्बन्ध में पतजंलि कृत महाभाष्य से अनेक प्रमाणिक सूचनाएं मिलती हैं। पतजंलि पुष्यमित्र शुंग के दरबार में थे। उन्होंने कुलिन्द जनपद और उसकी राजधानी स्त्रुघ्न में दीर्घकाल तक निवास किया था। अत: इस आधार पर हम कुलिन्द जनपद पर पुष्यमित्र शुंग के प्रभाव को स्वीकार कर सकते हैं।

महाभारत और पुराणों के पश्चात् गंगाजी की पर्वतीय उपत्यका (उत्तराखण्ड) का सर्वाधिक वर्णन कालिदास के ग्रंथों में मिलता है। मालविकाग्निमित्र और ऋतुसंहार को छोड़कर कालिदास की शेष रचनाओं में वर्णित अनेक घटनाओं की क्रीडा स्थली इसी उपत्यका में है।

समुद्रगुप्त की प्रयाग प्रशास्ति में नौ गणराज्य में यौधेय भी वर्णित हैं। अन्य गणराज्यों में मालव, अजुर्नायन, मुद्रक, आभीर, प्रार्जुन, सनकानिक, काक, खरपरिक हैं। इससे पहले 5 राज्य शासित प्रदेशों डवाक, समतट, कामरूप, नेपाल, कृर्तपुर के नाम भी आते हैं। यह कृर्तपुर निश्चत ही कुलिन्द जनपद है। जिस पर पाणिनी के समय से ही एक राज शासन था तथा जिसके कई नरेशों की मुद्राएं अब तक प्राप्त हो चुकी हैं। कृर्तपुर नरपति और यौधेयगण का पृथक् उल्लेख होने से विदित होता है, कि समुद्रगुप्त के राज्य काल में दोनों पृथक् जनपद थे, एक राजशासित था और दूसरा गणराज्य।

रघुवंश[2] के पहले सर्ग में राजा दिलीप अपने कुलगुरु वशिष्ठ के आश्रम में संतान प्राप्ति की कामना से पहुंचता है। वशिष्ठ का आश्रम रघुवंश के अनुसार गौरी गुरू नामक पर्वत पर गंगाजी के तट पर था। कुमार संभव में प्रथम सर्ग के आरम्भिक 14 श्लोकों में उत्तराखण्ड की प्राकृतिक छठा तत्सम्बन्धी पौराणिक मान्यताओं का वर्णन है। मेघदूत में यक्ष मेघ से कुरुक्षेत्र होकर कनखल

1. पाणिनीकृत राजन्यादिगण-43/5/3
2. रघुवंश-अंक 1 श्लोक 48

जाने की प्रार्थना की गई है।[1] कनखल से आगे मेघ को हिमालय के उस शिखर पर पंहुचना है, जिससे गंगा निकलती है। अभिज्ञान शाकुन्तलम्[2] प्रथम अंक की घटनाएं कव्याश्रम में होती हैं। यह आश्रम गंगा की सहायक मालिनी नदी के तट पर पर्वत की तलहटी में बसा था। द्वितीय, तृतीय एवं चतुर्थ अंक की सारी घटनाएं कण्व आश्रम में होती हैं। सातवें अंक की घटनाओं का स्थान हेमकूट पर कश्यप आश्रम है। विक्रमोवंशीय में कवि ने हेमकूट को मंदाकिनी की उपत्यका में बतलाया है। इसमें प्रथम अंक की घटनाएं हेमकूट पर तथा चतुर्थ अंक की घटनाएं गंधमादन पर मंदाकिनी के तट पर दिखाई गयी हैं।

कालिदास की उपरोक्त कृतियों में उत्तराखण्ड (गढ़वाल हिमालय और कुमाऊँ) सम्बन्धी प्रसंगों में यत्र-तत्र बदलती जलवायु का वर्णन मिलता है। सर्दी, गर्मी, बरसात, बसंत ऋतुओं का वर्णन उपरोक्त ग्रंथों में है। साथ ही उत्तराखंड (उत्तरांचल) के तत्कालीन पशु पक्षियों, पत्तियों, वनस्पतियों की जानकारी मिलती है। इसके अलावा वर्णित नगरों का जो वर्णन हुआ है, उससे भी तत्कालीन समाज, सभ्यता को जानने में मदद मिलती है।

हर्ष के साम्राज्य में उत्तराखण्ड की राजनैतिक, आर्थिक, सामाजिक एवं धार्मिक स्थिति के लिए बाणभट्ट की रचनाओं हर्षचरित तथा कादम्बरी से सामान्य सहायता मिलती है। हर्षचरित् में वर्णन है, कि हर्ष ने हिमाच्छादित दुर्गम पर्वतीय प्रदेशों से कर लिया था। गौरीशंकर चटर्जी ने अनुमान लगाया है,[3] कि यह हिमाच्छादित प्रदेश गढ़वाल हिमालय ही था। यद्यपि इसकी पुष्टि हेतु कोई शिलालेख या अन्य कोई पुरातात्विक सामग्री नहीं मिली है। समकालीन उत्तरांचल का परिचय प्राप्त करने के लिए प्रमुख साधन चीनी यात्री युआन-च्वाङ का यात्रा वर्णन है। यह पहला लेखक है, जिसने समकालीन उत्तरांचल का इतना विस्तृत वर्णन किया है, उसके वर्णन से उत्तरांचल की तत्कालीन राजनीतिक, धार्मिक, आर्थिक, सामाजिक स्थिति पर पर्याप्त प्रकाश पड़ता है।

(ख) पुरातात्विक स्रोत या साक्ष्य

प्राचीन भारत के अध्ययन के लिए पुरातात्विक सामग्री का विशेष महत्व है। इसके तीन प्रमुख कारण हैं। पहला, यह है कि भारतीय ग्रंथों का रचनाकाल ठीक से ज्ञात नहीं है, इसलिए उनसे किसी काल विशेष की सामाजिक एवं आर्थिक स्थिति का ज्ञान नहीं होता। दूसरे, साहित्यिक साधनों में लेखक दृष्टिकोण भी बहुधा सही चित्र प्रस्तुत करने में बाधक हो जाता है। उदाहरण के लिए चीनी यात्रियों ने भारतीय समाज का वर्णन केवल बौद्ध दृष्टिकोण से ही किया है। इसलिए उनके वर्णन पूर्ण रूप से ठीक नहीं है। तीसरे, ग्रंथों की प्रतिलिपी करने वालों ने अपनी इच्छानुसार अनेक प्राचीन प्रकरणों को छोड़ दिया और नये प्रकरण जोड़ दिए। पुरातात्विक सामग्री में इस प्रकार की हेर-फेर करने की बहुत कम संभावनाएं थी, इसलिए पुरातात्विक स्त्रोत अधिक विश्वसनीय हैं।

---

1. मेघदूत, पृ. 53
2. अभिज्ञान शाकुन्तलम्, अंक 1, पृ. 4
3 *डॉ. गौरी शंकर चटर्जी* : हर्षवर्धन, पृ. 161

गढ़वाल हिमालय क्षेत्र में पाई गयी, पुरातत्व सामग्री भी इस क्षेत्र की सही तस्वीर प्रस्तुत करने में बहुत सहायक सिद्ध हुई है। उसी का परिणाम है, कि आज हिमालय का ये क्षेत्र गर्व के साथ कहने में सक्षम हुआ है, कि मेरी गोद में भी शुरू से ही प्राचीन सभ्यताएं और संस्कृतियाँ पल्लवित होती रही हैं।

(1) अभिलेख—पुरातात्विक स्त्रोतों के अन्तर्गत् सबसे महत्वपूर्ण स्त्रोत अभिलेख हैं। गढ़वाल हिमालय के अधिकतर अभिलेख पत्थर या धातु की चादरों पर खुदे मिले हैं, अंत: उनमें साहित्य की भांति हेर-फेर करना संभव न था। प्राचीन अभिलेखों की शैली और संयोजन भिन्न-भिन्न प्रकार से हैं। कुछ अभिलेख अपने साहित्यिक सौष्ठव के लिए उल्लेखनीय हैं, तो कुछ ऐतिहासिकता के लिए, जबकि कुछ अभिलेख धार्मिक स्वरूप लिए हुए हैं, जिनका सम्बन्ध मंदिरों की व्यवस्था दान या अन्य किसी धार्मिक कार्यों से है। उपरोक्त अभिलेखों के मुकाबले शासकीय अभिलेख विस्तृत हैं, चाहे वे प्रशासनिक व्यवस्था से सम्बन्ध रखते हों या प्रशस्ति के रूप में हों या स्मारक हों या दानलेख के रूप में । इस प्रकार के अभिलेखों में शासकों द्वारा किए गये महनीय कार्यों का उल्लेख होता ही है, साथ ही उनकी वंश परम्परा भी दी गई होती है। इसके अलावा अन्य अभिलेखों से भी हमें तत्कालीन राजनैतिक, सामाजिक, आर्थिक, धार्मिक अवस्थाओं का ज्ञान होता है।

गढ़वाल हिमालय के अनेक अभिलेखों पर उनके रचयिता, लेखक, उत्कीर्णक, लिखवाने वाले अधिकारी के नाम दिए हुए हैं। कुछ अभिलेखों पर विक्रम या शक संवत् अथवा दोनों का उल्लेख है। कुछ अभिलेखों में तिथि, मास, वार, पक्ष, घड़ी तथा विशेष ग्रहों की स्थिति तथा लिखने का स्थान भी उत्कीर्ण किया गया है। कुछ अभिलेखों में सिर्फ नाम दिए गए हैं। जैसे देवप्रयाग का यात्री के नाम का अभिलेख।[1]

अभिलेखों की शैली और शब्दावली भी परम्परागत् है। सामान्य रूप से अभिलेखों के प्रारम्भ में स्वास्ति, ओम, सिद्धम्, आदि पदों का प्रयोग हुआ हैं।[2] गढ़वाल हिमालय के प्राचीन अभिलेख प्राय: ब्राह्मी अथवा कुटिल (उत्तरी ब्राह्मी) लिपी में हैं। यद्यपि उनमें भाषा या वर्तनी से संबंधित कुछ अशुद्धियाँ भी मिल जाती हैं। जिसका कारण लेखन का अज्ञान या टंकण करने वाले कारीगर की असावधानी भी हो सकता है।

गढ़वाल से प्राप्त प्राचीन अभिलेखों में मुख्यत: प्राकृत और संस्कृत भाषा का ही उपयोग किया गया है। जनसाधारण की भाषा उस समय प्राकृत थी, जबकि शिक्षित और सम्भ्रांत वर्ग के लोग संस्कृत भाषा का प्रयोग करते थे। जो भाषा अशोक के शिलालेखों और बौद्धों के त्रिपिटकों में मिलती है, उसे पालि कहा जाता है। पीछे जैनियों द्वारा अपने आगम ग्रंथों में जिस प्राकृत भाषा का प्रयोग किया गया, उसे अर्द्धमागधी कहते हैं। गढ़वाल हिमालय से प्राप्त अभिलेखों में संस्कृत पद्य और गद्य दोनों का उपयोग हुआ है।

---

1. *डॉ. छाबड़ा :* एपिग्राफिया इण्डिया, जि. ३., पृ. 133-135
2. *हरिकृष्ण रतूड़ी :* गढ़वाल का इतिहास, पृ. 354

यह अत्यंत रोचक तथ्य है, कि अधिकांश प्राचीन प्राकृत और संस्कृत अभिलेख यमुना-अलकनंदा की उपत्यका में प्राप्त हुए हैं। कालसी से प्राप्त अशोक का अभिलेख, जगतग्राम में शीलवर्मन के इष्टिकालेख तथा लाखामंडल, देवप्रयाग, बड़ाहाट, गोपेश्वर, पलेठी, पांडुकेश्वर, सिरौली स्थानों से प्राप्त अभिलेख इसी उपत्यका के अन्तर्गत् प्राप्त हुए हैं।

(2) सिक्के—पुरातात्विक सामग्री में सिक्कों का स्थान भी कुछ कम महत्वपूर्ण नहीं है। भारत के प्राचीनतम सिक्कों में अनेक प्रकार के चिन्ह उत्कीर्ण हैं, उस पर किसी प्रकार के लेख नहीं हैं। ये सिक्के आहत सिक्के कहलाते हैं। इन पर जो चिन्ह बने हैं उनका ठीक-ठीक अर्थ ज्ञात नहीं है। इन सिक्कों को राजाओं के अतिरिक्त संभवत: व्यापारियों, व्यापारिक श्रेणियों, नगर निगमों ने चालू किया था। इनसे इतिहासकारों को विशेष सहायता नहीं मिली है, किंतु जब उत्तर-पश्चिम भारत पर बैक्ट्रिया के हिन्द-यूनानी शासकों ने अधिकार कर लिया और सिक्का लेखों वाले अपने सिक्के चलाए, तो भारतीय शासकों ने भी इनसे ये कला सीखी। इस प्रकार वे भी सिक्का लेख वाले सिक्के चलाने लगे। इन सिक्कों पर सिक्का लेख के अतिरिक्त बहुधा सिक्कों को चालू करने वाले शासकों की आकृति भी होती थी। आगे जिस क्रम में ये मुद्राएं ढाली गईं, उन्हें देखकर हम तत्कालीन, राजनैतिक, धार्मिक, आर्थिक, स्थिति एवं कला का कुछ हद तक पता लगा सकने में सफल हुए हैं।

स्वर्ण, रजत तथा तांबे के सिक्के सम्बन्धित शासन की आर्थिक स्थिति के स्वयं ही मापदंड बन जाते हैं। मुद्राओं पर अंकित तिथि से उन मुद्राओं को जारी करने वाले शासक की तिथि के विषय में पता चल जाता है तथा उन पर उत्कीर्ण चित्र तत्कालीन धर्म और कला की जानकारी देते हैं। मुद्राओं की प्राप्ति स्थल के आधार पर इतिहासकारों को विभिन्न शासकों के साम्राज्य की सीमाएं निर्धारित करने में सहायता तो मिलती ही हैं, साथ ही साथ विदेशों में भारतीय मुद्राओं के प्राप्त होने से प्राचीन भारत में भारतीय नरेशों के अन्य देशों से सम्बन्ध होने का प्रमाण भी मिलता है। भारतीय इतिहास में अनेक ऐसे युग हैं, जिनके विषय में हमारा ज्ञान अत्यंत सीमित है। ऐसी विषम स्थिति में अनेक तथ्यों पर मुद्राएं ही प्रकाश डालती हैं।

सम्पूर्ण गढ़वाल और कुमाऊँ के क्षेत्रों में जो मुद्राएं प्राप्त हुई हैं, वो राजनैतिक, धार्मिक, आर्थिक स्थिति तथा कला पर तो विशेष रूप से प्रकाश डालती ही हैं, साथ ही वो ये भी सिद्ध करती हैं, कि गढ़वाल हिमालय मौर्य वंश से लेकर हर्ष, मौखरि, राजपूत शासकों से किसी न किसी रूप में अवश्य जुड़ा रहा है और उन्होंने इस क्षेत्र को किसी न किसी रूप में जरूर प्रभावित किया। यदि हम समस्त उत्तराखंड (उत्तरांचल) की बात करें, जिसमें गढ़वाल हिमालय और कुमाऊँ के साथ-साथ तराई भाबर के क्षेत्र भी सम्मिलित हों, तो यहां से हमें कुछ मुद्राएं यवन तथा शक, कुषाण आक्रांताओं की प्राप्त हुई हैं। स्वदेशी शासकों में से कालकूट (कालसी) और स्त्रुघ्न के कुणिन्दों की,[1] बेहट के कुणिन्दों और यौधयों की,[2] भैड़गांव और अलमोड़ा के

1. *एस.सी. काला* : फरदर लाईट ऑन द टेरिटरी ऑफ कुणिन्द, पृ. 36-37
2. *प्रयाग दयाल* : 'ए न्यू होर्ड ऑफ यौधेय क्वाइन्स फार देहरादून डिस्ट्रिक्ट', वाल्यूम 2, पृ. 109-112

कुणिन्दों की तथा पांचाल के मित्र नरेशों की मुद्राएं मिली हैं। कुषाणों की मुद्राएं मुनि की रेती में शिवानंद आश्रम की खुदाई में प्राप्त हुई हैं। सुमाणी, भट्टीसेरा, देवलगढ़ (श्रीनगर के पास) से कुणिन्द मुद्राएं, जौनसर भाबर क्षेत्र तथा लैंस डाउन से यौधयों की मुद्राएं प्राप्त होना महत्वपूर्ण है। गुप्त सम्राटों की मुद्राएं रुद्रपुर के पास रायपुर गांव की खुदाई में मिली हैं। यवन आक्रांताओं, शक-कुषाणों तथा कुणिन्द, अमोघभूति की मुद्राओं पर ब्राह्मी और खरोष्टी लिपियों का एवं प्राकृत भाषा का प्रयोग मिलता है, जबकि गुप्त, मौखरि और हर्ष की मुद्राओं के लेख ब्राह्मी लिपी एवं संस्कृत भाषा में हैं।

एक तथ्य की ओर भी यहां ध्यान देना आवश्यक है, कि अभिलेखों से ई.पू. तीसरी शती से तेरहवीं शती ई. तक उत्तरांचल (उत्तराखण्ड) पर शासन करने वाले केवल निम्न नरेशों या राजवंशों का पता चला है-

मौर्यवंशी अशोक और उसके वंशज, शुंगवंशी पुष्यमित्र और उसके वंशज, गोविषाण के मित्रवंशी, युगशैल क़े अश्वमेध, लाखामण्डल के जयदास और वंशज, फतेहपुर के खशाधिपति, कान्यकुब्ज का शर्ववर्मन्, गुप्तवंश के समुद्रगुप्त और वंशज, गोपेश्वर बड़ाहाट के नागवंशी, सैंहपुर के यादव, देवप्रयाग के वर्मन् और बर्द्धन, पर्वताकार के सोम-सूर्यवंशी (पौरव), कार्तिकेयपुर के कत्युरी, कमादेश का सिंह राजवंश तथा बैराथ-भरथ बैतड़ी के आक्रांता अशोकचल्ल और क्राचल्ल। किंतु मुद्राओं से पता चलता है, कि उपरोक्त राजाओं और राजवंशों के अतिरिक्त कुछ अन्य राजाओं, राजवंशों, आक्रान्ताओं ने भी उत्तरांचल (उत्तराखण्ड) पर शासन किया था। यद्यपि उनके अभिलेख अब तक प्राप्त नहीं हुए हैं। परम प्रतापी अमोघभूमि कुणिन्द की अब तक सहस्त्रों मुद्राएं मिल चुकी हैं, जो विश्वभर के संग्रहालयों में सुरक्षित हैं। किंतु उसका एक भी अभिलेख अभी तक नहीं मिला है।

अत: उपरोक्त उदाहरण से सिद्ध होता है, कि ऐतिहासिक घटनाचक्र के बोध के लिए अभिलेख और मुद्राएं एक दूसरे की पूरक हैं। दोनों के समुचित अनुशीलन से ही इतिहास की कड़ियों को क्रमबद्ध किया जा सकता है। मुद्राओं से कतिपय ऐसे तथ्य भी प्रकाश में आ जाते हैं, जिनका पता अभिलेखों से प्राय: नहीं लगता।

(3) स्मारक और भवन—प्राचीन काल के महलों और मंदिरों की शैली से वास्तुकला के विकास पर पर्याप्त प्रकाश पड़ता है। यद्यपि स्मारक राजनैतिक स्थिति पर तो विशेष प्रकाश नहीं डालते, किंतु इनसे सांस्कृतिक क्षेत्र में अत्यधिक जानकारी प्राप्त होती है। भवन, स्तूप तथा अन्य स्मारक तत्कालीन धर्म एवं अध्यात्मिक भावना के साथ-साथ कला की भी जानकारी देते हैं।

यद्यपि गढ़वाल हिमालय से कोई भवन पूर्ण या अपूर्ण अवस्था में प्राप्त नहीं हुआ है। परंतु उनके अवशेष हमें जरुर तत्कालीन सभ्यता का परिचय देते हैं। सर्वेक्षण और उत्खनन के फलस्वरूप रानिहाट और मोरध्वज से दो ऐसे नगरों की जानकारी प्राप्त हुई है, जो तत्कालिक परिवेश का ज्ञान कराते हैं। फलस्वरुप पता चलता है, कि उस समय के लोग अपने भवनों में

किस प्रकार की ईंटों का प्रयोग करते थे। रानिहाट से तो 600 ई.पू. से 1100 ई. तक के आवासीय साक्ष्य उपलब्ध हो चुके हैं। उत्खनन से ज्ञात हुआ है, कि प्राचीन काल में मोरध्वज तराई भाबर का एक महत्वपूर्ण केंद्र था[1] और स्पष्ट रूप से किसी राजा की राजधानी था। यहां से हमें ई.पू. पांचवीं सदी राजधानी की लम्बी चौड़ी रक्षा दीवार, भवनों, कुओं, मंदिरा स्तूपों के अवशेष भी मिले हैं। उत्खनन से प्राप्त एक कुषाण कालीन मंदिर (प्रथम से तीसरी शती ई.) में प्रदक्षिणापथ का मिलना भारतीय वास्तुशास्त्र के क्षेत्र में एक महत्वपूर्ण उपलब्धि है। ऋषिकेश स्थित भरत मंदिर से भी शुंग-कुषाण कालीन भवनों के अवशेष प्राप्त हुए हैं।[2] जो कि इस क्षेत्र की प्राचीनता को सिद्ध करते हैं। यही नहीं प्रथम शती ई. में यहाँ यक्ष पूजा प्रचलित थी। पुरोला तथा बाड़वाला क्षेत्र से प्राप्त यज्ञ वेदिकाएं भी महत्वपूर्ण स्मारक हैं, जो इस क्षेत्र की तत्कालीन धार्मिक स्थिति से हमारा परिचय कराती हैं, कि उस समय किस प्रकार अपनी धार्मिक, अध्यात्मिक, आर्थिक, राजनैतिक उन्नति के लिए प्रयत्न किये जाते थे।

पुरोला (उत्तरकाशी) की इष्टिका वैदिका[3] का आकार एवं स्वरुप उड़ते गरुड़ पक्षी के समान है। जिसका मुख पूर्व दिशा में और दो चौड़े पंख उत्तर-दक्षिण में हैं। बीच में अग्नि कुंड बना है। जिसमें से हड्डियां, शंख, कोयला, जली ईंटों के टुकड़े, विभिन्न आकार के पात्र, जो कि शुंग कुषाण कालीन हैं तथा कुणिन्दों के तांबे के सिक्के भी प्राप्त हुए हैं, लेकिन पुरोला के उत्खनन की सबसे महत्वपूर्ण उपलब्धि सुवर्ण आभूषण और एक सुवर्ण पात्र है। इस आकार की पवित्र गरुड़ पक्षी वैदिका में प्राचीन काल में अग्निचयन, अश्वमेध, सोम, पुरुषमेध इत्यादि यज्ञों का सम्पन्न कराना उपयुक्त माना जाता था। स्पष्ट होता है, कि किसी कुणिन्द राजा ने यहां पर अश्वमेध या अग्निचयन यज्ञ किया था। देहरादून जनपद में बाड़वाला (जगतग्राम) से प्राप्त यज्ञ वेदिका इस कार्य की द्योतक है, कि इस स्थान पर शीलवर्मन नामक नृपति ने कम से कम चार बार अश्वमेध यज्ञ का अनुष्ठान किया था।[4]

नगर वास्तु की अज्ञात सामग्री आज भी गढ़वाल हिमालय की इस धरती में दबी पड़ी है। गढ़वाल हिमालय की सीमाओं के प्राचीन नगरों जैसे कालसी, स्त्रुघ्न, पांडुवाला, ब्रह्मपुर, मयूरध्वज, लाखामंडल, श्रीनगर, कार्तिकेयपुर आदि का विन्यास अभी तक अज्ञात है। स्तूप एवं शवागार प्रमुख स्मारक हैं, जो तत्कालीन धार्मिक विश्वासों की जानकारी हमें देते हैं। नाला चट्टी (जनपद चमोली), मोरध्वज (कोटद्वार) से प्राप्त बौद्ध स्तूप इस क्षेत्र में बौद्ध धर्म की उन्नति के सूचक हैं।

महापाषाणीय शवागारों के अवशेष मध्य हिमालय में अनेक स्थानों से प्राप्त हुए हैं। जिस प्रकार पूर्व पाषाण काल और उत्तर पाषाणकाल के बीच एक संक्रान्ति काल था, उसी

1. *के.पी. नौटियाल, बी.एम. खंडूरी* : एसेसमेंट ऑफ एस्केवेशन एट मोरध्वज, पृ. 77-80.
2. इंडियन आर्कियोलॉजी-ए रिव्यू, 1982-83, पृ. 96
3. पुरोला का उत्खनन गढ़वाल विश्वविद्यालय के प्रा. भा. इ. संस्कृति एवं पुरातत्व विभाग द्वारा प्रो.के. पी. नौटियाल एवं प्रो. बी.एम. खंडूरी के निर्देशन में किया गया।
4. इंडियन आर्कियोलॉजी-ए रिव्यू, 1953-54, पृ. 10-11.

प्रकार ताम्र-कांस्य काल और लौह काल के बीच में भी संक्रांति काल था, जो कि महापाषाण काल के नाम से जाना जाता है। इस काल के लोगों का पता हमें इनकी बस्तियों से नहीं चलता है, जो बहुत कम मिलती हैं, बल्कि उनकी कब्रों से चलता है, जो महापाषाण कहलाती हैं। इस काल में पाषाण, ताम्र, कांस्य के साथ-साथ लोहे से बनी वस्तुएं भी प्रयुक्त होती थीं। इससे ज्ञात होता है, कि यह संक्रान्ति काल था, जिसमें न तो पूर्व परम्पराओं का पूर्णतया त्याग किया गया था और न ही नवीन परम्पराओं को पूर्णतया अपनाया गया था। यद्यपि महापाषाण का निर्माण विशेषतया दक्षिणी भारत में हुआ। तथापि इसके उदाहरण म.प्र., मध्य भारत, उड़ीसा, असम, बिहार, राजस्थान, गुजरात, कश्मीर में भी प्राप्त हुए हैं और यही नहीं इसका प्रसार उत्तर भारत में हिमालय के आंतरिक अंचलों तक भी हुआ था। इन कब्रों को महापाषाण इसलिए कहते हैं, कि इन्हें बड़े-बड़े पत्थरों के टुकड़ों से घेर दिया जाता था। इन कब्रों में दफनाए गए लोगों के न केवल अस्थि पंजर ही बल्कि इनके साथ मृदभांड और पाषाण, तांबा, कांसा, लोहे की वस्तुएं भी मिलती हैं। गढ़वाल हिमालय के चमोली जनपद में स्थित मलारी नामक स्थान से इस प्रकार के शवागार की प्राप्ति हुई है।[1] यहां पर चूने के पहाड़ों को खोदकर मृतक को दफनाने की प्रथा थी। एक शवागार में घोड़े के शवों के अवशेष एक नवीन तथ्य प्रस्तुत करते हैं। यहां घोड़े के शवों को ईरानी प्रथा के अनुसार घुटने मोड़कर लेटाया गया है। घुटने मोड़कर घोड़े को दफनाने के प्रमाण पाकिस्तान की स्वातघाटी में केटलई से भी मिले हैं।[2]क्योंकि घोड़ा उनका प्रिय सहयोगी था, इसलिए ऐसे पशु की अचानक मृत्यु हो जाने पर उसे संपूर्ण सम्मान सहित दफनाया जाता था। इनसे स्पष्ट होता है, कि ईसा पूर्व द्वितीय तथा प्रथम सहस्त्राब्दि में घोड़े को भारवाहक के रूप में प्रयोग करने वाली प्रजातियाँ कबीलों के रूप में अन्य स्थानों की भांति गढ़वाल हिमालय की श्रेणियों के अचंलों में यत्र-तत्र बिखर चुकी थीं।

1988 से 1992 ई. के बीच रामगंगा घाटी में सनणा एवं बसेड़ी में किये गये सर्वेक्षणों तथा उत्खननों से इस क्षेत्र में इस संस्कृति के सम्बन्ध में महत्वपूर्ण जानकारी प्राप्त हुई है। सनणा और बसेड़ी के उत्खननों से क्रमश: दो प्रकार के शवागार पाषाण शव पेटिका एवं पात्र शवागार प्राप्त हुए हैं। शवागारों में अस्थि अवशेषों के अध्ययन से स्पष्ट होता है, कि शव को पहले खुले आकाश के नीचे छोड़ दिया जाता था तथा बाद में उसके अस्थि अवशेषों को इकट्ठा कर शवागार में रख दिया जाता था। पाषाण शव पेटिका आयताकार है तथा इनके निर्माण में विभिन्न प्रकार की प्रस्तर पट्टिकाओं का प्रयोग किया गया था और ऊपर से प्रस्तर पट्टिकाओं द्वारा इन शवागारों को ढक दिया जाता था। इस प्रकार के अधिकतर शवागार पूर्व-पश्चिम दिशा में बनाये गये थे, लेकिन कुछ शवागार उत्तर-उत्तरपूर्व, दक्षिण-दक्षिण पश्चिम में भी प्राप्त हुए

---

1. *के.पी. नौटियाल, बी.एम. खंडूरी :* कल्चरल डाइमेंशन इन दि सेंट्रल हिमालयन रिजन ऑफ उत्तराखंड एन-आर्किओलोजिकल एससमेंट, मलारी बी (46), पृ. 88.
2. ए एजरोली टू प्रोटोहिस्टोरिक हार्स स्केलेटन फ्राम स्वात, पाकिस्तान, ईस्ट एंडवेस्ट, वो 25, पृ. 353-55

हैं। पात्र शवागार जो बसेड़ी से प्राप्त हुए हैं, उनके अध्ययन से ज्ञात हुआ है, कि बड़े-बड़े घड़ों के अंदर अस्थि अवशेष रखे गये थे, और उनकी सुरक्षा के लिए चारों ओर से इन लोगों ने गोल तराशे हुए पत्थर लगा रखे थे। इस प्रकार ये शवागार भारतीय पुरातत्व में नया आयाम प्रस्तुत करते हैं, कि इस संस्कृति का अस्तित्व न केवल दक्षिणी भाग तक सीमित था, अपितु उत्तर भारत में मध्य हिमालय में गढ़वाल तथा कुमाऊँ तक इसका प्रसार हुआ था।

अत: इन प्रमाणों के आधार पर कहा जा सकता है, कि गढ़वाल हिमालय क्षेत्र में लगभग द्वितीय सहस्त्राब्दि ई.पू. में विभिन्न समुदायों से सम्बद्ध लोगों का निरन्तर आगमन प्रारम्भ हो गया था। इन आगन्तुक जातियों तथा प्रजातियों में खस सर्वप्रथम थे। जिनके विषय में विभिन्न विद्वानों एटकिन्सन[1] एबट[2], वाल्टन[3], पाण्डे[4] सांकृत्यायन[5], रतूड़ी[6], डबराल[7] आदि का मत है, कि यह आर्यों की एक शाखा थी जो मध्य एशिया से हिमालय के इन क्षेत्र में आर्यों से पूर्व आ चुके थे। बाद में क्रमश: दरद, तगंण, परतगंण, अभिसार, तुषार आदि जातियों ने इस क्षेत्र को अपनाया। ये सभी प्रजातियां या तो आर्यों से सम्बद्ध थी या फिर इनके समकालीन। पर चाहे जो भी हो इतना अवश्य निश्चित है, कि इन्हीं प्रजातियों के अवशेष यहां महापाषाणीय शवागार संस्कृति के रूप में प्राप्त हुए हैं।

(4) मंदिर—मंदिर ऐसे महत्वपूर्ण स्मारक हैं, जो हमारी बीते समय के सामाजिक परिवेश से पहचान कराते हैं। मंदिरो में किये गये अंकनों से तत्कालीन लोक कला का ज्ञान होता है। शिक्षा और साहित्य के क्षेत्र में मंदिरों ने उल्लेखनीय भूमिका निभाई है। प्राचीन काल में मंदिर शिक्षा का महत्वपूर्ण साधन थे। मंदिर के प्रांगण में या कक्ष में विद्वानों द्वारा शिष्यों को पढ़ाया जाता था जहां उन्हें धर्म, कला, साहित्य आदि विषयों की शिक्षा दी जाती थी। उस समय मंदिर हिन्दू धर्म को संरक्षण प्रदान करने में सबसे बड़े सहायक थे। ब्राह्मण ही मंदिरों के संरक्षक होते थे, जिनका कार्य अध्ययन और अध्यापन भी था। उनसे ये अपेक्षा की जाती थी, कि वे शास्त्रोचित आचार-विचार का अनुपालन करें तथा वैदिक एवं अन्य निहित शास्त्रों के ज्ञाता बनें और अपना ज्ञान दूसरों को प्रदान करें। इसी प्रेरणा ने साहित्य अंकन को बढ़ावा दिया, फलस्वरुप अनेक ग्रंथों की रचना हुई तथा अनेक प्रशस्तियाँ एवं लेख लिखे गए।

हिन्दू धर्म के विकास में मंदिरों का महान योगदान रहा है। मंदिर समाज का ही प्रतिबिम्ब हैं। भारतीय समाज प्रारम्भ से ही इहलौकिक-परालौकिक जीवन के अभ्युत्थान के लिए

---

1. *ई.टी. एटकिन्सन* : हिमालयन गजेटियर, खंड 2
2. *कैप्टन जे. एबट* : ए हैण्ड बुक ऑन गढ़वाली
3. *एच.जी. वाल्टन* : ब्रिटिश गढ़वाल गजेटियर
4. *बी.डी. पाण्डे* : कुमाऊँ का इतिहास
5. *राहुल सांकृत्यायन* : हिमालय परिचय भाग 1
6. *एच. के. रतूडी* : गढ़वाल का इतिहास (पुनर्मुद्रित टिहरी 1981)
7. *एस.पी. डबराल* : उत्तराखंड का इतिहास, भाग-2

प्रयत्नशील रहा है। इसलिए जहां उसने मोक्ष जैसे निवृत्तिमार्गी पुरुषार्थ की कल्पना की, वहीं धर्म, अर्थ, काम जैसे प्रवृत्तिमार्गी पुरुषार्थ पर भी समान रूप से बल दिया। धर्म को कला का आधार स्वीकार किया गया है। भारतीय मंदिरों को भारतीय धर्म और दर्शन की अभिव्यक्ति मानते हुए स्टैला क्रमिश ने इसे मोक्ष का द्वार कहा है। बैंजामिन रोला के अनुसार, मंदिर भारत के दार्शनिक एवं धार्मिक जीवन की व्याख्या हैं। वास्तव में हड़प्पा युग से लेकर राजपूत युग तक विभिन्न देवी-देवताओं की विभिन्न मुद्राओं में उपलब्ध प्रतिमाओं से ये विचार स्वयं पुष्ट होता है, कि हिन्दू मंदिर धार्मिक संस्थान बन गये। इस प्रकार हिन्दू धर्म के संरक्षण में मंदिरों का महत्वपूर्ण योगदान रहा है।

गढ़वाल हिमालय में भक्ति मार्ग को बढ़ाने में मंदिरों का महत्वपूर्ण योगदान है। शैव, शाक्त, और विष्णु के उपासकों ने इस सम्पूर्ण क्षेत्र को अपने उपासना, गीतों, स्तुति, भजनों तथा मंत्रों से भक्तिमय कर दिया। भक्ति उपासना का धार्मिक साहित्य मंदिरों की उपासना की जड़ों में स्थित है। यह भक्ति या धार्मिक साहित्य मंदिरों की उपासना पद्धति का फल है। भक्ति लहर ने मंदिरों की उपासना को धर्म का प्रमुख अंग बना दिया। गढ़वाल हिमालय में मंदिर उपासना पद्धति अपनी नवीन ऊँचाईयों पर थी। इस पद्धति ने ही भक्ति के द्वारा ईश्वर को प्राप्त करने की प्रेरणा प्रदान की। इस पद्धति की मुख्य विशेषता यह थी, कि भक्त मंदिर तथा उसमें स्थापित प्रतिमाओं में अपने भगवान को देखता था।

भक्ति लहर के परिणामस्वरूप मंदिर वास्तुकला का विस्तार हुआ। समस्त गढ़वाल हिमालय में बहुत से मंदिर बनाये गये। शिव, विष्णु, देवी आदि के ये मंदिर भक्तों के लिए अति महत्वपूर्ण स्थल थे, जिन्होंने भक्ति लहर में उन्मुक्त भाव से अपना योगदान देकर इसे बनवाया था। सम्यांतर में उन बस्तियों में ये मंदिर लोक तथा धार्मिक जीवन के केंद्र बन गये। भगवान की उपासना अर्चना, राजनैतिक तथा सामाजिक समस्याओं के विचार विमर्श तथा सुविधाओं की विवेचना के लिए लोग वहां इकट्ठे होते थे। यही नहीं जन मानस लोक सभाएं, सामाजिक मिलन, धार्मिक कीर्तन, कथा, नाटक आदि भी मंदिरों के सभा मंडपों में करने लगे।

गढ़वाल हिमालय के ज्यादातर मंदिरों में नागरशैली के रेखा शिखर निर्मित किये गये हैं। नागर शैली के ही रूचक वर्ग श्रेणी के मंदिर भी यहां पर बनाये गये। इसके अलावा फांसणा या पीढ़ा देउल शैली, वल्लभी शैली के मंदिरों के भी यहां दर्शन होते हैं। वैसर शैली का एक मात्र मंदिर भी यहां प्रकाश में आया है।

उपरोक्त परम्परागत् शैलियों का पालन करते हुए यहां के मंदिरों में प्रस्तर के प्रयोग करने से पूर्व काष्ठ का प्रयोग होता था और बाद में भी होता रहा। गढ़वाल हिमालय के मंदिरों में अपनाई गई वास्तुकला शैली बाहरी और क्षेत्रीय शैलियों का समागम है। परिणामस्वरूप जो नवीन शैली पैदा हुई उसे **'मध्य हिमाद्रि शैली'** का नाम दिया गया है।

(5) प्रतिमाएँ—पुरातात्विक स्रोतों के अन्तर्गत् प्रतिमाएं अपना विशिष्ट स्थान रखती हैं। प्रतिमाएं हमारा परिचय तत्कालीन परिवेशों से कराती हैं। इन प्रतिमाओं से उस समय की

लोक कला का ज्ञान होता है तथा इनसे तत्कालीन समाज में प्रचलित वेशभूषा का सहज अनुमान लगाया जा सकता है, कि उस समय लोग किस प्रकार के वस्त्र-आभूषण पहनते थे। ये प्रतिमाएं बीते समय के सामाजिक परिवेश से भी हमारा परिचय कराती हैं।

प्रतिमाओं का अंकन विभिन्न प्रकार से किया जाता है। शिल्पी जब अनगढ़ टुकड़े को किसी देवी-देवता का रूप देता है, तो उसे संबंधित देवी-देवता का प्रतीक रूप मान लिया जाता है और उसकी प्रतिस्थापना मंदिर या अन्य किसी पवित्र स्थान पर कर दी जाती है। उसकी या तो शास्त्रोक्त तरीके से आराधना की जाती है या फिर प्रत्येक व्यक्ति अपने तरीके से उसके प्रति अपनी श्रद्धा प्रकट करता है। हम जानते हैं, कि मंदिर वास्तु की रचना का एकमात्र उद्देश्य उसमें देव प्रतिमा की प्रतिष्ठा रही है। बिना प्रतिमा के मंदिर निष्प्राण हैं। प्रतिमा पूजा तो मंदिर निर्माण से भी बहुत प्राचीन है। धार्मिक आस्था के परिणामस्वरूप प्रतिमा को विशेष स्थान प्रदान करने के उद्देश्य से ही मंदिर बनने की प्रथा का जन्म हुआ। क्योंकि उपासक अपने अराध्य को श्रेष्ठतम् स्थान प्रदान करना चाहता था, इसलिए उसने अपनी भावनाओं को मंदिर के रूप में साकार किया। आज भी मनुष्य की धार्मिक आस्था किसी मंदिर में नहीं, बल्कि मंदिर विशेष में प्रतिष्ठापित प्रतिमा में ही होती है।

मंदिर उपासक के अराध्य देव का निवास स्थान है, इसलिए उसने उस स्थान को अत्यधिक सुंदर बनाने का प्रयत्न किया। मंदिर को विभिन्न गठनों, कलाकृतियों और आकृतियों से सज्जित किया तथा अपने अराध्य देव का वस्त्राभूषणों से अलंकरण किया। इस प्रकार प्रतिमाओं के माध्यम से हमें तत्कालीन वास्तुकला एवं धार्मिक स्थिति का भी ज्ञान होता है।

देवी देवताओं के अतिरिक्त अन्य प्रतिमाएं भी यहां बनाई गई हैं, जैसे नर-नारी, यक्ष-यक्षिणी, किन्नर, पशु-पक्षी आदि। इन प्रतिमाओं से उस समय की लोक कला का ज्ञान होता है तथा इनसे तत्कालीन समाज में प्रचलित वेशभूषा का सहज अनुमान लगाया जा सकता है।

गढ़वाल हिमालय में चार प्रकार की प्रतिमाएं प्राप्त हुईं हैं— पाषाण प्रतिमाएं, धातु प्रतिमाएं, मृण्प्रतिमाएं और दारु (काष्ठ) प्रतिमाएं। कला की उत्कृष्टता एवं संख्या की दृष्टि से पाषाण प्रतिमाएं इस क्षेत्र में सर्वोपरि हैं। दूसरा स्थान धातु की प्रतिमाओं का है। तीसरा और चतुर्थ स्थान क्रमश: मृण्प्रतिमाओं एवं काष्ठ प्रतिमाओं का है।

उपरोक्त प्रतिमाओं के माध्यम से हम इस क्षेत्र के धार्मिक, सामाजिक परिवेश को काफी हद तक समझने में सफल रहे हैं।

(ग) पुरावशेष

पुरापाषाण कालीन मानव (समय लगभग 2500000 ई.पू. से 10000 ई.पू. तक) भोजन की तलाश में और प्राकृतिक बदलाव के कारण इधर-उधर घूमता था। वह न तो खेती करना जानता था और न ही घर बनाना जानता था। भोजन के लिए वह शिकार पर निर्भर था, यद्यपि पेड़ों की छाल, पत्तियाँ और फलों को खाकर भी वह अपनी भूख मिटाता था। शिकार के लिए उसे जहां हथियारों की आवश्यकता थी, वहीं उसे पेड़ों की छाल और जानवरों के मांस,

हड्डियों को काटने, चीरने के लिए औजार चाहिए थे। अतः उसे ऐसी वस्तु की आवश्यकता थी, जिससे वह छीलने, काटने, खोदने का कार्य कर सके। इस प्रक्रिया के अन्तर्गत् धातु के अभाव में उसने इस कार्य के लिए पत्थरों को ही चुना, क्योंकि वह अन्य वस्तुओं की अपेक्षा कठोर भी थे। पुरापाषाण कालीन औजार हमें पाकिस्तान की सोहन नदी घाटी से, राजस्थान की थार मरुभूमि क्षेत्र एवं कश्मीर से प्राप्त हुए हैं। इसके अतिरिक्त आंध्र, कर्नाटक, महाराष्ट्र, केन्द्रीय मध्य प्रदेश (भीम बेतका गुफा), दक्षिणी उत्तर-प्रदेश (मिर्जापुर की बेलन घाटी) बिहार के पठार में और इसके इर्द गिर्द भी ये पाए गए हैं।

इस कड़ी में एक नाम गढ़वाल हिमालय का भी जुड़ गया है। यहां किये गये सर्वेक्षण और उत्खननों के फलस्वरूप अलकनंदा घाटी के श्रीनगर और डांग क्षेत्र में पुरापाषाण कालीन बटिकाश्म (Pebble) उपकरणों जैसे गंडासा, खड्ग, पंखे की आकृति के मूठदार औजार की प्राप्ति इस कड़ी में महत्वपूर्ण उपलब्धि है।[1] इसी स्थान से मध्य पुरापाषाण कालीन उपकरणों जैसे खुरचनी, वेधनी, वेधक, शल्क की भी प्राप्ति हुई है। ये उपकरण क्वार्टजाइट एवं एस्पर के बने हैं। यही नहीं टटाऊँ महादेव (उत्तरकाशी), भेटगांव, ह्यूण गांव (चमोली) से हमें नव पाषाण कालीन उपकरण भी मिले हैं। इस प्रकार उपरोक्त सर्वेक्षण यह सिद्ध करता है, कि गढ़वाल हिमालय में प्रारम्भिक मानव निवास करता था।

गढ़वाल हिमालय क्षेत्र में पुरोला (उत्तरकाशी), धौलपुर, जैती गांव (पौड़ी गढ़वाल) नामक स्थान से गोल आकार के गड्ढ़े (कपमार्क) प्राप्त हुए हैं। पुराविदों कार्नेक[2], व्हीलर[3], महेश्वर प्रसाद जोशी[4] द्वारा इस प्रकार के अवशेषों को महापाषाणीय शवागार संस्कृति से जोड़ा गया है।

गढ़वाल हिमालय के थापली[5] (अलकनन्दा घाटी), पुरोला (यमुना घाटी) तथा देवडूंगा (जनपद उत्तरकाशी) में चित्रित धूसर मृदभाण्ड संस्कृति के अवशेष प्राप्त हुए हैं। इन मृदभाण्डों में तश्तरियां तथा कटोरे प्रमुख हैं। इसके अलावा साधारण धूसर, सामान्य लाल, तथा काले रंग के बर्तन, पक्की मिटटी के खिलौने, मनके, तांबे की चूड़ियाँ, काजल लगाने की अंजन शलाकांए भी प्राप्त हुई हैं। चित्रित धूसर मृदभाण्डों पर काले रंग से चित्रण किया गया है। इनमें

---

1. *जी.सी. महापात्र :* प्रोस्पेक्ट ऑफ रिसर्च ऑन अर्ली मैन इन गढ़वाल, सेमिनार ऑन ए पर्सपेक्टिव ऑफ कल्चरल हेरिटेज ऑफ गढ़वाल, मार्च 9-11, (1978)
2. *एच. रिबेट कार्नेक* : रफ नोट्स ऑन सम एशियन्ट स्कल्पचरिंग ऑन राक्स इन कुमाऊँ सिमिलर टू पोज फाउन्ड इन मोनोलिथ्स (Monoliths) एंड राक्स इन यूरोप, जर्नल आफ दि एशियाटिक सोसायटी, बंगाल (कलकत्ता), वाल्यूम 45, 1877, पृ. 1-15
3. *एम. व्हीलर* : अर्ली इण्डिया एंड पाकिस्तान टू अशोक, लंदन, 1960, पृ. 159
4. *एम.पी. जोशी* : अर्ली बेरियल प्रेक्टिसेज इन कुमाऊँ, सम रिसेन्ट डिस्कवरिज, बुलेटिन ऑफ म्यूजियम्स एंड आर्कियालाजी इन यू.पी., अंक 41-42, जून-दिसम्बर, 1988, पृ. 23-30
5. *के.पी. नौटियाल, बी.एम. खंडूरी, विनोद नौटियाल, डी.एल. राजपूत* : थापली-ए पेन्टेड ग्रेवेयर साइट इन गढ़वाल, पुरातत्व नं. 10, पृ. 94-95, 1979

सूर्य, सिग्मा, खड़ी तथा क्षितिज रेखाएं, आड़ी तिरछी रेखाएं, पत्तियां, पुष्प, अलंकरण आदि उल्लेखनीय हैं। मैदानी क्षेत्र से प्राप्त पात्रों की तिथियों के तुलनात्मक अध्ययन पर उन्हें 1100-800 ई.पू. के मध्य रखा जा सकता है। उत्खनन में घोड़े की हड्डियों के अवशेष भी प्राप्त हुए हैं। यहां पर यह बताना उचित होगा, कि भारत में चित्रित घूसर मृदभाण्ड संस्कृतियों के स्थानों में घोड़ा प्रमुख रूप से पाया गया है। थापली से प्राप्त अन्य जानवरों की हड्डीयों से यह भी सिद्ध होता है, कि वे लोग बैल, गाय, सूअर से परिचित थे।

थापली और पुरोला के ऐसे पुरातात्विक अवशेष स्पष्टत: गंगा तथा यमुना नदियों से जुड़े हैं। पुरातात्विक प्रमाणों तथा साहित्यिक संदर्भों का अध्ययन करने से यह सुनिश्चित हो जाता है, कि गढ़वाल हिमालय महाभारत कालीन संस्कृति से जुड़ा हुआ था[1] तथा आर्य सभ्यता से सम्बद्ध एक संस्कृति का प्रादुर्भाव यहां आज से लगभग तीन हजार वर्ष पूर्व ही हो चुका था। सर्वेक्षण और उत्खनन ने इस सब दावों को झुठला दिया, कि इस संस्कृति के लोग उत्तर में गंगा के किनारे तक ही सीमित रहे तथा हिमालय के इस क्षेत्र में भौगोलिक विषमताओं के कारण इन्होंने पदार्पण नहीं किया। अब यह सिद्ध हो गया है, कि पाण्डवों की गाथाओं और परम्पराओं से सम्बद्ध गढ़वाल हिमालय का यह प्रदेश केवल किवदन्तियों के परिवेश में ही नहीं है, अपितु इन परम्पराओं की पुष्टि के लिए कुछ वास्तविक साक्ष्य भी उपलब्ध हैं।

इस संदर्भ में यदि हम महाभारत का अध्ययन करें तो स्पष्ट होता है, कि यह क्षेत्र किसी न किसी रूप में उसके कथानक से संबंधित है। महाभारत में अर्जुन तथा अन्य पांडवों की तीर्थ यात्रा से संबंधित वर्णन में पवित्र हिमालय का उल्लेख किया गया है।[2] एक स्थान पर अलकनंदा तथा भागीरथी दोनों का भौगोलिक वर्णन है।[3] आरण्यक पर्व में कृष्ण के द्वारा गंधमादन पर्वत तथा उसके बाद बदरिकाश्रम में घोर तपस्या का उल्लेख भी किया गया है।[4] महाप्रस्थानिक[5] पर्व में वर्णन है, कि कुरुक्षेत्र के भीषण युद्ध के पश्चात् पांच पाण्डव तथा द्रोपदी भयंकर पश्चाताप की अग्नि से संतृप्त हो पृथ्वी प्रदक्षिणा करके हिमालय की ओर स्वर्गारोहण के लिए अग्रसर हुए थे। ब्रह्मनदी, पंचप्रयाग एवं केदार तथा विभिन्न स्थानों पर पांडवों द्वारा स्नान एवं ध्यान करके पितरों को पिण्ड दान करने का उल्लेख भी महाभारत में मिलता है।

गढ़वाल हिमालय के विभिन्न स्थानों पर किये गये सर्वेक्षण एवं उत्खनन से हमें विभिन्न संस्कृतियों से संबंधित पुरावशेषों की प्राप्ति हुई है। जिनमें विभिन्न आकार-प्रकार के मृदभाण्ड मुख्य हैं। रानीहाट (श्रीनगर) में कराये उत्खनन से यह ज्ञात हुआ, कि 600 ई.पू. में यहां के निवासी लाल रंग के पात्रों के साथ सलेटी रंग के मिट्टी के पात्रों का प्रयोग करते थे। इसके

---

1. *के.पी. नौटियाल :* गढ़वाल महाभारत का रंगमंच, धर्मयुग 21 से 27 मार्च, 1982, पृ. 32-36.
2. आदि पर्व, अध्याय 169, पृ. 22
3. आदि पर्व, अध्याय 158, पृ. 15-21
4. आरण्यक पर्व, अध्याय 13, पृ. 10-13
5. *एस.के. बेलवलकर :* दि महाप्रस्थानिका पर्व, वो. 19, टी.एस.एम. 0-10.5, पूना 1959

उपरांत यहां लगभग 400-200 ई.पू. के मध्य उत्तरी कृष्ण मार्जित पात्र उपयोग किये जाने लगे। ईसा पूर्व की चौथी तीसरी शताब्दी के आरम्भ से ही यहां पर एक ऐसी सुदृढ़ सभ्यता का प्रादुर्भाव हो चुका था, जिसने अपने मकानों को बनाने में ईंटों का प्रयोग किया। लोहे के अस्त्र-शस्त्र का स्थानीय निर्माण कियां तथा सुदृढ़ मृदभाण्डों का भी प्रयोग किया था। लोहे के बड़े-बड़े पिंडों तथा लौह भट्टी के आधार पर यह कहना युक्तिसंगत होगा, कि आज से लगभग ढाई हजार वर्ष पूर्व रानिहाट के समीप एक पहाड़ से ही लौह धातु की खानों की उपयोगिता का ज्ञान यहां के निवासियों को हो गया था।

कुआँ डॉड (पौड़ी गढ़वाल) के भाबर-तराई क्षेत्र का वह स्थल है, जहां से एक साथ धूसर रंग (ग्रे वेयर), कृष्णलिपिक (ब्लैक् स्लिप्स) और लाल रंग (रेड वेयर) के पात्र मिले हैं, जो कि आकृति की दृष्टि से उत्तरी कृष्ण मार्जित (नारदर्न ब्लैक पालिश्ड वेयर) रंग के पात्रों (लगभग 600-200 ई.पू.) से अधिक साम्य रखते हैं।

धूसर रंग के पात्रो में मुख्यत: कटोरे एवं थालियाँ हैं। लाल रंग के मृण्पात्रों में कुषाण और गुप्तकालीन पात्र प्रमुख हैं। इनमें भंडारण पात्र (स्टोरेज जार), घट, मसिपात्र, सदृश्य ढक्कन (इन्कपॉट टाइप लिड) और झांझर (स्प्रिकंलर) आदि हैं। इन मृण्पात्रों में घट का एक ऐसा ऊपरी हिस्सा भी प्राप्त हुआ है, जिसके ऊपर त्रिरत्न चिन्ह का विशेष अंकन है। इस तरह का पात्र हस्तिनापुर उत्खनन के कुषाण स्तर से भी प्राप्त हुआ है।[1] इस टुकड़े को कुषाण कालीन कहा जा सकता है। इसी प्रकार बलौड़ी (पौड़ी गढ़वाल), भगवती तलैया (पौड़ी गढ़वाल) आदि से भी विभिन्न आकार प्रकार के मृणपात्र प्राप्त हुए हैं, जिन्हें 6वी शती ई.पू. से चौथी शती ई. के मध्य की संस्कृति का कहा जा सकता है।

मोरध्वज, पाण्डुवाला, ऋषिकेश (वीरभद्र) से भी अनेक आकार प्रकार के मृणपात्र उत्खनन में प्राप्त हुए हैं, जो कि शुंग, कुषाण, गुप्त एवं पूर्व मध्य काल के हैं। मोरध्वज से अनेक मृण्प्रतिमाएं प्राप्त हुई हैं। जिनमें बुद्ध की बोधिसत्व प्रतिमाएं विशिष्ट श्रेणी की हैं। किन्तु मृण्प्रतिमाओं में दृश्य पट्टिका पर निर्मित कृष्ण केशिवध प्रतिमा अत्यंत अनुपम है। मोरध्वज से प्राप्त यह सर्वथा प्रथम प्रतिमा है, जबकि पत्थर पर बनाये गये कृष्ण लीला से संबद्ध ऐसे गुप्तकालीन दृश्य उत्तर भारत के अनेक भागों से उपलब्ध हुए हैं।[2]

❑❑❑

1. *बी.बी. लाल :* एकस्केवेशन ऐट हस्तिनापुर एंड अदर एक्सप्लोटेशन्स इन द अपर गंगा एंड सतलुज बेसिन्स, 1950-52, एन्शियन्ट इंडिया, अंक 10-11, पृ. सं. 70 है, फलक 31 का चित्र सं. 2
2. *एन.पी. जोशी :* मथुरा की मूर्तिकला, पृ. 68, फलक 64.

4

गढ़वाल हिमालय का प्राचीन इतिहास
(Ancient History of Garhwal Himalaya)

गढ़वाल हिमालय के अति प्राचीन इतिहास के पन्ने आज तक अस्पष्ट और अज्ञात हैं। अन्य भारतीय प्रदेशों का इतिहास जितना हमको ज्ञात है, उतना गढ़वाल हिमालय का नहीं। यहां न तो कल्हण जैसे इतिहासकार हुए, जो राजतरंगिणी लिखकर इस प्रदेश के इतिहास को स्पष्ट कर पाते और न ही क्षेमेन्द्र, विल्हण, आनन्दवर्धन जैसे कवि और शास्त्रकार ही यहां हुए हैं, जो ग्रंथों और काव्यों की रचना करके विद्या प्रेमियों को चमत्कृत कर पाते। यदि वे हुए भी होगें, तो उनके काव्य या रचनाएं तो नष्ट हो गई या काल के विकराल गर्भ में समा गई। अत: हम गढ़वाल हिमालय के प्राचीन इतिहास का चित्र स्पष्ट रूप में प्रस्तुत कर पाने में असमर्थ हैं। यद्यपि शिवालिक पर्वत श्रृंखला में प्राप्त हुए जीवावशेषों से नृतत्व शास्त्रियों की इस धारणा को बल मिलता है, कि मानव का विकास शिवालिक क्षेत्र में ही हुआ। डॉ. आर. सी. मजूमदार का कथन है,[1] कि शिवालिक पर्वतमाला में पाये जाने वाले गोल-गोल पत्थरों का सम्बन्ध आंतरिक हिमयुग तथा द्वितीय हिमपात युग से है। इन्हीं पत्थरों से आदि मानव के अस्तित्व का प्रश्न भी जुड़ा है। यही नहीं हिमालय क्षेत्र विभिन्न नदियों का उद्‌गम स्थल भी रहा है, पुराणों से हमें इस क्षेत्र में बहने वाली नदियों का उल्लेख मिलता है। फलस्वरूप हम यह कह पाने में समर्थ हैं, कि जल की बहुलता के कारण यह क्षेत्र मानव के विकास का प्रमुख केन्द्र रहा होगा।

आज गढ़वाल हिमालय के इतिहास को विविध स्त्रोतों से जानने का प्रयत्न किया गया है। अति प्राचीन काल के इतिहास को केवल साहित्यों यथा वेद, पुराण, रामायण, महाभारत आदि से ही जाना जा सकता है। उदाहरण के लिए ऋग्वेद में हिमवंत[2] पर्वत का संदर्भ वर्तमान् हिमालय अर्थात् हिमवाले पहाड़ की ओर ही संकेत करता प्रतीत होता है तथा पौराणिक साहित्यों में हिमवंत पर्वतों का देवता माना गया है। परंतु ई.पूर्व तीसरी शताब्दी के बाद के अनेक अभिलेखों से उस युग के इतिहास के तत्वों को कुछ जाना जा सकता है। इसके अतिरिक्त पुरातत्व सम्बन्धी सामग्री जो मुद्राओं, मंदिरों, प्रतिमाओं और खुदाईयों से उपलब्ध हो सकी है, इनसे भी प्राचीन इतिहास पर प्रकाश पड़ता है। उदाहरणार्थ तीसरी शताब्दी ई.पू. का अशोक कालीन शिलालेख कालसी के समीप प्राप्त हुआ है, जिससे विदित होता है, कि कालसी व इसके आस-पास के

---

1. *मजूमदार आर.सी.*: हिस्ट्री एंड कल्चर ऑफ इण्डिया: वैदिक ऐज, लंदन, 1952, पृ. 8
2. ऋग्वेद, मंडल 10, सूक्त 121, मंत्र 4

सारे क्षेत्र अशोक साम्राज्य के अन्तर्गत् थे। दूसरी शताब्दी ई. के इष्टिका लेख कालसी के पास जगतग्राम में मिले हैं। इनसे विदित होता है, कि यहां राजा शीलवर्मन ने अश्वमेध यज्ञ किया था और वह पर्वतीय प्रदेश का राजा था। लाखामंडल के शिलालेख, देव प्रयाग की यात्री नामावली पांडुकेश्वर से प्राप्त कत्यूरी वंश के राजाओं के ताम्र शासन पत्र भी प्राचीन इतिहास पर प्रकाश डालते हैं।

इसी प्रकार उपलब्ध प्राचीन मुद्राएं भी गढ़वाल हिमालय के इतिहास पर प्रकाश डालती हैं। श्रीनगर के समीप सुमाड़ी ग्राम से प्राप्त कुलिन्द (कुणिन्द) मुद्राओं से सिद्ध होता है, कि इस क्षेत्र पर कुणिन्द वंश का शासन था। अन्य पुरातत्व सामग्री, जैसे प्राचीन गढ़ियों तथा मंदिर के अवशेषों तथा उनमें रखी प्रतिमाओं से भी प्राचीन इतिहास पर प्रकाश पड़ता है। आज भी गढ़वाल हिमालय की भूमि के गर्भ या जंगलो में बहुत सी पुरातात्विक सामग्री बिखरी पड़ी है, जो इस क्षेत्र के प्राचीन इतिहास को उजागर करने में पूर्ण रूप से सक्षम है। परंतु ये तभी संभव है, जब बचे पुरावशेषों की सुरक्षा की जाये और नई सामग्री की खोज की जाये।

आर्यों की अति प्राचीन परम्पराएं यहां विद्यमान होने पर भी यह विचारणीय प्रश्न रह जाता है, कि यहां के मूल निवासी कौन थे? प्राय: अधिकांश इतिहासविदों का मत है, कि आर्य जाति ने यहां बाद में प्रवेश किया। उससे पहले यहाँ किरात, किन्नर, नाग, यक्ष, खस आदि जातियां निवास करती थीं। यदि इन वर्गों को पहली शाखा से भी सम्बद्ध मान लें, तो भी यह धारणा निर्मूल नहीं है, कि आर्य वर्ग की इस शाखा की संस्कृति में स्थानीय लोगों के रहन-सहन का इतना अधिक प्रभाव हो गया था, कि इन्हें अलग-अलग नामों से पुकारा जाने लगा। यद्यपि इनका हमें स्पष्ट इतिहास तो नहीं मिलता, परंतु प्राचीन साहित्य में और इस क्षेत्र की संस्कृति में इनके संकेत अवश्य मिलते हैं। गढ़वाल हिमालय की मूल निवासी इन जातियों का योगदान इसके राजनीतिक इतिहास को आगे बढ़ाने में विशेष रूप से है, अत: यहां के इतिहास की शुरूआत इन्हीं से किया जाना अत्यंत उपयुक्त होगा।

(1) यक्ष—यक्ष, किन्नर, गंधर्व, यद्यपि अर्द्धदेव योनियां मानी गई हैं तथापि इनका अस्तित्व मानवों के रूप में रहा है, इसमें संदेह नहीं है। वेदों में यक्ष शब्द का प्रयोग अनेक बार हुआ है।[1] वायु, मत्स्य तथा ब्रह्माण्ड पुराणों में यक्ष, गंधर्व तथा किन्नर मध्य हिमालय प्रदेश की जातियां प्रतीत होती हैं। इन्हें कलाकार जातियां बताया गया है। अग्निपुराण[2] के अनुसार कश्यप की पत्नी खसा या विश्वा से यक्षों की उत्पत्ति बताई गई है। महाभारत के आदि पर्व[3] में उन्हें पुलत्स्य ऋषि की संतान माना गया है। सभापर्व[4] के अनुसार रावण का भाई कुबेर यक्षों का राजा था, जिसका निवास स्थान बद्रीनाथ के निकट गंधमादन पर्वत प्रदेशान्तर्गत् कैलाश

1. ऋग्वेद-4/3/13, 7/56/16, 7/61/5, 1/190/4, अथर्ववेद-8/9/25, 10/2/32, 11/2/4, 10/7/38 आदि।
2. अग्निपुराण-19/18
3. आदि पर्व-1/35
4. सभापर्व-10/18

में अलकनंदा तट पर अलकापुरी था। वायु पुराण के अध्याय 39 में दिये गये यक्षों के निवास स्थान से उनकी स्थिति का तो पता चलता ही है, साथ ही यह जानकारी भी मिलती है, कि अगस्त्य, पौलस्त्य तथा विश्वामित्र गौत्रों से उत्पन्न होने वाले यक्षों के अधिपति कुबेर थे और शतश्रृंग पर्वत पर उनके सौ पुर थे। कल्हण की राजतरंगिणी के अनुसार यक्ष कश्मीर के सीमांत मेरू के दक्षिण तथा कैलाश के पश्चिम में उत्तरी पश्चिमी सीमा में रहते थे और ख्याति प्राप्त शिल्पी थे। भागवत पुराण में[1] मणिकंधर, मणिभूषण, मणिभद्र, मणिमंत्र, मणिवर आदि यक्षों को कुबेर की सभा का पार्षद तथा सेनापति बताया गया है। यक्ष नायक मणिभद्र की नगरी मणिभद्रपुर, उत्तरांचल (उत्तराखण्ड) राज्य के गढ़वाल मण्डल में बदरीनाथ धाम के समीपवर्ती माणा ग्राम को माना गया है। गढ़वाल हिमालय के अनेक स्थान नामों से यक्ष पद की ध्वनि के संकेत मिलते हैं। जाख, जाखनी, जाखी, जाखेरी, जखोली आदि पद इसके सूचक हैं। गढ़वाल में जाख पद को यक्ष पद के अपभ्रंश के रूप में उच्चारित किया जाता है। ये पद यहां प्राचीन काल में यक्षों के निवास स्थान को सूचित करते हैं।

(2) नाग—नाग हिमालय प्रदेश तथा उत्तरांचल प्रदेश की महत्वपूर्ण पौराणिक जनजाति है। दक्षिण गढ़वाल के आर्य नरेश प्रजापति यक्ष की पुत्री और कश्यप पत्नी कद्रू से नागों की उत्पत्ति मानी गयी है। गढ़वाल में आज भी कद्रू का ह्वैन नाग और विनता का गरुड़ की गीत गाथा प्रचलित है। नागों के निवास स्थान को नागपुर अथवा नागलोक (उत्तर गढ़वाल) कहा गया है। पुराणों में भी इसे शक्तिशाली जाति बताया गया है। कश्यप के नाग पुत्रों में अनन्त, वासुकि, तक्षक, कर्कोटक, पद्म, महापद्म, शंख तथा कलिक प्रसिद्ध हैं। नीलमत पुराण में 13 जातियों में पिशाच, दरद, गांधार, शक, खश, तंगण, मंडव तथा मद्र आदि के साथ नागों का वर्णन अंकित है, जो इस जाति को मानव सिद्ध करता है। वाल्टन ने गढ़वाल गजेटियर[2] में गढ़वाल के अनेक स्थानों पर इस रहस्यमयी नागजाति के प्राचीन अवशेष पाये जाने का उल्लेख किया है। व्हीलर भी भारत का इतिहास में गढ़वाल में नागों के अनेक प्राचीन अवशेषों का अस्तित्व स्वीकार करते हैं और अलकनंदा की उपत्यका को परम्परानुसार नागों का आदि स्थान मानते हैं। उनके कथनानुसार नागपुर और उद्गम पट्टियाँ नागों की प्राचीन ऐतिहासिक बस्तियों की सूचक हैं।

केदारखण्ड के अनुसार[3] नागों ने अपने रक्षक रुद्र से यह वरदान प्राप्त कर लिया था, कि नाग उनके आभूषण बनें, वे समस्त मनुष्यों द्वारा पूजित एवं सम्मानित हों और उत्तर गढ़वाल क्षेत्र उन्हीं के नाम पर नागपुर के नाम से विख्यात हो। उत्तर गढ़वाल क्षेत्र में नागों का बाहुल्य था। गंगा सहस्त्रनाम् में भागीरथी ने गंगा को नागालय निवासिनी, नागनां जननी चैव, नाग प्रीतिविवर्द्धिनी, नागेश्वर सहाय कहा है।[4] इससे प्रकट होता है, कि गढ़वाल के उत्तर में गंगा नदी के उद्गम एवं नागपुर क्षेत्र तक, नाग जाति का आदि स्थान है। महाभारत में भी अनेक

1. भागवत पुराण-12/10
2. गढ़वाल गजेटियर-पृ. 111, 187
3. केदारखण्ड -80/34/35
4. केदारखंड-38/32/33

स्थानों पर नागवीरों, नागमहात्माओं और नाग तपस्वियों का वर्णन है। राजा परीक्षित की मृत्यु के उपरांत उनके पुत्र जनमजेय ने सर्पयज्ञ द्वारा पृथ्वी से नागवंश का मूलोच्छेदन करने का संगठित प्रयत्न किया। इस यज्ञ में केवल नागराज तक्षक ही जीवित बचा था। केदारखण्ड[1] से स्पष्ट है, कि हिमालय के इस प्रदेश में पुष्कर, वासुकि, तक्षक आदि नाग राजाओं का राज्य था।

नाग जाति शक्तिशाली ही नहीं, वरन् अत्यन्त सभ्य और सुसंस्कृत भी थी। वेद-पुराणों में नाग कन्याओं के साथ सभ्य आर्यों के विवाह सम्बन्धों के दृष्टान्त मिलते हैं। महाभारत के अनुसार नागपुर प्रदेश के निवासी कैरव्य नागराज की कन्या उलूपी से अर्जुन ने विवाह किया था।[2] कालिदास ने भी कुमार सम्भव में हिमालय के मैनाक नामक पुत्र से नाग कन्या के विवाह का उल्लेख किया है।

आज भी हिमालय के हिमाचल प्रदेश व उत्तरांचल राज्यों में नागराज के पूजन की प्रथा है और उसे वर्षा, पानी, फसल का देवता माना जाता है। प्रत्येक गांव में नागराज के मंदिर हैं। एटकिन्सन ने हिमालय डिस्ट्रिक्ट भाग 2 में 61 वैष्णव मंदिरों के अतिरिक्त गढ़वाल में 65 स्वतंत्र नाग मंदिरों का उल्लेख किया है। गढ़वाल की उद्गम और नागपुर की पट्टियों के नाम नागों के नाम से प्रसिद्ध हैं। आज भी शेषनाग की पांडुकेश्वर में, भीखलनाग की रथ गांव में, वनपुर नाग की कीमर गांव में, पुष्कर नाग की नागनाथ में, नागदेव की पौड़ी में, तक्षक नाग की दशौली में पूजा होती है। नागपुर में वासुकि नाग के नाम से एक ताल भी है। रमोली पट्टी के सेमगांव में गढ़वाल का प्रसिद्ध नाग राजा का मंदिर है जहां प्रतिवर्ष नागराज की यात्रा के लिए सहस्त्रों यात्री जाते हैं।

(3) दानव या असुर—ऋग्वेद के अनुसार देव और असुर दोनों एक ही पिता के पुत्र आर्य तथा सजातीय थे।[3] मरिचि के पुत्र कश्यप जिनका आश्रम प्रजापित दक्ष की राजधानी कनखल के निकट हरिद्वार में था, दक्ष की तेरह कन्याओं के पति थे। उनके दिति, दनु, कद्रु, अरिष्ठा, सुरसा, खसा, सुरभि, विनता, क्रोध-वसा, इरा मुनि पत्नियों से दैत्य, दानव, नागों की तथा अदिति नामक पत्नी से बारह आदित्यों (देवों) की उत्पत्ति हुई। उस प्राचीन युग में पिताओं का नहीं, वरन् माताओं का अधिक महत्व था। देवों और दानवों की माताएं अलग-अलग थीं, जिनका आजकल की ही भांति वैमनस्य था। अत: एक पिता के पुत्र होते हुए भी सौतों की सामाजिक एवं आर्थिक विषमताओं के कारण पिताओं के नाम से नहीं, वरन् माताओं के नाम पर देव और दानवों का वंश क्रम चला। उस युग में जब एक पति की कई पत्नियां थी, सौतों का ये पारस्परिक वैमनस्य स्वाभाविक था। इस प्रकार भिन्न-भिन्न प्रकृति एवं स्वभाव से सम्पन्न सौतों की संतानों में रात-दिन गृह कलह होता रहा। परिणामस्वरूप, एक ही परिवार में विपरीत संस्कृतियाँ पल्लवित होने लगीं तथा अनेक सामाजिक, धार्मिक, राजनीतिक संघर्षों का कारण बनीं। उन्होंने एक दूसरे को देव-दानव, आर्य-अनार्य, छोटा-बड़ा, सभ्य-असभ्य, घोषित कर अपनी स्वतंत्र सत्ता

1. केदारखंड-80/29
2. आदिपर्व-293/12/13
3. ऋग्वेद-8/29/0

स्थापित कर ली। इस प्रकार दिति से हिरण्याक्ष और हिरण्यकशिपु, दनु से अयोमुख, शम्बर, स्वर्भानु, वज्रनाम, बारभ, शैल आदि दानव उत्पन्न हुए। इस प्रकार प्राचीन ग्रंथों में जिन्हें असुर, दैत्य, दानव तथा राक्षस कहा गया, वे सब देवताओं से जेष्ठ उनके सौतेले भाई थे।

ऋग्वेद में दस्युओं को असुर भी कहा गया है।[1] आर्यों के साथ उनके युद्धों का वर्णन भी किया गया है। इस ग्रंथ से विदित होता है, कि इन्द्र ने चालीस वर्षों में असुर शासक शम्बर को खोज कर मार डाला।[2] ऋग्वेद में पत्थरों से निर्मित शम्बर के शत दुर्गों का वर्णन है, जिनमें से 99 दुर्गों को इन्द्र ने आर्य नरेश दिवोदास से मिलकर नष्ट किया था।[3] राहुल संकृत्यायन का मत है, कि उदब्रज स्थान जहां शम्बर वृहत्त पर्वत के भीतर रहता था। वृहत्त पर्वत उस समय हिमालय को कहा जाता था। इस पर्वत में शम्बर के होने की बात यही बतलाती है, कि उसके पुर शिवालिक के पीछे वाले बड़े पहाड़ों में थे।

भारतीय वाङ्मय के अनुसार वैदिक युग से पौराणिक युग तक अविच्छिन्न रूप से उत्तर गढ़वाल (नागपुर, दशौली, बधाण क्षेत्र) में असुरों का राज्य प्रमाणित होता है। कतिपय स्थानीय स्मारकों एवं लोक गाथाओं से इसके अधिकांश भाग में हिरण्यकशिपु का शासन प्रमाणित होता है। गढ़वाल में प्राचीन काल से प्रचलित इन लोक गाथाओं में यद्यपि वृत्रासुर और शम्बर का उल्लेख नहीं मिलता, परंतु उसमें हिरण्यकशिपु के पश्चात् बाणासुर तक वंश क्रमानुसार, समस्त असुर शासकों का जो वर्णन आता है, वह निराधार नहीं है। हिरण्यकशिपु की राजधानी उत्तर गढ़वाल में अवस्थित् ज्योतिधाम्, ज्योतिर्मठ, जोशीमठ थी। जिसका प्राचीन नाम नरसिंहपुरी भी है। प्रहलाद और बलि के साथ 'महाभारत' में इन्द्र का बार-बार उल्लेख हुआ है।[4] जोशीमठ में ही नहीं बद्रीनाथ क्षेत्र में भी वराह, नृसिंह, प्रहलाद से संबंधित अनेक प्राचीन स्मृति चिन्हों का केदारखण्ड में उल्लेख है।[5] लंका नरेश रावण नें स्वयं उत्तर गढ़वाल हिमालय के अंतिम छोर दशौली, अलकापुरी और कैलाश तक अभियान किया और आर्य, दिक्पाल, यम, वरुण, इन्द्र, कुबेर को पराजित किया। कैलाश क्षेत्र के अन्तर्गत् दशौली (दशमौली) बैरास कुंड में रावण ने अपने दस शीशों को काटकर शिव को समर्पित कर उनसे तीन वरदान प्राप्त किए थे। इसी क्षेत्र में रावण ने वेदों को पांडित्यपूर्ण अध्ययन किया और उन पर अपना प्रसिद्ध 'कृष्ण यजुर्वेद' भाष्य लिखा। यहां से वो नागपुर उत्तर गढ़वाल जाकर अपने मित्र बाणासुर के उत्सवों में भी सम्मिलित हो जाता था। पुराणों में रावण का कई बार बाणासुर के पास जाने का उल्लेख है। राजा बलि की मृत्यु के पश्चात् उसके पुत्र बाणासुर ने निष्कंटक हो अपने राज्य का विस्तार गढ़वाल-कुमाऊँ में ही नहीं, वरन् हिमालय के पर्वत प्रदेश में बहुत दूर तक फैला दिया था।

---

1. ऋग्वेद-4/16/12, 15/51/6, 2/19/4, 7/99/4, 6/42/21
2. ऋग्वेद-2/12/10, 4/30/14
3. ऋग्वेद-4/30/14, 2/24/2, 2/12/11, 6/26/5, 4/26/3, 7/99/5 आदि।
4. महाभारत-शांति पर्व, 222, 223, 225
5. केदारखंड-58/118,136

कुमाऊँ में लोहगढ़ (शोणितपुर) को भी बाणासुर की राजधानी कहा जाता है। बद्रीदत्त पांडे ने कुमाऊँ का इतिहास[1] में कैटोलगढ़ को भी बाणासुर द्वारा स्थापित बताया है।

उत्तरगिरि प्रदेश मंदाकिनी की यह उपत्यका केवल शैव सम्प्रदाय के लिए ही नहीं, वरन् शाक्तों के लिए भी अध्यात्मिक दृष्टि से विशेष गौरवपूर्ण रही है। नागपुर के मैखंड़ा (महिषखंडा) और काली मठ स्थानों पर महिषमर्दिनी देवी ने असुरराज महिषासुर एवं उसके वीर सेनापति रक्तबीज का वध किया था। केदारखंड[2] तथा देवीभागवत में असुरों के साथ इसी क्षेत्र में देवी-देवताओं के भयंकर युद्धों का उल्लेख है, जिससे ये स्पष्ट होता है कि इस क्षेत्र में असुरो का प्राचीन काल से प्राबल्य था। इसी क्षेत्र में महाकवि कालिदास कृत कुमार सम्भव के अनुसार कार्तिकेय द्वारा तारकासुर का वध किया गया था। इस प्रकार उत्तर गढ़वाल के परगना नागपुर, दशौली, बधाण क्षेत्र में वेद और पुराणों के अनुसार असुरों का बाहुल्य था।

(4) किन्नर और किरात—अमरकोश के अनुसार किन्नरों को देश देव योनियों में रखा गया है। यह पौराणिक जाति है और इनकी सामाजिक परम्पराएं अन्य वर्गों से भिन्न रही हैं। हिमाचल प्रदेश का किन्नौर जिला किन्नर क्षेत्र का ही संकुचित रूप है। यहां के निवासी आज भी ग्राम देवताओं के प्रति आस्था रखते हैं। बहुपति प्रथा भी इस क्षेत्र में प्रचलित है तथा यहां के प्रधान देवी देवता, बाणासुर तथा हिडिम्बा की संतान माने जाते हैं। बाणासुर तथा हिडिम्बा से सम्बद्ध होने के कारण इस क्षेत्र के मूल निवासियों का सम्बन्ध असुरों से रहा होगा ऐसा प्रतीत होता है। अमरकोष (व्योमवर्ग 2/74) में 'स्यात् किन्नर: किम्पुरुषस्तुरंगवदनो मयु:' से स्पष्ट है, कि उन्हें किन्नर, किम्पुरुष, तुरंगबदन, तथा मयु (मायावी) चार नामों से जाना जाता था। अमरकोष शैल वर्ग में गंधमादन पर्वत जिस पर किन्नरों का निवास माना जाता है, सात पर्वतों में से एक माना गया है। ये सात पर्वत हैं— हिमालय, विषध, विन्ध्य, माल्यवान, परियात्र, गंधमादन एवं हेमकूट। वाल्मिकी रामायण किष्किन्धाकांड के तीसरे सर्ग में जब सुग्रीव ने शतवलि नामक वीर वानर को सीता की खोज के लिए हिमालय की ओर भेजा, तो वैखानस सर के पश्चात् शीतोदा नामक नदी का संकेत देकर कहा था, कि इस नदी के तट पर कुरू प्रदेश है, तथा वहां गंधर्व, किन्नर, सिद्ध, नाग और विद्याधर विहार करते हैं— गंधर्वा: किन्नरा: सिद्धा नागा विद्याधरास्तथा। रमन्ते सततं तत्र नारीभिर्भास्वर प्रभा: ॥

किरात जाति शिकारी जाति थी, उसका निवास पूर्व में था। यह जाति गंगा नदी से लेकर पूर्व में वर्तमान् गढ़वाल और कुमाऊँ में फैली हुई थी। किरातों की एक शाखा राज किरात (राजी) थी। काली नदी के पश्चिमी तट पर अस्कोट में अब भी उसके अवशेष विद्यमान हैं। भगवान शिव को किरातों का अधिपति कहा गया है। किरातार्जुनीय महाकाव्य में शिव द्वारा किरात (व्याघ्र) के रूप में अवतरित होने का उल्लेख है।

1. *बद्रीदत्त पांडे* : कुमाऊँ का इतिहास, पृ. 14
2. केदारखंड, अध्याय 82 से 88 तक

(5) गंधर्व—किन्नर तथा गंधर्व देवयोनियां मानी गई हैं। अत: इन जातियों को देह रहित मानने की भूल हुई है। किन्नर देश का वर्तमान् नाम कनावर अथवा किन्नौर होने से इस क्षेत्र के सम्बन्ध में लोगों में यह धारणा है, कि प्राचीन किन्नर जाति के लोग इस क्षेत्र में निवास करते थे। कुछ लोग इसी प्रकार प्राचीन गंधार देश को गंधर्व देश मानते हैं, क्योंकि गंधार देश को वर्तमान काबुल, कंधार, के साथ भी जोड़ा जाता है। अत: इस सम्बन्ध में अनेक प्रश्न उत्पन्न होते हैं, कि प्राचीन गंधर्व देश की सीमाएं क्या रही होंगी और गंधर्व लोग कौन थे? पुराणों में कश्यप और अरिष्टा की संतान को गंधर्व कहा गया है। गंधर्वों का देश हिमालय का मध्य भाग बताया गया है। किन्नर जातियों के साथ इनका घनिष्ठ सम्बन्ध था तथा गंधर्व देश किन्नर देश के समीप स्थित था। अप्सरायें जो कश्यप व खशा की संतान हैं, गंधर्वों की स्त्रियां कही जाती हैं। गंधर्वों के राजाओं के नाम चित्ररथ, विश्वावसु, चित्रसेन आदि बताये गये हैं। चित्ररथ के विषय में हमें महाभारत के आदि पर्व से जानकारी मिलती है।[1]

गंधर्व अपने सौन्दर्य, शौर्य तथा गायन के लिए प्रसिद्ध थे। गंधर्व स्त्रियों में जिन्हें अप्सरा कहा जाता था, उनमें उर्वशी, मेनका, रम्भा आदि प्रसिद्ध हैं। रम्भा को कश्यप की संतान बताया गया है। इसे ही इन्द्र ने विश्वामित्र की तपस्या भंग करने के लिए भेजा था; परंतु विश्वामित्र ने इसे शिला बनने का श्राप दिया था। उर्वशी ऋग्वैदिक काल की अप्सरा रही है। ऋग्वेद के चतुर्थ, पंचम्, सप्तम् तथा दशम् मंडल में उर्वशी के अनेक आख्यान प्राप्त होते हैं। दसवें मंडल में वर्णित उर्वशी पुरुरवा आख्यान तो प्रसिद्ध वैदिक प्रसंग है। विष्णु पुराण में उर्वशी की उत्पत्ति नारायण की उरु (जांघ) से बताई गई है, इसी कारण इनका नाम उर्वशी हुआ।[2] इसी उर्वशी ने प्रणय निवेदन अस्वीकार करने के कारण अर्जुन को एक वर्ष तक नपुंसक रहने का श्राप दिया था, जो कि अज्ञातवास में उसके लिए उपयोगी सिद्ध हुआ। इन्द्रलोक का ही दूसरा नाम स्वर्ग लोक है। यह लोक निश्चित रूप से मध्य हिमालय में ही रहा होगा। मेनका, कश्यप-प्रथा की संतान भी स्वर्गलोक की अप्सरा थी। महाभारत आदि पर्व में उसे छ: प्रधान अप्सराओं में से एक बताया गया है।[3] वन पर्व के अनुसार गंधर्व विश्वावसु के पुत्र चित्र शिखंडनी ने अर्जुन को गंधर्व विद्या सिखाई थी।[4] इन सब से पता चलता है, कि जब महाभारत कालीन पांडव सदेह पुरुष थे, तो इन्द्रलोक तथा गंधर्व लोक उनके क्षेत्र के समीप ही मध्य हिमालय में अवस्थित थे। शायद ये क्षेत्र किन्नर क्षेत्र के समीप रहा होगा, क्योंकि हिमालय प्रदेश के अधिपति तथा अलकापुरी निवासी कुबेर के आधिपत्य में राक्षस, पिशाच आदि सभी पर्वतीय जातियों को दिखाया गया है।

(6) खस—इतिहासविदों का कथन है, कि खस आर्यों के ही भाई बन्धु थे। वे मध्य एशिया के पहाड़ी क्षेत्रों से तिब्बत पार करके हिमालय में आये थे। आज भी पहाड़ों में खसों

---

1. महाभारत-आदि पर्व (159-160)
2. *सिद्धेश्वर शास्त्री* : भारतवर्षीय प्राचीन चरित्र कोष, चिनाव, पृ. 89
3. महाभारत-आदि पर्व 114/53, 44/29 तथा 68/67
4. महाभारत- वन पर्व, 45/6

की संख्या बहुत है। ये खस कश्मीर से नेपाल तक फैले हैं। केदारखंड में खसों की संख्या इतनी अधिक हो गई थी,कि यह प्रदेश खस मंडल (केदारे खस मंडले) कहा जाने लगा। खसों ने कश्मीर से लेकर नेपाल तक विस्तृत साम्राज्य स्थापित किया था। गढ़वाल-कुमाऊँ पर शासन कर, वहाँ राजनैतिक एकता स्थापित करने वाले कत्यूरी भी खस ही थे। टंगण जाति भी खस ही थी। एटकिन्सन का कथन है, कि खसों की उपजाति टंगणिया है। चमोली और जोशीमठ के मध्य टंगणी नाम की चट्टी है। टंगण लोग गंगा के ऊपरी भाग में रहते थे।[1]

महाभारत के आदिपर्व में कहा गया है, कि खसों की उत्पत्ति नन्दिनी गौ द्वारा हुई थी। विश्वामित्र ने जब वशिष्ठ मुनि की गौ, नन्दिनी को बलपूर्वक ले जाना चाहा, तो उसने विभिन्न सैनिक जातियों में खसों को भी उत्पन्न किया।[2] ब्रह्माण्ड, मत्स्य तथा वायु पुराण में खसों के पर्वतीय जनपद का उल्लेख है, जिससे स्पष्ट होता है, कि इस वर्ग के लोग हिमालय क्षेत्र में निवास करते थे। महाभारत के द्रोण पर्व[3] में बताया गया है, कि खस जाति के लोग महाभारत के युद्ध में दुर्योधन अथवा कौरव वंश की ओर से लड़े। मनु का कथन है, कि खस क्षत्रिय थे, जो ब्राह्मणों का दर्शन न करने के कारण शूद्र हो गये।[4]

राहुल संकृत्यायन [5]का कथन है, कि खस, कश एक ही पद के विभिन्न उच्चारण हैं। ये खस कश्मीर के पामीर से नेपाल तक फैले थे। अशोक के समय ये प्राय: बौद्ध हो गये। मुसलमानी काल में कश्मीर के अधिकांश खस मुसलमान हो गये, परंतु गढ़वाल-कुमाऊँ में ब्राह्मणों के प्रभाव के कारण ये हिन्दू बने रहे।

(क) वैदिक काल— खसों के बाद पर्वतीय क्षेत्रों में वैदिक आर्यों ने प्रवेश किया। इन्होंने उस समय पर्वतों में विद्यमान असुर द्रविड़ों को, जो शम्बरासुर के नेतृत्व में लड़े थे, पराजित कर अपना आधिपत्य स्थापित किया था। रामायण, महाभारत और पुराणों में प्रस्तुत विवरण भी यही सिद्ध करते हैं, कि गढ़वाल हिमालय में आर्यों ने अपनी प्रभुसत्ता स्थापित की। मनु, वेन तथा प्रथु जैसे राजाओं ने यहां तप किया था। कपिल, वशिष्ठ, विश्वामित्र, मेधातिथि, व्यास आदि ऋषियों की यह तपोभूमि रही है। गंगा के तटवर्ती मुनि की रेती और तपोवन आदि नामों से सिद्ध होता है, कि यह क्षेत्र ऋषियों के नाम पर है। अयोध्या के शासक भागीरथ ने इसी धरा पर तप करके गंगा को स्वर्ग से उतारा था। इन्हीं के वंशज दशरथ ने देव प्रयाग में तप किया और इस कारण यह पर्वत दशरथांचल के नाम से प्रसिद्ध हुआ। भिलंगना नदी की घाटी भिलंग कहलाती है। यहां भिल्ल रूपधारी शिव हिमालय पुत्री पार्वती के साथ विहार करते हैं। भुवनेश्वरी, चंद्रबदनी, कुंजापुरी, राजराजेश्वरी, सुरकुण्डा, सुरेश्वरी आदि पार्वती के ही विभिन्न रूप हैं,

---

1. *एटकिन्सन* : हिमालयन गजेटियर, वो 0-2, पृ. 440-441
2. महाभारत-आदि पर्व, अध्याय 171
3. महाभारत-द्रोण पर्व (121/42-48)
4. मनुस्मृति-10/43/44
5. *राहुल सांकृत्यायन* : हिमालय परिचय (1) पृ. 56-57

जिनके मन्दिर गढ़वाल हिमालय में स्थापित हैं। कहा जाता है, कि परशुराम ने यहीं भगवान शिव से धनुर्विद्या प्राप्त की थी। रुद्र प्रयाग और गुप्तकाशी के मध्य अगस्त्य मुनि नामक स्थान अगस्त्य मुनि का तप क्षेत्र रहा था। माणा ग्राम में प्रसिद्ध व्यास गुहा है। यहीं व्यास मुनि ने महाभारत और पुराणों की रचना की थी।

युधिष्ठिर की राजसूय यज्ञ की सम्पूर्णता के लिए अर्जुन ने गढ़वाल हिमालय के प्रदेशों को जीता था। इस समय यहां कुणिन्द और खस जातियां बहुत शक्तिशाली थीं।[1]

(ख) उत्तरवैदिक काल—हमारे पास वैदिक काल के बाद के स्पष्ट पुरातात्विक साधन नहीं हैं, फिर भी यदि हम गढ़वाल हिमालय क्षेत्र में जैन और बौद्ध धर्म की बात कहें, तो कुछ अस्पष्ट साक्ष्य हमें प्राप्त होते हैं। उत्तरांचल राज्य के दक्षिणी भाग में, बिजनौर में केवल 25 मील की दूरी पर बढ़ापुर के पास आज भी एक प्राचीन स्थान पारसनाथ का टीला कहलाता है। इससे हम ये अनुमान लगा सकते हैं, कि पार्श्वनाथ या उनके शिष्यों ने गढ़वाल हिमालय के भाबर तराई प्रदेश में अपने मत का प्रचार किया था। यहां पर खुदाई करते समय अनेक जैन प्रतिमाएं प्राप्त हुई हैं। उत्तरांचल के दक्षिणी भाग में प्राचीन काल में कोई जैन नरेश मोरध्वज था। जिसकी राजधानी कोटद्वार-नजीबाबाद के मध्य स्थित मोरध्वज थी। इसी मोरध्वज नामक स्थान से जैन प्रतिमाएं प्राप्त हुई हैं। यही नहीं यहाँ विशाल बौद्ध स्तूप के अवशेष भी मिले हैं।

जैन प्राकृत साहित्य में गढ़वाल हिमालय की स्वर्ण और सुहागा विक्रेता टंगण जाति तथा उसकी रोचक व्यापारिक पद्धति का उल्लेख हुआ है, तथा इस प्रदेश तक पहुँचने के पथ का भी रोचक वर्णन हमें मिलता है।

गढ़वाल हिमालय में बौद्ध धर्म के प्रचार से संबंधित साक्ष्य भी प्राप्त होते हैं। बौद्ध साहित्य में कहा गया है, कि भगवान बुद्ध कनखल के पास स्थित उशीरगिरि तक गये थे। दिव्यावदान के अनुसार, तो भगवान बुद्ध ने श्रुघ्न नगर में पहुंचकर एक ब्राह्मण के अभिमान को चूर किया था। गंगा द्वार के जिन आश्रमों में पहले संहिताओं, उपनिषदों, ब्राह्मणों और आरण्यकों का पठन-पाठन होता था, कालान्तर में उन्हीं में राज्य द्वारा संरक्षित एवं जनता द्वारा बहुमान्य बौद्ध ग्रंथों का पठन-पाठन होने लगा। उस समय गढ़वाल हिमालय में शासन करने वाले कुणिन्दों ने बौद्ध धर्म के प्रति अगाध श्रद्धा दिखाई और इस धर्म को संरक्षण दिया। उन्होंने अपनी मुद्राओं पर चैत्य और बौद्धिवृक्ष अंकित किये। गंगाद्वार-मोरगिरि के अनेक निवासियों ने भारतहुत स्तूप के निर्माण में अपना योगदान दिया था। बौद्ध स्थविदों के कारण उत्तरांचल का एक पर्वत बौद्धाचल कहलाने लगा। कनखल के पास अहोगंग या चण्डी की पहाड़ी पर और निकटवर्ती क्षेत्रों में उस समय बौद्ध विहारों की स्थापना हो चुकी थी।[2] जिनमें ख्याति प्राप्त स्थविर रहते थे। कालशोक के समय जब बौद्ध धर्म में मतभेद पैदा हुए, तो गढ़वाल हिमालय

---

1. महाभारत-सभापर्व, अध्याय 52
2. *राहुल*: बुद्धचर्या, पृ. 518-19

के निवासी स्थविरों ने ही इन मतभेदों का निराकरण किया और बौद्ध धर्म में विभाजन के फलस्वरूप वे (आर्य स्थविर) नामक दूसरे महासंघ में शामिल हो गए। विभाजन होने पर भी बौद्ध श्रमणों की धर्म प्रचार सम्बन्धी गतिविधियाँ इस क्षेत्र में जारी रहीं।[1]

मगध साम्राज्य पर कालशोक के बाद उसके वंशज शासन करते रहे पर अंत में महापद्म नन्द (उग्रसेन) ने मगध साम्राज्य पर नन्दवंश की स्थापना कर दी। कुछ अस्पष्ट से साक्ष्य उपलब्ध हैं, जो यह सिद्ध करते है, कि गढ़वाल हिमालय क्षेत्र पर नंदवंश का आधिपत्य था। उग्रसेन के पश्चात् जिन आठ पुत्रों ने मगध पर शासन किया, [2] उनमे गोविषणाक के नाम पर ध्यान देने की आवश्यकता है। उत्तरांचल का दक्षिण पूर्वी भाग प्राचीन काल में गोविषाण कहलाता था। युवानचाङ ने गोविषाण की यात्रा की थी। काशीपुर के पास आज भी गोविषाण के ध्वंसावशेष हैं, इसी से हम अनुमान लगा सकते हैं, कि नंदवंश के संस्थापक का या उसके पुत्र का गोविषाण से कुछ न कुछ सम्बन्ध अवश्य था। या तो उसकी मूलभूमि या राजधानी गोविषाण में थी अथवा गोविषाण की विजय के समय उसका वह पुत्र उत्पन्न हुआ था, जिसका उसने गोविषाणक नाम रखा था।

(ग) मौर्य काल—मौर्य काल में गढ़वाल हिमालय और उसके पड़ोस के शासन के लिए हमारे पास सामग्री के रूप में दो स्त्रोत हैं — (1) अशोक का कालसी प्रज्ञापन और (2) अशोकावदान तथा तारानाथ के उल्लेख। कालसी प्रज्ञापन सिद्ध करता है, कि यह क्षेत्र अशोक के साम्राज्य की उत्तरी सीमा था। यह भी हमें ज्ञात है, कि कालसी (कालकूट) मध्य हिमालय में कुणिन्द जनपद की राजधानी थी। अत: कालसी प्रज्ञापन उत्कीर्ण करवाने का आशय यह था, कि यह प्रदेश मौर्य साम्राज्य के अन्तर्गत् है। यद्यपि शासन पूर्ववत् कुणिन्द सामन्तों द्वारा होता रहा।

अशोकावदान और तारानाथ[3] भी इस भाग को मौर्य साम्राज्य के अन्तर्गत् विजित प्रदेश बतलाते हैं। उनके अनुसार अशोक ने यौवन में खसों को जीता था। परंतु वास्तव में ये जनपद धर्म विजय द्वारा विजित हुआ था; क्योंकि महावंश (12.41-43) के अनुसार हिमवत् अर्थात् हिमाचल प्रदेश से कुमाऊँ तक धर्म विजय के लिए थेर मज्झिम और उसके साथ चार साथियों को भेजा गया था। इस अनुश्रुति की पुष्टि सांची और सोनारी स्तूप मंजूषा लेखों से हो चुकी है। अत: यह उसका राज विषय था[4], जो संरक्षित राज्य की भांति अपने आंतरिक विषयों में स्वतंत्र था। वैसे अशोक ने कालसी से दक्षिण में यमुना के पश्चिम तट पर स्त्रुघ्ननगर तथा गोविषाण और अहिच्छत्र में स्तूप बनवाए। जिसकी पुष्टि सातवीं शती में युवानच्वाङ ने भी की है।[5-6]

---

1. *राहुल* : बुद्धचर्या, पृ. 6
2. *राय चौधरी* : पालिटिकल हिस्ट्री ऑफ एन्सिएंट इंडिया, पृ. 236
3. *प्रज्जलुस्की* : दि लेजेण्ड ऑफ एम्परर अशोक, पृ. 11 में उद्धृत
4. शिला-प्रज्ञापन त्रयोदश में यही शब्द प्रयुक्त है।

5-6. *मुकर्जी* : अशोक, पृ. 82 टि.

देहरादून से प्राप्त भद्रमित्र की मुद्रा इस भूमि पर शुंग अधिकार को नहीं सिद्ध करती। यद्यपि मुद्रा लेख की लिपी शुंगकालीन है, परंतु द्रोण घाटी में भद्रमित्र शुंगों का ही कोई राज कर्मचारी था, यह उससे ज्ञात नहीं होता है। हो सकता है, कि वह कुणिन्द राज कर्मचारी हो।[1]

(1) यवन आक्रमण—स्ट्रेबो तथा टालेमी के अनुसार मिनाण्डर (मिलिन्द)[2] की राज्य सीमा 'हिपैनिस' से पूर्व में इसमस नदी[3] तक विस्तृत थी। इस आधार पर कुणिन्द भूमि पर यवन अधिकार की परिकल्पना की गई है। परंतु इसकी पुष्टि अभी किसी अभिलेख या मुद्रा की प्राप्ति द्वारा नहीं हो सकी। मुद्राओं की प्राप्ति से पश्चिम में कांगड़ा शिमला तक निश्चितः अपोलोडोट्स तथा मिनान्डर (बेवर के अनुसार भागदत्त) के अधिकार का ज्ञान होता है । परंतु इसके पूर्व में नहीं, तथापि यदि उक्त यूनानी लेखकों पर विश्वास करें, तो जनपद के केवल दक्षिणी भाग पर ही यवन आक्रमण हुआ होगा।

(2) कुणिन्द—गढ़वाल हिमालय में कुणिन्दों की सत्ता अत्यंत प्राचीन है, जिसकी पुष्टि प्राचीन साहित्यों से होती है। पांडवों ने वनवास की अवधि में जब गढ़वाल हिमालय के क्षेत्र में प्रवेश किया, तो कुणिन्द शासक सुबाहु ने श्रीपुर सम्भवतः श्रीनगर में उनका स्वागत किया था। महाभारत युद्ध में भी अनेक कुणिन्द कुमारों ने पाण्डवों का साथ दिया था। युधिष्ठिर के बाद भी सुबाहु और उसके उत्तराधिकारी पाण्डवों के अधीनस्थ शासन करते रहे। बौद्ध काल में भी यहां कुणिन्द सत्ता की पुष्टि होती है। अशोक के समय यद्यपि कुणिन्द मौर्य के अधीन थे, परंतु अशोक ने उनका राज्य हस्तगत् नहीं किया था, बल्कि वे मौर्य साम्राज्य के अधीन स्वंय शासन करते रहे।

गढ़वाल हिमालय में कुणिन्द सत्ता के विषय में जानने का सबसे उत्तम साधन उनकी मुद्राएं ही हैं। यद्यपि ये सामग्री उन पर पूर्ण रूप से प्रकाश डालने में असमर्थ है, परंतु कुछ रोशनी इनसे अवश्य दिखाई पड़ती है। इससे विदित होता है, कि पाणिनी काल से मौर्य काल के अंत तक कुणिन्दों में गणशासन प्रचलित थी, जिसे 'राजशब्दोपजीविनसंघ' कह सकते हैं। इस राजशब्दोपजीवी शब्द का अर्थ ललित विस्तार में वर्णित किया गया है, "वहां का प्रत्येक मनुष्य अपने को राज्य का राजा समझता है। न कोई किसी से छोटा है, न बड़ा वरन् सब समान हैं।" इस समय की जो ताम्र मुद्राएं प्राप्त हुई हैं, उन पर ब्राह्मी में केवल जनपद का नाम कुणिन्द अंकित है "राजनः कुणिन्दस्य अमोघभूतिस्य महाराजस्य" । शुंगकाल में परिस्थितियों का लाभ उठाकर कुणिन्द भी अपनी शक्ति बढ़ाने में लग गये। अम्बाला जनपद के सुघ गांव (प्राचीन स्त्रुघ्न) से कर्निंघम को अगरज, बलभूति, अमोघभूति तीन नरेशों की मुद्राएं मिली हैं। इस स्त्रुघ्न राजवंश में महाराज अमोघभूति (100-60 ई.पू.) जिसने ग्रीक राजा अपोलोडोट्स के पश्चात् शामन किया, सबसे प्रतापी राजा हुआ।[4] ई.पू. 100 के आस-पास अमोघभूति को श्रुघ्न का सिंहासन मिला, तो पूर्व की आरे पांचाल, अयोध्या तथा कौशाम्बी में तथा दक्षिण की ओर मथुरा के जनपदों

---

1. प्राचीन पंजाब और उसका पास पड़ोस, पृ. 6
2. शासन काल अनुमानतः 155-130. ई.पू. (अवध किशोर नारायण)
3. Isamus-यमुना (रैप्सन, आर.सी. मजूमदार) वा इक्षुमती- कुमाऊँ की काली नदी (डी.सी. सरकार)
4. ट्राइबल कॉइन्स, पृ. 275, 277, 317

में स्वतंत्र सत्ता स्थापित हो चुकी थी। किन्तु, पश्चिम की ओर यमुना और सतलुज के मध्यवर्ती पर्वतीय प्रदेश के पश्चिम भाग पर शिमला के आस-पास मिनांण्डर (मिनान्द्र) के पुत्र अपोलोदात द्वितीय (अपोलोडोट्स) की राज्य सीमा पहुंची हुई थी। यमुना के पश्चिम तट पर यमुना और सतलुज उपत्यका के मैदानी भागों पर फैलें योधेय गण[1] तथा सतलुज से पश्चिम की ओर रावी तथा कुमाऊँनी पर्वतीय ढालों और मैदान की उत्तरी पट्टी पर फैले औदुम्बर गण[2] की भूमि पर भी यवन सत्ता किसी न किसी रूप में स्थापित थी। इसी समय यौधेय और औदुम्बर ने मैदानी क्षेत्र से एवं अमोघभूति ने पर्वतीय क्षेत्र से यवन प्रभुसत्ता को उखाड़ फेंकने के लिए एक साथ अभियान चलाया। अमोघभूति एवं औदुम्बर धरधोष की मुद्राएं अपोलोदात द्वितीय की मुद्राओं के साथ पाए जानें, यौधेय मुद्राएं अमोघभूति मुद्राओं के साथ मिलने, अमोघभूति धरधोष द्वारा आपोलोदात की मुद्राओं का अनुकरण करने तथा अपोलोदात के वंशजों दियानिसस, जोइलस, हिपोस्त्रेस की मुद्राएं पूर्व की ओर न मिलने से यह अनुमान लगाया जा सकता हैं, कि इन तीनों ने अपने को यवन दासता से मुक्त किया। अमोघभूति ने यमुना-सतलुज की मध्यवर्ती पर्वतीय उपत्यका को अपोलोदात द्वितीय से छीना और इस विजय पर उसने महाराज विरुद्ध धारण करके उसे अपनी मुद्राओं पर अंकित कराया। अमोघभूमि की मुद्राएं अलकनंदा से लेकर पश्चिम में व्यास तक दक्षिण में सुनेत तथा बेहट तक मिली हैं। अपनी चरम शक्ति के समय कुणिन्द सीमाएं गढ़वाल हिमालय, कुमाऊँ, हिमाचल प्रदेश, अंबाला, सहारनपुर और बिजनौर तक विस्तृत हो चुकी थीं।

अमोघभूति की मृत्यु (60 ई.पू.) के पश्चात् मोग नामक शक ने सिंध, सौराष्ट्र, अवन्ति, मथुरा और निकटवर्ती प्रदेशों को जीत लिया। मोग के क्षत्रप अयस से श्रुघ्न पर अधिकार कर लिया। शकों के इस आक्रमण के कारण क्षत्रप को अपना क्षेत्र छोड़ने पर विवश होना पड़ा और उन्होंने प्राचीन बेहट नगर (सहारनपुर से 16 मील उत्तर में चकरौता को जाने वाली सड़क के पास, यमुना नहर के मध्यवर्ती क्षेत्र में वर्तमान बेहट कस्बे से कुछ दूरी पर) तथा बेहट से पूर्व की ओर पांडुवाला में जिसे फूरर ने ब्रह्मपुर माना है, कुछ काल तक आश्रय लिया।

(घ) कुषाण काल—ईसवीं की आरम्भिक तीन शतियों में कुषाणों ने उत्तर भारत में शासन किया। उस काल में भी गढ़वाल हिमालय में कुणिन्दों की सत्ता थी। कुषाणों की शक्ति के आगे उन्हें झुकना पड़ा। कुषाणों ने यह कार्य अमोघभूति के शासन के पश्चात् किया। यह निश्चित नहीं है, कि वीम या कनिष्क किसके परिवार के काल में यहाँ कुषाण शक्ति ने अधिकार किया। क्योंकि वीम परिवार की यहां कोई मुद्रा प्राप्त नहीं हुई है, इसलिए ये श्रेय कनिष्क प्रथम को दिया जा सकता है। पहले तो कुषाणों ने कुणिन्दों के मैदानी भाग पर अधिकार कर लिया। वीरभद्र ऋषिकेश से कुषाण कालीन अवशेषों की प्राप्ति [3-4] से इसकी पुष्टि होती है। यही नहीं

1. प्राप्त यौधेय मुद्राओं में 'महाराजस' अंकित है, जो या तो राजा का नाम है या गण नायक का द्योतक है। (समय प्रथमशती ई.पू.) ये अमोघभूति का समकालीन है। इसी ने अमोघभूति का साथ अपोलादात द्वितीय के विरुद्ध दिया।
2. आदुम्बरों की मुद्राओं में धरघोष (धरघोष), महादेव, रुद्रवर्मा नामक राजाओं के नाम मिलें हैं। जिनमें धरघोष अमोघभूति का समकालीन था तथा इसने भी अपोलोदात द्वितीय के विरुद्ध कुणिन्द, यौधेय का साथ दिया।
3. पर्वतीय इतिहास परिषद की शोध पत्रिका, अंक-1 (1972 ई.) पृ. 5-6
4. पुरातत्व (इंडियन आर्किओलोजिकल सोसाइटी का जनरल) सं. 8, नई दिल्ली, (1975-76 ई.) पृ. 180

इसकी सूचना हमें अल्मोड़ा मुद्राओं[1] (अब ब्रिटिश संग्रहालय में सुरक्षित) से मिलती है, जिनसे अब तक शिवदत्त, शिवपालित, हरिदत्त, म-ग-भ-त .... यशश आदि आठ कुणिन्द नरेशों के नाम ज्ञात हो चुके हैं। डी.सी. सरकार इनका शासन काल ईसवीं प्रथम शती के प्रारम्भ में मानते हैं।[2] फिर कुछ समय बाद कुषाणों ने कुणिन्दो के पर्वतीय भाग शिवालिक पर भी अधिकार कर लिया। उसके उत्तराधिकारियों ने विजित प्रदेशों को पूर्ववत् अधिकार में रखा। जिनमें से हुविष्क (106-138 ई.), वासुदेव प्रथम (145-176 ई.), वासुदेव द्वितीय (210-230 ई.) की स्वर्ण मुद्राएं क्रमशः मुनी की रेती[3] (टिहरी गढ़वाल), टिपग्राम (बिजनौर), गोविषाण से प्राप्त हो चुकी हैं।

सम्राट वासुदेव द्वितीय की मृत्यु के पश्चात् यौधयों ने कुषाण साम्राज्य की दुर्बलता का लाभ उठाते हुए कुणिन्दों के साथ मिलकर[4] अभियान किया। कुणिन्द पुनः स्वतंत्र हो गये। इस संघर्ष में कुणिन्दों का नेतृत्वकर्ता छत्रेश्वर[5] (भगवतः च (छ) त्रेश्वर महात्मनः) था। इसके पश्चात् भी अज्ञातनामा नरेश भानु और रावण 290 ई. तक गढ़वाल हिमालय-कुमाऊँ की दक्षिणी ढालों, भाबर प्रदेश और निकट की मैदानी पट्टी पर शासन करते रहे इस क्षेत्र में यौधय मुद्राओं की प्राप्ति से विदित होता है, कि कुषाणों द्वारा विजित कुणिन्द राज्य के दक्षिण भाग यौधयों के हाथ आ चुके थे। आगे चलकर शायद यौधयों के राज्य में कुणिन्द शासित कुछ प्रदेश तो सम्मिलित हो ही गये, साथ ही अश्वमेधकर्ता शिवभवानी तथा पोणवंशज शीलवर्मन ने भी इनके क्षेत्रों पर अधिकार कर लिया, क्योंकि 290 ई. के पश्चात् कुणिन्दों की कोई मुद्रा यहां प्राप्त नहीं हुई है तथा समुद्रगुप्त की प्रयाग प्रशस्ति में वर्णित गणराज्यों में भी इनका कोई उल्लेख नहीं है।[6]

कुषाणों के अवसान के समय दक्षिण भागों में तीन राजवंश के नरेश भी शासन कर रहे थे:-

(1) गोविषाण का मित्रवंश—इसके दो राजाओं मातृमित्र और तप्पुत्र पृथिवीमित्र की सूचना गोविषाण से प्राप्त प्राकृत इष्टिका लेखों से मिली है।

(2) युगशैल का वार्षगण्य गोत्रीयवंश—इस गौत्र के नृपति युगेश शीलवर्मन (250-300 ई.) ने यमुना के बांये तट पर चार अश्वमेध यज्ञ किए। यह सूचना उसके बाड़वाला (जगत) ग्राम के इष्टिका लेखों से प्राप्त होती है।[7] शीलवर्मन पोण की छठी पीढ़ी में हुआ था। यह संभावना व्यक्त की जाती है, कि इस राज्य का संस्थापक कोई कुषाण या शक जाति का कोई विदेशी व्यक्ति था (जैसा कि उसके पोण नाम से ज्ञात होता है)[8] ; यह कल्पना भी की गई है, कि शीलवर्मन्

---

1. *के.पी. नौटियाल :* ज.यू.पी.हि.सो., खंड 23, पृ. 375 और आगे। एम.पी. जोशी उत्तराखंड भारती खंड 1(1) पृ. 11
2. *डी.सी. सरकार* : एज ऑफ इम्पि. यूनिटी पृ. 171
3. जनरल ऑफ दि न्यूमिजमैटिक सोसाइटी ऑफ इंडिया (वाराणसी), खंड 37 (1975 ई.), पृ. 72-75
4. *अल्तेकर :* जनरल ऑफ दि यू.पी. हिस्टोरिकल सोसाइटी (लखनऊ) खंड 16, पृ. 55
5. *जयचंद विद्यालंकार* : भारतीय इतिहास का उन्मीलन, पृ. 201
6. *हरिदत्त वेदालंकार :* प्राचीन भारत का राजनीतिक एवं सांस्कृतिक इतिहास, पृ. 176
7. *रामचन्द्रन टी.*: अश्वमेध साइट निअर कालसी, जनरल ऑफ रॉयल सोसाइटी खंड 21 (1959) पृ. 1 और आगे
8. *हरिदत्त वेदालंकार* : उ.प्र. पृ. 188

शायद सिंहपुर (सैहंपुर) के यादवों का मूलपुरुष सेनवर्मन् था। परंतु इन दोनों संभावनाओं को स्वीकार करना कठिन है। शीलवर्मन् यौधेय नृपति हो सकता है। जैसा कि टी.एन. रामचन्द्रन ने भी अनुमान किया है।[1]

(3) शिवभवानी का वंश—इस अज्ञात वंशीय राजा ने भी यमुना तट पर अश्वमेध यज्ञ किया था। समकालीन अभिलेखों से पता चलता है, कि ईसवीं तृतीय शती में[2] कुणिन्दों के दक्षिण-पूर्वी भाग में मित्रवंशीय राजा तथा दक्षिण पश्चिम भाग अर्थात् यमुना द्रोणी में कालसी के पास अज्ञातवंशीय दो अश्वमेधकर्ता राजा शासन कर रहे थे। सामग्री के अभाव में इनके राजवंश, राज्यावधि, कुणिन्द राज्य से इनके सम्बन्ध तथा उनके शासित प्रदेशों के विषय में उत्तर देना कठिन है। संभवतः ये नरेश उन राजवंशों में से थे, जिन्होंने कुषाण सत्ता के उन्मूलन में सहयोग किया।

(ङ) गुप्त काल—गुप्तकालीन गढ़वाल हिमालय का इतिहास अभी भी अंधेरे से उजाले की ओर पूर्ण रूप से नहीं आ पाया है। केवल प्रयाग प्रशस्ति और लाखामंडल शिलालेखों से निम्नलिखित राज्यों की सूचनाएं प्राप्त होती हैं—

(1) कर्तृपुर—नेपाल के पश्चिम में अवस्थित इस राज्य से गढ़वाल हिमालय-कुमाऊँ भी सम्बद्ध है। जिसमें रुहेलखण्ड और यमुना का पश्चिम भाग भी सम्मिलित रहा होगा। [3]प्रयाग प्रशस्ति में वर्णित यह कर्तृपुर गुप्त साम्राज्य के शासनान्तर्गत् न होकर करदान आज्ञाकरण तक ही सीमित था। स्कन्दगुप्त तक सम्भवतः यही स्थिति बनी रही। गुप्त शासकों द्वारा इस राज्य की स्वतंत्रता समाप्त करने सम्बन्धी कोई भी प्रमाण हमारे पास उपलब्ध नहीं है।

राजशेखर कृत काव्य मीमांसा, में हिमालय क्षेत्र में स्थित कार्तिकेयनगर का उल्लेख है, जहाँ खसों का शासन था। इस खसाधिपति ने गुप्त सम्राट रामगुप्त और चंद्रगुप्त द्वितीय के साथ युद्ध किया था। काव्य मीमांसा में जिस खसाधिपति की बात कही गई है, संभवतः वह कुणिन्द शासक ही रहा होगा। समुद्रगुप्त के इस अभिलेख में इस प्रकार कुणिन्दों का ही उल्लेख है, जो कुणिन्द नाम से नहीं वरन् उनकी राजधानी कार्तिकेयपुर के नाम से किया गया है। ये राजधानी जोशीमठ के समीप ही कही अवस्थित थी।[4]

(2) यामुन प्रदेश—लाखामंडल शिलालेख से ज्ञात होता है, कि कर्तृपुर के पश्चिम में पांचवी शती. ई. में छागलेश के राजवंश का शासन था। लाखामंडल में उनके द्वारा निर्मित शिवमंदिर से सिर्फ इतना ज्ञात होता है, कि उसके राज्य में लाखामंडल महत्वपूर्ण स्थान था, सम्भवतः यही उसकी राजधानी थी। उसके राजवंश का नाम, यमुना उपत्यका में उसके शासित प्रदेश का विस्तार, कर्तृपुर और गुप्तों से उसके राजनीतिक सम्बन्ध आदि पर अभिलेख से कोई सूचना नहीं मिलती। यद्यपि शिलालेख से छागलेश के राजवंश के छः शासकों के नाम जयदास, गुहेश, अचल, छागलेशदास, रूद्रेशदास एवं छागलेश (केतु) प्राप्त होते हैं, जबकि शेष नाम शिलालेख में खंडित हैं। प्रशस्ति में उल्लेखित राजाओं की यथार्थ पहचान नहीं हो सकी है। इस

---

1. *टी.एन. रामचन्द्रन :* एनशियन्ट इंडिया, नई दिल्ली, खंड 9, पृ. 141
2. *ओझा:* भारतीय प्राचीन लिपिमाला पृ. 151 और रामचन्द्र एन. ई. खंड 9, पृ. 141
3. *सी.एफ. ओल्डम :* जनरल ऑफ रॉयल एशियाटिक सोसाइटी ऑफ ग्रेट ब्रिटेन, 1898, पृ. 1981, स्मिथ इंडियन हिस्टोरिकल, कलकत्ता, पृ. 302
4. *एम.के. शरण :* ट्राइबल काइन्स, पृ. 273

वंश का संस्थापक जयदास रहा होगा तथा छागलेश केतु इसी आठवीं पीढ़ी में हुआ होगा। पांचवीं शताब्दी ई. का अभिलेख होने से यह राजा गुप्त वंश के ह्रास काल में हुआ होगा तथा गुप्तों की शक्ति क्षीण हो जाने पर यह उस प्रदेश का स्वतंत्र शासक बन गया था। यह तथ्य भी विचारणीय है, कि यदि छागलेश लाखामंडल क्षेत्र का कोई स्थानीय राजा था, तो यह भी संभव है, कि वो गणपतिनाग राजवंश के अधीन सामंत पद पर रहा हो।

(3) सिंहपुर (सैंहपुर)—यामुन प्रदेश में कालसी के पास पूर्व गुप्तकाल से ही यादवों की एक शाखा शासन कर रही थी। इस राजवंश के संस्थापक सेनवर्म्मन् का काल जायसवाल ने तृतीय शती ई. मध्य के निकट और बूलर[1] ने चतुर्थ शती ई. के आरम्भ में माना है। समकालिकता, नामसाम्यता, तथा नाम के अंत में 'वर्म्मन्' शब्द के आधार पर अश्वमेधकर्ता शीलवर्म्मन और सेनवर्म्मन् को एक ही राजवंश का होने की संभावना प्रकट की गयी है।[2] दोनों का शासित प्रदेश भी एक ही प्रतीत होता है। यह राजवंश भी किसी महाशक्ति के अधीन सामंत पद पर था। जायसवाल ने इसे वाकाटको का सामंत माना है।[3]

(च) उत्तर गुप्त काल—स्कंदगुप्त के पश्चात् गुप्तों के अवसान के समय गढ़वाल हिमालय की राजनीतिक अवस्था क्या थी, यह पुरातात्विक प्रमाणों से ज्ञात नहीं हो पाता है, परंतु उत्तर गुप्तकालीन कुछ अभिलेखों की प्राप्ति से ज्ञात होता है, कि गढ़वाल हिमालय में कुछ परम्परागत् राजवंश शासन कर रहे थे। इनमें नाग और यादव राजवंश प्रमुख थे।

(1) नाग राजवंश—नागवंश की जानकारी का प्रमुख स्त्रोत गणपति नाग का गोपेश्वर त्रिशूल लेख (छठी शती ई.) हैं। इसमें हमें चार नाग नरेशों (1) स्कन्दनाग (2) विभुनाग (3) अंशुनाग (4) गणपतिनाग के नाम मिलते हैं। लेख से सिर्फ यही विदित होता है, कि गणपति नाग ने अपने द्वितीय राज्य वर्ष में रुद्रमहालय के सामने शक्ति की स्थापना की। उसके कार्यों और शासन के विषय में हमें इससे और कोई जानकारी नहीं प्राप्त होती है।

गणपति नाग का ही एक त्रिशूल लेख शुद्ध महादेव (उधमपुर, कश्मीर) से प्राप्त हुआ है।[4] तीन पंक्तियों का ये लेख काफी कुछ खंडित हो चुका है। गोपेश्वर लेख और इस त्रिशूल लेख में आश्चर्यजनक समानता है। दोनों की लिपी उत्तरी-पश्चिमी वर्ग की ब्राह्मी है। दोनों में राज्यवर्ष का प्रयोग हुआ है। दोनों 'सिद्धम्' से आरम्भ होते हैं। शुद्ध महादेव त्रिशूल लेख में भी विभुनाग के उपरांत गणपति नाग उत्कीर्ण है। जबकि स्कन्दनाग और अंशुनाग के नाम मिट चुके हैं। अत: कहा जा सकता है, कि इन दोनो अभिलेखों का गणपतिनाग एक ही नरेश है।

गणपतिनाग की समानता कुछ विद्वानों ने बाड़ाहाट के त्रिशूल लेख के गणेश्वर से स्थापित करने की भी कोशिशें की हैं। दोनों त्रिशूलों की निर्माण कला और उसकी लिपी की समानता को इसका आधार बनाया गया है। स्वयं फूरर ने भी लिपी के आधार पर दोनों अभिलेखों को समकालीन माना था, परंतु यदि देखा जाए तो दोनों त्रिशूलों और उनकी लिपी में ज्यादा एकता

---

1. *बूलर* : एपिग्राफिया इंडिका (कलकत्ता, दिल्ली) खंड 1, पृ. 12
2. *एस.पी. डबराल* : उत्तराखंड का इतिहास-भाग 1, पृ. 203, के.पी. नौटियाल : कुमाऊँ, पृ. 41-42
3. अंधकार युगीन भारत, पृ.311
4. एनुअल रिपोर्ट ऑन इंडियन एपिग्राफी (नई दिल्ली), 1969-70

नहीं है। जबकि गोपेश्वर और शुद्ध महादेव के त्रिशूल लेखों में अत्यंत समानता है। यही नहीं गणेश्वर के नाम के अंत में 'नाग' शब्द भी नहीं है, अत: कहा जा सकता है, कि वह विस्तृत प्रदेश के स्वामी गणपतिनाग का प्राय: समकालीन कोई अन्य वंशीय राजा रहा होगा, जिसकी स्थिति सामंत पद की रही होगी।

गणपतिनाग की वास्तविकता की यदि बात कही जाए, तो शायद नागवंशीय लोग कुषाणों के दबाव के कारण टक्कदेश पंजाब से अपनी सुरक्षा हेतु हिमालय के उत्तर में फैल गये, क्योंकि कुषाण सत्ता गंगाद्वार से उत्तर में कभी प्रभावी न रही, इसलिए उन्हें यहां सुरक्षित स्थान की प्राप्ति के साथ-साथ अपनी सत्ता स्थापित करने का मौका मिला। गणपतिनाग नागवंश में सर्वाधिक शक्तिशाली शासक हुआ, जिसका राज्य विस्तार कर्तृपुर (गढ़वाल हिमालय) से कश्मीर तक हिमालय प्रदेश में था।

(2) यादव राजवंश—सिंहपुर (सैंहपुर) के यादव राजवंश के विषय में एक मात्र स्त्रोत ईश्वरा की लाखामंडल प्रशस्ति है । जिसे लिपी के आधार पर बूलर ने सातवी शती ई. का, परंतु जायसवाल ने छठी शती ई. का माना है। इस राजवंश के बारह नृपतियों की स्थिति प्राक् गुप्तकाल से हर्षवर्धन के काल तक अधीनस्थ शासक के रूप में रही, ये उनके विरुद्ध से विदित होता है। ये गुप्तों, वाकाटकों, मौखरियों, हर्ष और नागों में से किसके करद और अधीनस्थ थे, ये अभिलेख से ज्ञात नहीं होता है। परंतु यामुन प्रदेश में ही छठी-सातवीं शती ई. में उनके अस्तित्व से प्रतीत होता है, कि छागलेश का दूसरा स्थानीय राजवंश इसके अधीन हो चुका था। इस अभिलेख में ईश्वरा के सुसराल के राजाओं का वर्णन नहीं है। पितृकुल के राजाओं का ही वर्णन है। इस वंश के 12 राजाओं का वर्णन किया गया है। इनमें अंतिम राजा भास्कर वर्मन् है जिसकी पत्नी जयावती थी। इन दोनों की पुत्री का नाम ईश्वरा था। जिसका विवाह जालंधर के राजकुमार चंद्रगुप्त के साथ हुआ था , हाथी से गिर जाने के कारण जब राजकुमार की मृत्यु हुई, तब पति की सहगति के लिए ही ईश्वरा ने यहां मंदिर बनवाया। प्रशस्ति में सिंहपुर राजवंश के राजाओं के नाम वंश क्रमानुसार इस प्रकार दिये गये हैं—(1) सेनवर्मन (2) आर्यवर्मन् (3) दंतवर्मन् (4) प्रदीप्तवर्मन् (5) ईश्वरवर्मन् (6) वृद्धिवर्मन् (7) सिंहवर्मन् (8) श्रीजल वर्मन् (9) यज्ञवर्मन् (10) अचल वर्मन् समरधंधल (11) दिवाकरवर्मन् महिधंधल (12) श्रीभास्कर (वर्मन्)

(छ) राजपूत काल—कान्यकुब्ज से वर्धन वंश का अंत हो चुका था। गढ़वाल हिमालय में स्त्रुघ्न, ब्रह्मपुर और गोविषाण जो पहले कुणिन्द राज्य के विभाजन होने पर स्थापित हुए थे और श्री हर्ष के सीधे शासन में थे, अब स्वतंत्र हो चुके थे। इन जनपदों की सूचना हमें युवानच्वाङ (634 ई.) के यात्रा वर्णन से मिलती है। इनकी सीमाएं निम्नवत् थीं—

(1) स्त्रुघ्न (सु-लु-किन-न)—इसकी पूर्वी सीमा पर गंगा नदी बहती थी।

(2) ब्रह्मपुर (पो-लो-कि-मो-पु-लो)—तीनो राज्यों में सबसे अधिक विस्तार इस राज्य का था। ये राज्य गंगा से पूर्व में करनाली तक विस्तृत था। चीनी यात्री के अनुसार इसकी उत्तरी सीमा पर महाहिमालय में 'सुवर्ण गोत्र' देश था। चीनी यात्री ने अपने वृतांत में ब्रह्मपुर के शासक का नाम उदधृत नहीं किया है। परंतु अल्मोड़ा जनपद के तालेश्वर नाम स्थान से प्राप्त दो ताम्रशासनों से ब्रह्मपुर के राजाओं पर प्रकाश पड़ता है। ये दोनों ताम्रशासन ब्रह्मपुर से निर्गत् हैं। इनसे ज्ञात होता है, कि ब्रह्मपुर में शासन करने वाले राजा सोमवंशीय पौरव राजवंश के थे

और उनका राज्य पर्वताकार कहलाता था।[1] इसका राज्य विस्तार गढ़वाल हिमालय से कुमाऊँ के अधिकांश भाग पर था। ताम्रपत्रों तथा यात्री के वृतान्त की प्राय: समकालीनता और दोनों में राजधानी ब्रह्मपुर के उल्लेख से सिद्ध होता है, कि ब्रह्मपुर राज्य ही पौरव राजाओं के समय पर्वतकार राज्य था। तालेश्वर ताम्रशासनों में इन पौरव वंश के पांच नरेशों (1) विष्णुवर्मन् प्रथम (2) वृषवर्मन् (3) प.म. श्री अग्निवर्मन् (4) प.म. द्युतिवर्मन् (ताम्रपत्र में) अथवा द्विजवर्मन् (राजमुद्रा पर) (5) प.म. विष्णुवर्मन् द्वितीय के नाम मिलते हैं।

(3) गोविषाण (कु-पि-संग-ना)—नैनीताल जनपद के भाभर तराई प्रदेश (काशीपुर) के अतिरिक्त इसमें रामपुर और पीलीभीत जनपद भी थे। इस राज्य की राजधानी, गोविषाण की पहचान कर्निंघम के द्वारा वर्तमान् काशीपुर से एक मील पूर्व में स्थित उज्जैन ग्राम के पास पुराने दुर्ग से की गयी है।

(i) कल्याणवर्मन का राज्य—उक्त जनपदों के अतिरिक्त इस काल में एक अन्य स्वतंत्र राज्य भी था। जिसकी सूचना पलेठी शिलालेखों से मिलती है। इस वंश का संस्थापक संभवत: आदित्यवर्मन् या वर्मा था। डॉ. शिवप्रसाद डबराल का कथन है, कि ये हर्ष के शासन काल में उत्तरांचल के दक्षिणी पश्चिमी भाग का शासक रहा होगा। इसी वंश की छठी पीढ़ी में उत्पन्न कल्याण वर्मा ने इस अभिलेख को लिखवाया जिसका उदय श्री हर्ष के पश्चात् हुआ। गंगा के निचले प्रदेश में देवप्रयाग के आस पास इसका शासन था। सम्भवत: हिमालय (प्रलेथाचल) वासी म्लेच्छगण भी इसके शासन में सम्मिलित हो चुके थे। यह भी संभव है, कि उसने स्त्रुघ्न जनपद का पूर्वी भाग भी हस्तगत् कर लिया हो। उसके द्वारा धारण विरुद्धो के आधार पर कहा जा सकता है, कि वो स्वतंत्र शासक था। अभिलेख में उत्कीर्ण नामों के आधार पर इसके वंशक्रम में ये शासक हुए होंगे— (1) आदित्यवर्मा (2) श्री कल्याणवर्मा (3) जयमन: (4) आदित्यवर्द्धन (5) कर्क्कवर्द्धन (6) कल्याण वर्मा।

पलेठी शिलालेखों के कल्याणवर्मन् की 'कौमुदी महोत्सव' संस्कृत नाटक में वर्णित सुंदरवर्मा के पुत्र मगध सम्राट कल्याण वर्मा से एकता की संभावना भी कई विद्वान करते हैं। इस सम्बन्ध में विदित है, कि नाटक के कल्याण वर्मा का वंश मौखरि और काल, गुप्तों के अभ्युदय के पूर्व निश्चित हो चुका है। स्वयं कौमुदी महोत्सव का काल ई.पी. पिरेज ने गुप्तकालीन और प्रो. दशरथ शर्मा ने समुद्रगुप्त से पूर्व कालीन माना है। परंतु पुरालिपी शास्त्र के आधार पर कल्याण वर्मा (या वर्मन्) का खुदवाया पलेठी शिलालेख सातवीं-आठवीं शती ई. का है।[2] इसके अतिरिक्त शिलालेख में वर्णित उसके वंशक्रम में सुदंर वर्मा नामक उसका कोई पूर्वज भी अंकित नहीं है। अत: कुटिल लिपी में लिखित पलेठी शिलालेख का कल्याण वर्मन् 'कौमुदी महोत्सव' के मगध सम्राट कल्याणवर्मन् से भिन्न अवश्य दूसरा राजा है।

(ii) भोट शक्ति का प्रसार (647-846 ई.) —हेफतालों के आक्रमणों ने उत्तर भारत को लघु राजवंशों में विभक्त कर दिया था। हर्ष की मृत्यु (647 ई.) के पश्चात् मध्य

---

1. *वाई.आर. गुप्ते :* एपिग्राफिया इंडिका (दिल्ली, कलकत्ता) खंड 13, पृ. 109-121, सरकार : दि एज आफ इम्पि. कन्नौज, पृ. 123, 124 और 531
2. एनुअल रिपोर्ट आन इंडियन एपिग्राफी (नई दिल्ली), 1968-69 ई., पृ. 4 और 57 सिद्ध भारती, भाग-2 (1950 ई.) पृ. 273

हिमालय गढ़वाल-कुमाऊँ के ब्रह्मपुर आदि राज्य स्वतंत्र हो गये थे। परंतु इसी समय भोट देश में न्यख्रि राजवंश के प्रथम महान ऐतिहासिक राजा स्रोङ्-वचन्-स्गम्-पो (629-49 या 50) ने एक नये साम्राज्य की स्थापना की। उसने 645 ई. में जैङ्-जुैङ् (गू-गे) राज्य को विजित कर लिया, जो तिब्बतियों के लिए अब तक एक विदेशी राज्य था और कैलाश मानसरोवर के आस पास पौरवों के ब्रह्मपुर के सीमांत पर ही स्थित था। कुछ ही काल पश्चात् हर्ष के उत्तराधिकारी बने अर्जुन ने चीनी दूत वाङ्-हसुअन-त्से से उसकी द्वितीय यात्रा के समय अच्छा व्यवहार न किया, फलस्वरूप उसकी प्रार्थना पर बलशाली भोट सेना ने 647 ई. के निकट मध्य हिमालय (गढ़वाल कुमाऊँ) में प्रवेश कर लिया। इस घटना के आधार पर राहुल संकृत्यायन का अनुमान है, कि हिमालय का यह भाग बड़ी आसानी से ल्हासा के अधीन हो गया होगा (640-780 ई. तक)। तिब्बती इतिहास के अनुसार इस समय सारे हिमालय के राजा तिब्बत के सामंत रहे।[1] एक तिब्बती इतिहास (Sba-bzhed, स्टीन सम्पा. पृ. 44) के वृतांत के आधार पर प्रो. आर.ए. स्टीन का भी कथन है, कि महान शासक खि-स्त्रोङ्-ल्दे-बचन् (755-797 या 804) जिसने भारतीय बौद्ध धर्म को राजधर्म के रूप में गहण कर लिया, के समय "तिब्बतियों ने गंगा तट पर अपनी सीमा सूचक एक लौह स्तम्भ स्थापित किया।"[2]

परंतु नवीं शती ई. के मध्य के निकट जब तिब्बत राजशक्ति निर्बल हो गई, तो गढ़वाल हिमालय-कुमाऊँ के शासकों ने तिब्बती प्रभुत्व को उखाड़ फेंका।

कुछ इतिहासकार गढ़वाल हिमालय-कुमाऊँ पर कान्यकुब्ज के प्रतापी शासक यशोवर्मन् (725-752 ई.) के अधिकार की भी परिकल्पना करते हैं। उनकी कल्पना का प्रथम आधार 'गौडवहो' नामक प्राकृत काव्य है, जिसमें यशोवर्मन् द्वारा अपने विजय अभियान काल में 'मंदर पर्वत' विजित करने का उल्लेख है। द्वितीय आधार औ-काङ्. यात्रा विवरण हैं, जिसमें वर्णित है, कि ललितादित्य मुक्तापीड़ ने मध्य देश के शासक यशोवर्मन् के साथ मिलकर भोट आक्रमणों को रोक दिया, परंतु इन साहित्यिक साक्ष्यों की किसी पुरातात्विक साक्ष्यों के द्वारा पुष्टि नहीं होती।

(iii) चांदपुर के परमार (पंवार)—सातवीं शती के अंतिम दशकों में जब कतियुर वंशीय मसंतन तथा वसंतन गढ़वाल हिमालय के उत्तरी भाग में शक्ति की वृद्धि कर रहे थे, तो उसी समय मालवा-गुजरात्रा से आकर सोन गोत्रीय परमार वंशीय कनकपाल[3] ने मध्य भाग में चौडागढ़ या चांदपुरगढ़ को राजधानी बनाकर नवीन राजवंश की स्थापना की। कहा जाता है, कि उसने वहां शासन कर रहे बदरीनाथ के राजा भानुप्रताप पाल (सोमपाल) से राज्य को प्राप्त कर नये राजवंश की नींव डाली। उपरोक्त जानकारी हमें वंशावलियों और चांदपुरगढ़ शिलालेख से प्राप्त होती है। वंशावलियों[4] में कनकपाल के राज्य प्राप्ति की तिथि, सर्वत्र विक्रम संवत

---

1. *राहुल :* हिमालय परिचय-एक, पृ. 70
2. *आर.ए.स्टीन* : तिब्बतन सिविलाइजेशन (आंग्ल संस्करण), लंदन 1972, पृ. 64। परंतु आगे वह इसे कल्पित मानता है।
3. धारा नरेश कांदिलराव का पुत्र कनकराव वि.सं. 745 में राज्याभिषेक के पश्चात् कनकपाल नाम से प्रसिद्ध हुआ। (गढ़राज्य का इतिहास, पृ. 26-29)
4. कुछ वंशावलियों के नाम इस प्रकार हैं (1) 1949 की एक राजकीय रिपोर्ट के आधार पर दी गई बैकेट की सूची (2) कवि देवराज रचित 'गढ़वाल राज्ञा वंशावली' (वि.सं. 1947) श्लोक 32, (3) स्वदेशी नृपवंशावली (वि.सं.-1955) जिसकी 21 पृष्ठों वाली पांडुलिपि देवप्रयाग में सी.जोशी के ग्रंथागार में देखी गई।

745 (688 ई.) बतायी गयी है। हरिकृष्ण रतूड़ी ने पहले[1] इसी तिथि को ग्रहण किया, परंतु बाद में उन्होंने अपने इतिहास[2] में इसका खंडन चांदपुरगढ़ शिलालेख के आधार पर किया, जिसमें उनके अनुसार विक्रम संवत 945 उल्लेखित है। यद्यपि अभिलेखीय साक्ष्य अधिक विश्वसनीय सिद्ध हो सकता था, परंतु वह शिलालेख जिसका उल्लेख रतूड़ी ने किया है, उपलब्ध न होने के कारण उसकी विश्वसनीयता अधिक नहीं रह गई है।

दोनों तिथियों की किसी अन्य अभिलेख से पुष्टि नहीं हो सकी है। यह असंभव नहीं, कि हर्षोत्तर काल में कातियुर शासन से पूर्व कर्तृपुर (गढ़वाल हिमालय) में कई छोटे-छोटे राजवंशों का पृथक् अस्तित्व था। अत: यदि वंशावली की तिथि को प्रमाण मानें, तो आरम्भ में कतियुर और परमार सामंत अपनी-अपनी शक्ति में वृद्धि करते रहे होंगे। परंतु निम्बर के काल में कातियूरियों की प्रबलता के कारण कनकपाल के वंशज उसके सामंत बन गये।

तत्कालीन राजनीतिक अवस्था के विषय में यदि पातीराम परमार के निष्कर्षों पर ध्यान दिया जाए, तो इस काल में गढ़वाल हिमालय में राज्यों के तीन समूह थे—(1) उत्तर में सोनपाल का भिल्लंग राज्य (कत्यूरी) (2) मध्य भाग में कनकपाल का चांदपुर राज्य (3) दक्षिण भाग में मोरध्वज, पांडुवाला और ब्रह्मपुर के राज्य।

(iv) कार्तिकेयपुर का कातियूर राजवंश—कार्तिकेयपुर के प्रसिद्ध राजवंश को जिसके ताम्रपत्र लेख पांडुकेश्वर, कण्डारा, चंपावत, से प्राप्त हुए हैं, को 'कत्यूरी वंश' कहा जाता है।[3] पिण्डर घाटी में अवस्थित कोलसारी ग्राम के विष्णुमूर्ति पीठ लेख में भी कार्तिकेयपुर के शासकों को 'कत्यूरीवंश' का बताया गया है। इस लेख में 'कातियूर' शब्द वंश सूचक है ('श्री कातियुरमहाराज जतवालदेव')। लेख से ज्ञात होता है, कि 10वीं शती ई. में इस प्रदेश में 'कातियूरवंशीय' जतवालदेव नामक नरेश था, जो सुभिक्षराजदेव का कोई निकट वंशज रहा होगा। अत: कार्तिकेयपुर के नरेशों का राजवंश कातियूर था, जो निश्चय ही राजधानी के नाम संज्ञापित हुआ। मूल दृष्टि से कातियूरवंशीय खस जाति के थे। यह बात काव्य मीमांसा और अन्य अभिलेखों से भी प्रमाणित होती है। बोधगया लेखों में अशोकचल्ल को सम्पूर्ण "सपादलक्षशिखरिखसदेश राजाधिराज" कहा गया है।[4] यही नहीं उनके द्वारा शासित प्रदेश खसमंडल भी कहलाता था।

कातियूर इतिहास के स्त्रोत् रूप में अब तक अनेक अभिलेख मिल चुके हैं। चार पांडुकेश्वर से, एक-एक कंडारा गांव, बागेश्वर मंदिर, बालेश्वर मंदिर और कोलसारी से। इनमें से प्रथम छ: लेख ताम्रशासन के रूप में हैं। इन लेखों से ज्ञात होता है, कि इस राजवंश के कम से कम तीन परिवारों ने राजधानी कार्तिकेयपुर में शासन किया। इन परिवारों के संस्थापक क्रमश: मसन्तन या मस्न्तनदेव, निम्बर और सलोणादित्य माने जाते हैं। क्योंकि साक्ष्यों के अभाव में मसन्तन के परिवार का अन्य परिवारों से क्रम निश्चित करना कठिन है, इसलिए डी.सी. सरकार ने भी बागेश्वर

---

1. गढ़वाल वर्णन, 1910 पृ. 9
2. *हरिकृष्ण रतूड़ी :* गढ़वाल एंशियंट एंड माडर्न, पृ. 184
3. टी. एटकिन्सन ने अपने 'हिमालयन डिस्ट्रिक्ट' में इस शब्द का अबाध प्रयोग किया, यद्यपि इस वंश का जातीय नाम उसने KATOR, KATYUR अथवा KATURE प्रकल्पित किया, खंड-2 (1) पृ. 468-69
4. एपिग्राफिया इंडिका (दिल्ली, कलकत्ता) खंड-12, पृ. 29-30 इंडियन एंटिक्वारि-खंड 10, पृ. 346

लेख के मसन्तन या भसन्तन के वंश क्रम की अनिश्चितता को देखते हुए अंतिम दो परिवारों को ही स्वीकार किया।[1]

राज्यावधि—कार्तिकेयपुर के इन शासकों के लेखों में कहीं भी संवत् का उल्लेख नहीं है। प्रो. कीलहार्न ने ललिताशूरदेव के लेखों का अध्ययन करते समय ज्योतिष के आधार पर निष्कर्ष निकाला, कि उसके 21वें और 22वें राज्य वर्ष में लिखे ताम्रपत्र 853 ई. और 854 ई. के हैं, अर्थात् उसका राज्यरोहण 832 ई. में हुआ होगा। डी.सी. सरकार और अन्य विद्वानों ने भी इस तिथि को स्वीकार कर लिया है। अत: कहा जा सकता है, कि कार्तिकेयपुर के इन शासकों ने सातवीं शती ई. के अंत से लेकर ग्यारहवीं शती ई. के प्रारम्भ तक शासन किया।

कातियूर नरेश—कातियूर इतिहास पर प्रकाश डालने वाले अभिलेखों के आधार पर इस राजवंश के चार परिवारों ने शासन किया। पहले परिवार का संस्थापक मसन्तन देव था, उसके बाद क्रमश: खर्प्परदेव, कल्याणराजदेव या अधिधज और त्रिभुवन राजदेव हुआ, दूसरे परिवार का संस्थापक निम्बर देव था । इसके पश्चात् इस परिवार में इष्टगणदेव, ललितशूरदेव, भूदेवदेव हुए, तीसरे परिवार का संस्थापक सलोणादित्य था, जिसके पश्चात् इस परिवार में इच्छटदेव, देशटदेव, पद्मटदेव, सुभिक्षराजदेव हुए, चौथे परिवार में जतवालदेव हुए। इस प्रकार अभिलेखों से ज्ञात होता है, कि चार परिवार के चौदह नरेशों द्वारा समय-समय पर शासन किया गया। यद्यपि ये लेख इनकी राजनीतिक सफलता पर ज्यादा प्रकाश नहीं डालते, परंतु कातियूर इतिहास को जानने में इनसे कुछ मदद तो हमें अवश्य मिलती ही है। प्रो. कीलहार्न और डॉ. सरकार ने निम्बर को वंश संस्थापक माना है। संभवत: इष्टगणदेव ने स्वविजयों द्वारा कार्तिकेयपुर राज्य की सीमाओं को वर्तमान् गढ़वाल-कुमाऊँ तक विस्तृत कर उसका एकीकरण किया। उसके प्रतापी पुत्र ललितशूर ने अपने प्रारम्भिक शासन काल में ही पाल-प्रतिहारों के अवशिष्ट प्रभाव से पूर्णत: मुक्त होकर शेष जीवन शांतिपूर्ण रूप से व्यतीत किया। उसके काल में कातियूर साम्राज्य का जो विस्तार हुआ और जो सामाजिक, धार्मिक, आर्थिक उन्नति हुई, उसके परिणाम स्वरूप कातियूर साम्राज्य आगे लंबे समय तक अक्षुण्य बना रहा, जिसका उपभोग तृतीय परिवार का अंतिम नरेश सुभिक्षराजदेव ही नहीं, वरन् आगे चतुर्थ परिवार के जतवाल देव भी करते रहे। दसवीं शती के अंत अथवा ग्यारहवीं शती के आरम्भिक दशकों में सुभिक्षराजदेव या जतवालदेव के किसी वंशज ने अल्मोड़ा की गोमती घाटी में राजधानी संक्रमित कर दी, जिसे 'बैद्यनाथ कार्तिकेयपुर' कहा जाने लगा। पूर्व में राजधानी बदलने के कारणों का पता नहीं चल पाया है और न ही ये ज्ञात होता है, कि राजधानी परिवर्तन के पश्चात् कितने शासकों ने अखंड कार्तिकेयपुर राज्य पर शासन किया। अनुश्रुति से धामदेव और वीरदेव नामों का पता चलता है, जो अवनति काल में अपनी नृशसता के लिए कुख्यात हुए। ब्रह्मदेव को इस वंश का अंतिम शासक बताया गया है।

अभिलेखों से कातियूर राज्य की सीमाओं का पता नहीं चल पाता है। जोशीमठ के पास राजधानी होने से यह विदित होता है, कि भोट देश को जाने वाले गिरिद्वारों तक ही नहीं पश्चिमी भोट देश के कुछ भाग तक भी कातियूरों का शासन था। कालान्तर में अपने विजय अभियानों द्वारा उन्होंने पश्चिम में यमुना घाटी से पूर्व गंडकी तक तथा दक्षिण में हिमालय के समतल पाद

1. *सरकार* : दि एज ऑफ इम्पि. कन्नौज, खंड-4, पृ. 124 और 531

प्रदेश तक का विशाल भू-भाग कार्तिकेयपुर राज्य में सम्मिलित कर लिया था। प्राचीनतम् अनुश्रुतियों के आधार पर जोशीमठ के कातियूरों का राज्य विस्तार एटकिन्सन ने पश्चिम में सतलुज तक तथा दक्षिण में सम्पूर्ण रुहलेखण्ड तक बताया है।[1]

(v) नेपाली विजेताओं का अधिकार—'बैद्यनाथ कार्तिकेयपुर' के अवनतिकालीन कातियुर शासकों के समय साम्राज्य का विघटन शुरू हुआ। 1060 ई. से प्रारम्भ हुए इस बहुअराजकता के काल में पश्चिम नेपाल के विजेता शासक अशोकचल्ल ने गढ़वाल-कुमाऊँ पर आक्रमण कर उसे विजित कर लिया। अशोकचल्ल की विजय गाथा उसके गोपेश्वर और बड़ाहाट त्रिशूल लेखों में मिलती है। नाला में भी इसके एक जय स्तम्भ होने का उल्लेख डॉ. पातीराम ने किया है। उक्त लेखों में उल्लेखित हैं, "गौडवंशोद्भूवैराथ रायकुलतिल्, अभिनवबोधिसत्वावतार अवनिपतितिलक परमभट्टारक महाराजधिराज श्रीमान अशोकचल्ल ने स्वसर्वगामिनी वाहिनी से केदारभूमि को जीता।" अशोकचल्ल बौद्ध धर्म की महायान शाखा का अनुयायी था। बौद्धगया लेखों में भी उसे बौद्ध धर्मानुयायी (महायानयायित:) बताया गया है। सहणपाल और पुरुषोत्तम सिंह के तीन बौद्धगया लेखों में अशोकचल्ल को 'सपादलक्षशिखरिखदेशराजधिराज' कहा गया है। कामदेव सिंह का पुत्र सामंत पुरुषोत्तमसिंह उसके विशाल राज्य के पूर्वी भाग (चक्र) कमादेश (कुमाऊँ) का सामंत था। इस प्रकार उसके द्वारा शासित प्रदेश तमसा-यमुना से लेकर पश्चिम नेपाल में बैराथ तक या संभवत: इससे भी अधिक विस्तृत था, जो प्रशासनिक दृष्टि से तीन चक्रों में बँटा था। बैराथ (बैतड़ी), कमादेश और केदारभूमि। अशोकचल्ल के इस साम्राज्य की राजधानी अब तक अज्ञात है। गोपेश्वर और बाड़ाहाट, जहां उसके त्रिशूल लेख मिले हैं, संभवतया उसके द्वारा विजित शासकों की राजधानियाँ थी, जो हारने के पश्चात् उसके सामंत बन गये। यदि त्रिशूल लेखों की तिथियों पर विश्वास करें तो उसका शासन 1191 ई. से कम से कम 1209 ई. तक निश्चित किया जा सकता है।

अशोकचल्ल की मृत्यु के पश्चात् उसके एक दशक का इतिहास अज्ञात है। इसके बाद पश्चिम नेपाल से ही दूलु (डोटी) के अधिपति जिनिकुलोत्तपन्न क्राचल्लदेव ने गढ़वाल-कुमाऊँ के खस राजाओं पर आक्रमण कर उन्हें पराजित किया। इसके विषय में एक मात्र जानकारी का स्त्रोत 1223 ई. का बालेश्वर दान पत्र है, जो देशटदेव के पांचवें राज्यवर्ष में उत्कीर्ण ताम्रपत्र के पृष्ठभाग में है। इससे ज्ञात होता है, कि उसने 1220-21 ई. में बैद्यनाथ कार्तिकेयपुर को नष्ट कर उस पर अधिकार स्थापित किया। यह पता नहीं चलता, कि गढ़वाल हिमालय का कितना भाग उसके अधिकार में था। इस विजय के उपलक्ष में उसने परमभट्टारक महाराजाधिराज परमेश्वर की उपाधि धारण की। यद्यपि वह अन्य धर्मों के प्रति सहिष्णु था, परंतु वह स्वयं अशोकचल्ल की भांति बौद्ध धर्म का अनुयायी था। उससे संबद्ध सामग्री के अभाव में ये प्रमाणित होता है, कि उसका शासन यहां अधिक समय तक नहीं रह सका।

13वीं शती ई. के मध्य में गढ़वाल हिमालय और कुमाऊँ छोटी-छोटी अनेक ठकुराईयों में बँट गया और गढ़वाल हिमालय में इस समय चांदपुरगढ़ का पंवार वंश अधिक शक्तिशाली होता जा रहा था।

❑❑❑

1. दि हिमालयन गजेटियर, खंड 2(1) पृ. 467

5

गढ़वाल हिमालयी प्रतिमा-कला
(Iconography of Garhwal Himalaya)

गढ़वाल हिमालय क्षेत्र की प्राचीनता को नकारा नहीं जा सकता। यहाँ से प्रागैतिहासिक मानव द्वारा तराशे गये पत्थरों के विभिन्न औजारों की प्राप्ति[1] और शैलाश्रयों तथा गुफाओं पर उनके द्वारा रेखांकित की गई कलाकृतियों[2] से यह अवश्य सिद्ध होता है, कि इस क्षेत्र में कला की शुरुआत तभी हो चुकी थी, जब मानव अपने विकास की प्रारम्भिक अवस्था में था। विभिन्न प्राचीन ग्रंथों, यथा वेद, पुराण, रामायण, महाभारत, बौद्ध साहित्य आदि से सिद्ध हो चुका है, कि यह क्षेत्र प्रारम्भ से ही ब्रह्म की साधना का प्रमुख स्थल रहा है। इसी का परिणाम है, कि हमें यहाँ समृद्धशाली प्रतिमा कला के दर्शन होते हैं। इस क्षेत्र में प्रतिमाएं बनने की शुरुआत कब से हुई, इसके विषय में निश्चित तौर पर हम कुछ भी कह पाने में असमर्थ हैं। परन्तु शुरुआत में जो प्रतिमाएं बनाई गईं, वह अवश्य मिट्टी की रही होंगीं। उसके बाद लकड़ी, प्रस्तर और धातु की प्रतिमाएं बननी शुरू हुई होंगीं।

किसी भी प्रकार के निर्माण में प्रस्तर, मिट्टी, धातु और लकड़ी, ये चार चीजें सहायक होती हैं। इस परिप्रेक्ष्य में यदि हम गढ़वाल हिमालय क्षेत्र का अवलोकन करें, तो पाते हैं, कि यहाँ धातु के अलावा उपरोक्त तीनों चीजें प्रचुर मात्रा में उपलब्ध हैं। फलस्वरूप हम निश्चित तौर पर कह सकते हैं, कि यहाँ अत्यधिक मात्रा में प्रस्तर, मिट्टी और लकड़ी की प्रतिमाओं का निर्माण किया गया होगा। यद्यपि धातु प्रतिमाओं के निर्माण को भी हम नकार नहीं सकते परन्तु यह कहा जा सकता है, कि धातु की इस क्षेत्र में अनुपलब्धता ने इसके निर्माण को अवश्य प्रभावित किया होगा। अब यदि हम गुणवत्ता की बात कहें, तो इनमें से धातु और प्रस्तर की प्रतिमाएं काफी समय तक अक्षुण्य बनी रह सकती हैं, जबकि मिट्टी और लकड़ी से बनी रचना के विषय में यह बात नहीं कही जा सकती है।

उपरोक्त व्याख्या के आधार पर कहा जा सकता है, कि संख्या की दृष्टि से पाषाण प्रतिमाएं यहाँ सर्वाधिक हैं। छैनी और हथौड़ी के माध्यम से प्रस्तर पर अपनी कल्पनाओं को साकार करने

---

1. अलकनन्दा घाटी में श्रीनगर, डांग से प्रागैतिहासिक कालीन औजारों की प्राप्ति
2. कीमनी गांव और डुंग्री (दोनों चमोली) से ऐसे शैलाश्रयों की प्राप्ति, जिसमें प्रागैतिहासिक कालीन मानव द्वारा चित्रण किया गया है।

में भी शिल्पी सफल रहा। तभी तो गढ़वाल हिमालय की ये प्रस्तर प्रतिमाएं कलात्मक उत्कृष्टता का अनुपम उदाहरण प्रस्तुत करती हैं। धातुमयी प्रतिमाओं का स्थान द्वितीय है। सिक्कों और धातु पत्रों पर अंकित प्रतिमाएं भी द्वितीय वर्ग में हैं। तृतीय स्थान पर मृण्प्रतिमाएं हैं, जो कि गढ़वाल हिमालय के समतल पाद प्रदेश के अलावा दुर्गम पर्वतीय प्रदेश से प्राप्त हुई हैं। मिट्टी की आसानी से उपलब्धता और फिर उससे सरलतापूर्वक प्रतिमा का निर्माण होना, सदैव कलाकार को अपनी ओर आकर्षित करता रहा होगा और कलाकार ने अवश्य अपनी कल्पना और अभिव्यक्ति को मूर्तरूप में साकार करने के साधन के रूप में, इसे मुख्य रूप से अपनाया होगा। परन्तु क्योंकि इन मृण्प्रतिमाओं का जीवन बहुत कम था। थोड़ी से ठेस लगने से उनका टूटना स्वाभाविक था, फलस्वरूप देखभाल के अभाव में, मौसमी कारणों से, प्राकृतिक आपदाओं के चलते, इनका क्षय होना शुरु हो गया। उसी का परिणाम है, कि वर्तमान् में इस क्षेत्र से प्राप्त मृण्प्रतिमाओं की संख्या अल्प है। प्राप्त लकड़ी की प्रतिमाओं में कोई भी प्राचीन नहीं कहीं जा सकती है। परन्तु ज्ञात होता है, कि देवी की लकड़ी की प्रतिमाएं बनाने का यहां प्राचीन काल से प्रचलन था।[1]

यह तथ्य भी विशेष ध्यान देने योग्य है, कि भक्त ने अपने ईष्टदेव को धार्मिक भावनाओं के वशीभूत होकर उच्चतम और सर्वश्रेष्ठ स्थान प्रदान करने का प्रयास किया, जिसकी परिणति हम आज मंदिर के रूप में देख सकते हैं। यहां देवता का रूपायन हमें साधारण मानवीय शरीर से, श्रेष्ठ अति मानवीय रूप में देखने को मिलता है। इस प्रकार हम कह सकते हैं, कि मंदिर निर्माण का एकमात्र उद्देश्य उसमें देव प्रतिमा की स्थापना करना रहा है। प्रतिमा स्थापना के बिना मंदिर निष्प्राण हैं।[2] इन्हीं मंदिरों में बैठकर साधकों एवं उपासकों ने निर्गुण, निराकार रूप को प्रतिमा के माध्यम से सगुण साकार रूप प्रदान करने का उपक्रम किया।

गढ़वाल हिमालय के किसी भी शासक ने किसी एक शैली को नहीं अपनाया। उसके मूल में यहां के शासकों द्वारा धार्मिक सहिष्णुता की नीति का पालन करना रहा है, अत: विभिन्न बाहरी संस्कृतियों के लोग कभी आध्यात्मिक शांति के लिए और कभी विजय आकांक्षा से जब-जब यहां आते रहे, स्थानीय संस्कृति तब-तब उन्हें अपने में आत्मसात् करती रही। फलस्वरूप हिन्दू धर्म और कला, जो विभिन्न संस्कृतियों, यथा वैदिक, मौर्य, शुंग, कुषाण, गुप्त, हर्ष, राजपूत काल के अन्तर्गत् पल्लवित हुई, के सम्पर्क में आने पर स्थानीय कला नवीनता के साथ भिन्न-भिन्न रूपों में प्रकट हुई। संस्कृतियों और शिल्पियों के सृजनात्मक योगदान के बिना कोई विशिष्ट शैली पल्लवित नहीं हो सकती। कार्तिकेयपुर के नरेशों के काल (7वीं शती. ई. के अंत से 11वीं शती. ई. के प्रारम्भ तक) में गढ़वाल की प्रतिमा कला अपने स्वर्णिम युग में थी।[3] फलत: इस काल में जिन प्रतिमाओं का निर्माण हुआ, वे प्रतिमा कला की दृष्टि से अत्यंत महत्त्वपूर्ण हैं।

---

1. इस प्रदेश में बहुचर्चित नन्दा महामाया के केदारखण्ड (110.9) में 'दारुमूर्तिसमासीना' कहा गया है और उसकी दारु (लकड़ी) प्रतिमाएं आज भी 'देवी का परम' नाम से प्रसिद्ध हैं।
2. प्रतिमा को मंदिर की जीवात्मा कहा गया है (अग्नि पुराण 61.25)। 'प्रतिमा जीव उच्चते' (प्रतिष्ठा संग्रह, तृतीय प्रकाशन, पर्ण 131)
3. श्री बद्रीनाथ मंदिर, प्रतिवेदन, पृष्ठ 48-49

गढ़वाल हिमालय की प्रतिमाओं का वर्गीकरण

- परालौकिक प्रतिमाएं
  - ब्राह्मण प्रतिमाएं
  - बौद्ध प्रतिमाएं
  - जैन प्रतिमाएं
- लौकिक प्रतिमाएं
  - मानव प्रतिमाएं
  - नारी प्रतिमाएं
  - पशु-पक्षी प्रतिमाएं

शैव प्रतिमाएं

- लिंग प्रतिमा
  - निष्कल लिंग
  - सकल लिंग
  - मुख लिंग
- वीणाधर दक्षिण प्रतिमा
- कल्याण सुंदर प्रतिमा
- शिव नृत्य प्रतिमा
- एकल शिव प्रतिमा
- अंधकासुरवध प्रतिमा
- उमा-महेश प्रतिमा
- अन्य शैव प्रतिमाएं
  - भैरव प्रतिमा
  - लकुलीश प्रतिमा
  - हरिहर प्रतिमा
  - गणेश या विनायक प्रतिमा
  - कार्तिकेय प्रतिमा

शाक्य प्रतिमाएं

- पार्वती, उमा प्रतिमा
- गौरी प्रतिमा
- महिषासुरमर्दिनी प्रतिमा
- सिंहवाहिनी प्रतिमा
- स्कन्दमाता प्रतिमा
- सप्त मातृका प्रतिमाएं
  - चामुण्डा प्रतिमा
  - इन्द्राणी प्रतिमा
  - वैष्णवी प्रतिमा
  - ब्रह्माणी प्रतिमा
  - माहेश्वरी प्रतिमा
  - कौमारी प्रतिमा
- सरस्वती प्रतिमा

वैष्णव प्रतिमाएं

- बैकुण्ठ विष्णु प्रतिमा
- स्थानक विष्णु प्रतिमा
- अनन्तशायी विष्णु प्रतिमा
- लक्ष्मीनारायण प्रतिमा
- गरुड़ासीन प्रतिमा
- विभव प्रतिमाएं
  - नृसिंह प्रतिमा
  - वराह प्रतिमा
  - बलराम प्रतिमा
- अन्य वैष्णव प्रतिमाएं
  - गरूड़ प्रतिमा
  - गजलक्ष्मी प्रतिमा

सौर प्रतिमाएं

- सूर्य प्रतिमा
- भगादित्य प्रतिमा
- नवग्रह प्रतिमा
- दिक्पाल प्रतिमाएं
  - इन्द्र प्रतिमा
  - अग्नि प्रतिमा
  - कुबेर प्रतिमा

अन्य देवी-देवता प्रतिमाएं

- ब्रह्मा प्रतिमा
- नदी देवी प्रतिमा (गंगा-युमना)
- व्यंतर देवता प्रतिमाएं
  - यक्ष-यक्षी प्रतिमा
  - नागराज प्रतिमा

पशु-पक्षी प्रतिमाएं

- गज-सिंह प्रतिमा
- गज और सिंह प्रतिमा
- वृष प्रतिमा
- मकर और कूर्म प्रतिमा
- मेष और मृग प्रतिमा
- हंस और मयूर प्रतिमा
- नाग-युग्म और नाग-मिथुन
- प्रतिमा

6

गढ़वाल हिमालयी प्रतिमाओं का वर्गीकरण

(Classification of Structure of Garhwal Himalaya)

किसी क्षेत्र विशेष की प्रतिमाओं के विषय में यदि समग्र जानकारी प्राप्त करनी हो, तो इसके लिए विषय वस्तु का चयन अत्यन्त सार्थक सिद्ध होगा। अत: विषय वस्तु के माध्यम से ही प्रतिमाओं के भेद को आसानी से समझा जा सकता है। क्योंकि शिल्पकार किसी न किसी विषय पर उत्पन्न अपने विचारों को ही, कलाकृति के माध्यम से अभिव्यक्ति प्रदान करता है। तो ऐसे में यदि हम गढ़वाल हिमालयी प्रतिमाओं का अवलोकन करें, तो हमें ज्ञात होता है, कि यहाँ की कलाकृतियों ने पूर्णता के साथ, इस क्षेत्र की प्राचीन सांस्कृतिक विरासत को अब तक संजोकर रखा है। यहां हमें धार्मिक विषयों, चरित्रों से सम्बन्धित प्रतिमाओं के दर्शन तो होते ही हैं, परन्तु साथ ही भौतिक, सांसारिक विषय वस्तु के अन्तर्गत् प्रतिमाएं भी यहाँ गढ़ी गईं। इस आधार पर गढ़वाल हिमालयी प्रतिमाओं का, तालिका के अनुसार वर्गीकरण किया जा सकता है।

धर्म और देवानुरुप परिकल्पित उपरोक्त वर्गीकरण में शिलामयी धातुमयी, शांत– अशांत. पौराणिक तांत्रिक, योग-भोग आदि सभी मुद्राओं को समाहित किया गया है। इसी आधार गढ़वाल हिमालय की मुख्य प्रस्तर, धातु और मृणप्रतिमाओं का वर्णन करना भी यहां महत्त्वपूर्ण होगा।

1. परालौकिक प्रतिमाएं

वह सर्वोच्च परम सत्ता, जो इन्द्रिय गम्य नहीं है, बल्कि अगोचर, अव्यक्त और निराकार है और जिसे मनुष्य ने धार्मिक भावनाओं के वशीभूत होकर विभिन्न देवी-देवताओं के रूप में आकार प्रदान किया तथा प्रतिमाओं के माध्यम से उसे अभिव्यक्त करने की कोशिश की। इस प्रकार की प्रतिमाओं को परालौकिक प्रतिमाएं कहा गया है।

(अ) ब्राह्मण प्रतिमाएं

ब्राह्मण प्रतिमाओं के अन्तर्गत् गढ़वाल हिमालय क्षेत्र से प्राप्त विभिन्न हिन्दू देवी-देवताओं की प्रतिमाओं का अध्ययन अपेक्षित है—

(क) शैव प्रतिमाएं

(1) लिंग प्रतिमा—प्रतिमा विज्ञान की दृष्टि से शिव प्रतिमा के दो रूप हैं— लिंग प्रतिमा और रूप प्रतिमा। लिंग उपासना की प्राचीनता पुरातात्विक और साहित्य साक्ष्यों से सिद्ध हो चुकी है। इसकी सार्वभौमिकता भी विद्वान विवेचित कर चुके हैं।[1] सम्पूर्ण भारत में रूप प्रतिमा के इतने उदाहरण प्राप्त नहीं हुए जितने लिंग प्रतिमा के हैं। शिव ग्रंथों में शिव के जो

---

1. *कटनर एच.ए.:* शार्ट हिस्ट्री ऑफ सेक्सवरशिप

सकल और निष्कल रूप वर्णित हैं, वे लिंग के ही प्रकार हैं। स्वयं शिव और शक्ति को लिंग का प्रतीक माना गया है, जिससे सृष्टि का उद्‌भव हुआ।[1] संहार के समय सम्पूर्ण चराचर इसी में लीन हो जाते हैं। (लय गच्छन्ति भूतानि संहारे निखिल यतः)।[2] इसी से पुनः सृष्टि होती हैं। लिंग शिव तत्त्व का प्रतीक है, अतएव लिंग ही शिव की प्रधान प्रतिमा है। शिव महापुराण की विद्येश्वर संहिता (5.8) में शिव लिंग को 'बेर' कहा गया है। आगम और शिल्प ग्रंथों में लिंगों के तीन प्रकार बताये गये हैं-(i) निष्कल (लिंग) (ii) सकल (बेरचा प्रतिमा) एवं (iii) मिश्र (मुख लिंग)। लिंग के तीन उपभाग होते हैं—

उर्ध्वभाग या भोग पीठ—रूद्र भाग। वृत्त और दृश्य
मध्य भाग या भद्रपीठ—विष्णु भाग। अष्टास्त्र और पिण्डिकाश्रित।
मूलभाग या ब्रह्मापीठ—ब्रह्मा भाग। चतुरस्त्र और भूमिगत।

(i) निष्कल लिंग—लिंग पुराण (31.8) में निष्कल लिंगों की पूजा ही योग्य मानी गई है। गढ़वाल हिमालय में ये बहुतायात से प्राप्त हुए हैं। उर्ध्वभाग या पूजा भाग रूपायन के आधार पर इन्हें दो वर्गों में रखा जा सकता है।

गुप्तरोत्तर कालीन शिश्न लिंग—ये लिंग निष्कल लिंगों में प्राचीनतम् है। इनका स्वरूप वास्तविक शिश्न का है। बड़ाहाट में विश्वनाथ और गोपेश्वर आदि मंदिरों के लिंग इस काल के हैं। इनमें शिश्न रेखाएं (ब्रह्म सूत्र) बनी हैं और उर्ध्व भाग क्रमशः छत्र और कुकुटाण्ड आकार के हैं। इस प्रकार के अन्य उदाहरण बिनसर, कुठार, नेलेश्वर (खवाड़ा) के शिव मंदिरों में भी देखे जा सकते हैं। इनके अष्टास्त्र भाग ऊपर पतले हो गये हैं। वृत्ताकार भाग तथा उसके मध्य एक उभार वाले ब्रह्मसूत्र के वलय को बनाकर लिंग को पूर्ण शिश्न का रूप दिया गया है।

मध्यकालीन आकारवादी लिंग—इस काल तक, वास्तविक शिश्न पूर्ण आकारवादी रूप में निर्मित हो गए। जे.एन. बनर्जी के अनुसार शिवलिंग का वास्तविक रूप आकारवादी होने की प्रक्रिया आरम्भिक गुप्त युग में आरम्भ हो गई थी।[3] इनमें प्रथम कोटि के वे लिंग है, जिनके उर्ध्वभाग बेलनाकार, ऊपर प्रायः स्पष्ट सपाट तथा शिश्न रेखाएं (ब्रह्म सूत्र) आकारवादी रीति से बनी हैं। चंद्रशेखर मंदिर (चक्रग्राम टिहरी) का ओपयुक्त लिंग इन लिंगों में आरम्भिक काल का है। गोपेश्वर शिव मंदिर (चमोली) में भी चतुर्दिक ऐसे अनेक लिंग हैं।

(ii) सकल लिंग—इस कोटि का उदाहरण गोपेश्वर शिव मंदिर के गर्भ गृह में मिला है। आकार में यह निष्कल लिंग के समान है। परन्तु भोग भाग में 1008 क्षुद्र लिंगो की रचना उल्लेखनीय है। इसकी संज्ञा 'अष्टोत्तरसहस्त्रलिंग' है। इसके अतिरिक्त चमोली जनपद के रूपनाथ तथा नन्दकेशरी ग्राम में सहस्त्रलिंग (8-9वीं शती. ई.) प्रकाश में आये हैं, जिस पर 1000 क्षुद्र लिंगों की रचना मुख्य है।

(iii) मुख लिंग—मुख लिंगों में शिव लिंग विग्रह और पुरुष विग्रह का सम्बन्ध है। इसी कारण इन्हें 'मिश्र' श्रेणी का कहा गया है। सम्पूर्ण भारत में सबसे प्राचीन मुखलिंग गुडिमल्लम्

---

1. अपराजितपृच्छा, 196, शिव महापुराण-विद्येश्वर संहिता, अ. 16
2. रावजी- 1(2), पृ. लिंग पुराण 19.15
3. *बनर्जी जे. एन.* : रिलिजन इन आर्ट एंड आर्कियोलॉजी, पृ. 67

(आंध्र प्रदेश) का है जो ई.पू. प्रथम शती का माना जाता है। उत्तर भारत में जो मुखलिंग प्राप्त हुए हैं, वे प्रारम्भिक गुप्त काल से पूर्व के नहीं हैं।[1]

प्रारम्भिक मुख लिंगों में एक मुख या पंचमुख लिंग आते हैं। इसमें एक मुख समस्त पंच इन्द्रिय या पंच तत्त्वों का प्रतीक माना गया हैं।[2] उत्तर गुप्तकाल से मध्यकाल तक इनका यहां निर्माण होता रहा है। बिनसर (पौड़ी गढ़वाल) शिव मंदिर में एक सुंदर मुख लिंग (15 इंच ऊँचा) है। जटामुकुट, कुण्डल और त्रिनेत्र युक्त मुख अत्यंत भव्य है। चमोली जनपद के रूद्रनाथ, गोपेश्वर, भैंटी, उत्तरकाशी जनपद के पुरोला तहसील के अन्तर्गत् रौन गांव, टिहरी जनपद के अन्तर्गत् लक्ष्मौली आदि स्थानों से भी हमें मुख लिंग प्राप्त हुए हैं , जिनका समय उत्तर गुप्तकाल से मध्यकाल के बीच निर्धारित किया जा सकता है।

चतुर्मुख लिंगों में रूद्रभाग पर जटाजूट सहित चार मुख होते हैं और ऊपर बाहर निकला हुआ, वृत्ताकार भाग पंचमुख होता है। कुछ विद्वानों के अनुसार चारों दिशाओं के चारों मुख क्रमश: सूर्य, ब्रह्मा, विष्णु और रुद्र के तथा वृत्ताकार उर्ध्वभाग ब्रह्माण्ड का द्योतक है जबकि अन्य विद्वानों के अनुसार चार मुख शिव के सद्योजात, वामदेव, अघोर और तत्पुरुष रूप होते हैं, शीर्ष पर पांचवाँ ईशान है। गोपेश्वर (चमोली जनपद), दानड़ी, महड़ग्राम (पौड़ी गढ़वाल) से प्राप्त चतुर्मुख लिंग इस दृष्टि से महत्वपूर्ण है। जिनमें उनके मुख जटामुकुट, चक्र, कुण्डल और त्रिनेत्र के साथ प्रदर्शित किये गये हैं।

गढ़वाल हिमालय में शिव लिंगोद्भव प्रतिमाएं अधिक नहीं मिली हैं। एक विरल लिंगोद्भव प्रतिमा लालढांग (पौड़ी गढ़वाल) शिव मंदिर में है, जो मूलत: पाण्डुवाला के ऐतिहासिक स्थान से प्राप्त हुई थी। उल्लेखनीय है, कि हमें अधिकांशत: पंचोपासना के अन्तर्गत् प्राप्त होने वाले पंचायतन शिवलिंगों में विष्णु, सूर्य, उमा-महेश, गणेश का अंकन मिलता है, जोकि क्रमश: वैष्णव, सौर, शाक्त और गाणपत्य सम्प्रदाय के प्रतीक हैं। परन्तु इस प्रतिमा में गणेश के स्थान पर ब्रह्मा का निरुपण किया गया है। इस प्रकार के शिवलिंगों की संख्या अत्यंत अल्प है। इसमें शिव के मानव और स्थाणु दोनों रूप हैं। ये प्रतिमाएं अनंत ब्रह्माण्ड रूप शिवलिंग की थाह लेने के लिए ब्रह्मा का ऊपर, विष्णु का नीचे की ओर जाना सूचित करती है।[3] हिन्दू प्रतिमा में ये शैव सम्प्रदाय की उच्चता की सूचक हैं। कला की दृष्टि से ये कृति गढ़वाल हिमालय शिल्प कला कोष की अनुपम निधि है तथा प्रतिमा विज्ञान की दृष्टि से भी अति महत्त्वपूर्ण है। शैलीगत् आधार पर इस लिंग को लगभग ९वीं शती. ई. का कहा जा सकता है।

(2) वीणाधर दक्षिणा प्रतिमा—शिव की शांत प्रतिमाओं में दक्षिणा प्रतिमाएं उस स्वरूप को प्रकट करती हैं, जिसमें वे ज्ञान, विज्ञान और कलाओं के उपदेशक के रूप में प्रकल्पित किये गये हैं। वे ज्ञान, योग, व्याख्यान और संगीत आदि शास्त्रों के आचार्य हैं और दक्षिणमुख बैठकर ही उन्होंने ऋषियों को प्रथम उपदेश दिया। नारायणोपनिषद् में शिव प्रतिमा के भेद इसी

---

1. *बनर्जी जे.एन.* : डवलप्मेंट ऑफ हिन्दू आइकनोग्राफी पृ. 456-57, फलक 31, चित्र 3, रिलिजन इन आर्ट, पृ. 65-66
2. *अग्रवाल* : स्टीडीज इन इण्डियन आर्टस, पृ. 231
3. *ओझा* : निबंध संग्रह, भाग 1, पृ. 220

आधार पर वर्णित् हैं। शिव के इस रूप की प्रतिमाएं भारत में समान रूप से मिली हैं। यद्यपि दक्षिणा प्रतिमा दक्षिण भारतीय कला की विशिष्टता मानी गई है, परन्तु गढ़वाल हिमालय में इन प्रतिमाओं की प्राप्ति भी उल्लेखनीय है। शिव की वीणाधर दक्षिणा प्रतिमा जनपद चमोली के अन्तर्गत् गोपेश्वर, रूद्रनाथ, देवराड़ा ग्राम, अनसूया आश्रम से प्राप्त हुई है, जो क्रमशः 8वीं से 10वीं शती. ई. की प्रतीत होती हैं।

पौड़ी गढ़वाल जनपद के पैठाणी ग्राम में वीणाधारी शिव की एक पाषाण प्रतिमा (34 सेमी ऊँची 25 सेमी चौड़ी) कलात्मक दृष्टि से अत्यंत महत्त्वपूर्ण है। इस प्रतिमा में पूर्ण विकसित पद्म पर ललितासन मुद्रा में बैठे चतुर्भुजी शिव का दायां पैर पद्मपीठ पर आधारित और बायां पैर भीतर मुड़ा हुआ है। ये ऊँचे जटामुकुट, कर्ण कुण्डल, कण्ठहार, भुजबंध, कंकण, उदरबंध, नुपूर, लहरियादार अधोवस्त्र से सज्जित है। चतुर्भुजी त्रिनेत्रधारी शिव के ऊपर उठे हुए पिछले दांये हाथ में पद्म व अक्षमाला तथा बांये हाथ में त्रिशूल शोभायमान है। उनके अगले हाथों में वीणा शोभित है। कमलासन के नीचे नंदी विराजमान है। शिव दांये स्कन्ध में जटाजूट से निकलता नाग, दांये हाथ के पुष्प पर फण टिकाये दर्शाया गया है। शैलीगत् आधार पर यह प्रतिमा 8वीं-9वीं शती. ई. में निर्मित मानी जा सकती है।

(3) कल्याण सुंदर प्रतिमा—शिव विवाह से सम्बन्धित प्रतिमाएं कल्याण सुंदर प्रतिमा कहलाती हैं। सम्पूर्ण भारत में इस प्रकार की बहुसंख्यक प्रतिमाएं प्राप्त हुई हैं।[1] शिव पार्वती विवाह सम्बन्धी दृश्य का कुमार सम्भव (सर्ग-7) और पद्म पुराण (सृष्टि खण्ड) में सविस्तार वर्णन है।

कलात्मक दृष्टि से अत्यंत महत्त्वपूर्ण एक कल्याण सुंदर प्रतिमा वासुदेव मंदिर (जोशीमठ) के एक परिवार मंदिर में स्थापित है और सम्प्रति विग्रह मूर्ति के रूप में पूजी जाती है। चतुर्भुज शिव का अग्र दक्षिण हस्त पार्वती का पाणिग्रहण किये और वाम हस्त जानु पर स्थित है। पृष्ठ दक्षिण हस्त में त्रिशूल और वाम में वे नाग धारण किये हुए हैं। शिव जटामुकुट, कुंडल, कंकण, मेखला, यज्ञोपवीत, अधोवस्त्र आदि भूषा से सुसज्जित हैं। दांये खड़ी पार्वती भी कंकण, मालादि मंगलभूषा से विभूषित है। उनका दक्षिण हस्त शिव के दक्षिण हस्त में स्थित और दक्षिण पाद कुछ झुका सा है। वह पीनवक्षा हैं और उनकी आंखें लज्जानत् हो रही हैं। नीचे पुरोहित रूप ब्रह्मा याज्ञाग्नि के आगे बैठे हैं। दाहिनी ओर कोने में कन्या के दाता लक्ष्मी सहित विष्णु हाथ में घट लिए खड़े हैं। शैलीगत् आधार पर यह प्रतिमा लगभग 12वीं ई. की प्रतीत होती है।

(4) शिव नृत्य प्रतिमा—शिव का एक प्रसिद्ध रूप नटराज है। उन्हें नाट्यशास्त्र का प्रथम प्रतिष्ठापक माना गया है। आगमों में वर्णित है, कि नटराज शिव एक सौ आठ नृत्यों के अन्यतम् नट हैं। उनके स्वर्गिक सहगान के साथ हिमालय में सांध्य नृत्य, भैरव या वीरभद्र रूप में शमशान भूमि और चिदम्बरम में ताण्डव नृत्य, नादान्त नृत्य आदि नृत्यों से कौन परिचित नहीं है। सम्पूर्ण विश्व उनका रंगमंच है। उदाहरणार्थ नादान्त नृत्य उनकी पाँच क्रियाओं (पंच-कृत्य)

---

1. ऐलिफेंटा की शिव मंदिर गुहा में परिणय प्रतिमा (7वीं शती ई.), एलोरा की रूप प्रतिमाएं (8 वीं. शती ई.), कन्नौज की पुरुष प्रमाण प्रतिमा (8 वीं शती ई.) आदि।

सृष्टि, स्थित, संहार, तिरोभाव और अनुग्रह[1] को निरुपित करता है। कुमार स्वामी का मत है कि इन समस्त नृत्यों के पीछे आदिम लयबद्ध ऊर्जा की अभिव्यक्ति की मूल भावना है। वास्तव में नटराज विश्वकला के लिए भारत का महानतम योगदान है।[2]

शिव नृत्य प्रतिमाएं दक्षिण भारत में अनेक रूपों में उपलब्ध हुई हैं। गढ़वाल हिमालय में अब तक कुछ ही स्वतंत्र प्रतिमाएं देखने में आयी हैं, जो गोपेश्वर, उखीमठ, लाखमंडल, मलेथा में मिली हैं, जिनका समय 8वीं से 12वीं शती. ई. के बीच निर्धारित किया जा सकता है। इन प्रतिमाओं में विभिन्न वस्त्राभूषणों से अलंकृत अति भंगमुद्रा में नाचते शिव के हाथ आकर्षक मुद्रा में लहरा रहे हैं। उनके हाथों में त्रिशूल, सर्प, डमरू, खट्वांग, शोभायमान हैं। कुछ प्रतिमाओं में वे अगले दोनों हाथों से वीणा बजाते दर्शाये गये हैं।

(5) एकल शिव प्रतिमा—गढ़वाल हिमालय क्षेत्र से हम एकल शिव की प्रतिमाएं भी प्राप्त हुई हैं। जिनमें ग्राम सांकरी (कर्ण प्रयाग) तथा गुंदियाड गांव (उत्तरकाशी) से प्राप्त क्रमश: 9वीं-10वीं शती ई., 12वीं शती ई. की एकल शिव प्रतिमा मुख्य है। मैंगाधार (टिहरी गढ़वाल) से 8वीं-9वीं शती ई. की द्विभुज त्रिनेत्रधारी शिव की खंडित मृण्प्रतिमा अत्यंत महत्त्वपूर्ण है। जिसमें विभिन्न वस्त्राभूषणों पुष्प कुंडल, कंठहार, बाजूबंध, हाथों में कंकण, बायें कंधे पर यज्ञोपवतीत से अलंकृत, हाथों में आयुध तथा बाहों में उत्तरीय धारण किये, शिव फुल्ल पद्म पर आसनस्थ प्रदर्शित हैं।

(6) अंधकासुर वध प्रतिमा—दक्षिण भारत में शिव के इस रूप का अंकन बहुलता से किया गया है, पर उत्तर भारत में उपरोक्त प्रकार की प्रतिमाओं का अभाव है। गढ़वाल हिमालय क्षेत्र में लाखामंडल (देहरादून), बिन्सर (पौड़ी गढ़वाल) से क्रमशः अष्टभुजी, चतुर्भुजी अंधकारसुरवध प्रतिमा प्राप्त हुई है, जो 8वीं से 9वीं शती ई. की प्रतीत होती हैं। इसी क्रम में अंधकानुसार शिव प्रतिमा, थान गांव (उत्तरकाशी) भी मुख्य है। जो लगभग 12वीं शती ई. की है। लाखामंडल की प्रतिमा में शिव अंधकासुर का वध कर रहे हैं। उनके दो हाथ हाथी की खाल इस प्रकार थामे हैं, जैसे किसी को छाया कर रहे हों। उनके बाकि हाथों में परशु, नाग, धनुष है तथा दाहिना हाथ अभय मुद्रा में है। उनका बायां पांव ठीक उसी मुद्रा में है, जिस प्रकार हमें नटराज और दक्षिणा प्रतिमा में मिलता है। पार्वती शिव के दाहिनी ओर जरा नीचे बैठी हैं और उनकी ठुड्डी को छू रही हैं। पार्वती जी ने कार्तिकेय को आलिंगनबद्ध किया है। बांयी तरफ योगेश्वरी, जोकि इनकी तीसरी आंख की अग्नि से पैदा हुई है, की प्रतिमा अंकित है। खोपड़ियों की माला, सर्प यज्ञोपवीत धारण किए जटाजूट शिव के पांव के निकट गण कतारबद्ध हैं।

(7) उमा-महेश प्रतिमा—आलिंगन निमग्न उमा-महेश प्रतिमाएं भारतीय प्रतिमाकला में एक आध्यात्मिक सत्य है। जिसमें काम आनंद ऊँचे उठकर एक आध्यात्मिक आनन्द बन गया है। ये प्रतिमाएं एक प्रकार से एकता के तांत्रिक सिद्धान्त पर बल देती हैं।[3]

---

1. *कुमार स्वामी* : द डांस ऑफ शिव, पृ. 70
2. *हैवल* : हिमालयाज इन इंडियन आर्ट, पृ. 60
3. *गांगुली ओ.सी.*: इण्डियन स्कल्पचर, दि कल्चरल हेरिटेज ऑफ इण्डिया, खण्ड 3, पृ. 552-53

हिमालय में स्थित कैलाश पर्वत पर शिव का वास माना गया है। इसलिए कैलाश में गणेश, कार्तिकेय, नन्दी और पार्वती सहित विराजमान शिव का यह रूप प्रत्येक काल में हिमालय प्रदेश के कलाकारों और उपासकों के लिए जहां अत्यंत प्रिय रहा, वहीं इस रूप के प्रति उनके हृदय में अगाध शृद्धा भी थी। उसी का परिणाम है, कि लिंग प्रतिमाओं के पश्चात् इस रूप की प्रतिमाएं, यहां प्रत्येक काल में बहुलता के साथ बनती रहीं। यद्यपि कालानुरुप उसमें कुछ भिन्नताएं भी आ गईं। टिहरी जनपद के कोठार और बिलेश्वर के शिलालेखों में 'गौरी फणीपति' शब्द का प्रयोग हुआ है। जो कि इस रूप के प्रति यहां के कलाकारों और उपासकों की अगाध श्रद्धा को प्रकट करता है। 7वीं से 12वीं शती. ई. में निर्मित उमा-महेश की प्रतिमाएं गढ़वाल हिमालय के अधिकांश भागों से हमें प्राप्त हुई हैं। इनमें द्यूराड़ी देवी मंदिर (पौड़ी गढ़वाल), थराली (कर्ण प्रयाग), दानड़ी ग्राम (पौड़ी गढ़वाल) और रैकोली, तोपगांव (कर्ण प्रयाग) से प्राप्त उमा-महेश प्रतिमा मुख्य है, जो क्रमश: 9वीं, 10वीं, 11वीं और 12वीं शती. ई. की हैं।

उक्त सभी प्रतिमाओं में उमा-महेश विभिन्न वस्त्राभूषणों जैसे कुण्डल, बाजूबंध, कंकण, लम्बीमाला, कमरबंध, चक्र व पुष्प कुण्डल, केयूर, कटिबन्ध, नुपुर, अधोवस्त्र आदि से अलंकृत हैं। शिव जटामुकुट धारण किये हैं। उनकी जटा से वासुकि नाग ऊपर निकलता प्रदर्शित है। सभी प्रतिमाओं में शिव चतुर्भुज हैं और आसनस्थ (ललितासन, अर्द्धपर्यक मुद्रा) अवस्था में हैं। जबकि कुछ प्रतिमाओं में वे नंदी पर आरुढ़ हैं। उनका अगला दायां हाथ कुछ प्रतिमाओं में व्याख्यान मुद्रा में मातुलुंग धारण किये हुए है। निचला बांया हस्त बायीं जंघा पर विराजमान पार्वती का आलिंगन किए हुए है या उनके किसी अंग पर अवलम्बित है। पिछले दोनों दांये और बांये हाथों में पुष्प और अक्षमाला या सर्प और त्रिशूल या त्रिशूल और अक्षमाला (या उत्पल) का अंकन है। देवी उमा का दायां हाथ शिव की कटि को या दांये स्कन्द को आंलिगन किये है या वे अपना दायां हस्त शिव के वामचरण पर रखे हुए है। देवी उमा का बायां हाथ विभिन्न प्रतिमाओं में या तो लहराते उत्तरीय को संभाल रहा है या वे बायें हाथ में दर्पण, केतकी पुष्प, मातुलिंग मे से एक चीज को पकड़े है। उमा-महेश एक-दूसरे को निहारते प्रदर्शित किये गये हैं। शिव वाहन नंदी तथा पार्वती वाहन सिंह और उनके दोनों पुत्रों गणेश और कार्तिकेय का अंकन भी दृष्टव्य है। यह विशेष ध्यान देने योग्य है, कि गढ़वाल हिमालय क्षेत्र से प्राप्त उमा-महेश की अधिकांश प्रतिमाएं आसनस्थ अवस्था में प्रदर्शित हैं। परन्तु थान गांव, देवलसारी (उत्तरकाशी) लाखामंडल (देहरादून) से प्राप्त उमा-महेश प्रतिमा स्थानक अवस्था में भी है, जो क्रमश: 7वीं, 8वीं, 9वीं शती ई. की प्रतीत होती हैं।

(8) अन्य शैव प्रतिमाएं

(i) भैरव प्रतिमा—शिव का सौम्य ही नहीं अशांत या उग्र रूप भी है। भैरव रूप शिव के अशांत या उग्र रूप को तो प्रदर्शित करता ही है, साथ ही तांत्रिक साधना में भी इस रूप का अत्यधिक महत्त्व है। प्रो. बनर्जी ने भैरवों और योगनियों में घनिष्ठ सम्बन्ध बताया है और कहा है, कि इनकी समग्र संकलपना, स्वरूप में तांत्रिक है।[1] पी.सी. बागची भी इसे तांत्रिक मानते

---

1. *बनर्जी जे.एन.*: रिलिजन इन आर्ट एंड आर्कियोलॉजी, पृ. 73

हैं। तंत्र सम्बन्धी विचार प्रकट करते हुए उन्होंने अष्टयामलों के प्रणेता भैरव को एक ऐसा मानव आचार्य माना है, जो पूर्ण आध्यात्मिक मुक्ति प्राप्त कर प्रायः शिव रूप हो चुका है।[1] शिव के इस तांत्रिक रूप का वर्णन तंत्र और पौराणिक ग्रंथों में सर्वत्र प्राप्त होता है। साथ ही इसका कलांकन भी प्रचुरता में प्राप्त हुआ है।[2] गढ़वाल हिमालय में भैरव प्रतिमाएं इनके बालरुप (बटुक) और व्यस्क रूप को प्रदर्शित करती हैं। इनमें बिन्सर, देवलगढ़, उखीमढ़, वृद्धकेदार (थाती) की भैरव तथा नेलेश्वर (टिहरी गढ़वाल) की बटुक भैरव प्रतिमा कलात्मक दृष्टि से उत्कृष्ट है। इन्हें शैलीगत् आधार पर पूर्व मध्यकालीन कहा जा सकता है। इन प्रतिमाओं में भैरव को स्थानक, जटाजूटधारी, चतुर्भुज दर्शाया गया है। वे अलग-अलग मुद्राओं में घंटा, मद्यपात्र, डमरु, गजचर्म तथा विभिन्न प्रकार के आयुध (जैसे त्रिशूल, नागपाश, दंड, खर्पर आदि) धारण किये हैं। उनकी मुखाकृति अत्यंत भयंकर है। गले में कपाल माला, यज्ञोपवीत, कानों और काठ में सर्प आभारण का अंकन है और हस्तपाद कटक भूषित हैं। इसी वर्ग में शिवमंदिर गोपेश्वर से प्राप्त मध्यकालीन चतुर्भुज भैरव की कांस्य प्रतिमा अति महत्त्वपूर्ण है। उनके हाथों में क्रमशः खड़ग, बाण, धनुष, ढाल का प्रदर्शन है।

(ii) लकुलीश प्रतिमा—पुराणों में लकुलीश को शिव का 28वां अवतार कहा गया है। प्रायः लकुलिन का अर्थ दंड या लंगोट धारण करने वाले से लिया जाता है। पाशुपत सम्प्रदाय की संस्थापना द्वितीय शती ई. पू. में भगवान पशुपति द्वारा की गई थी। इस सम्प्रदाय के प्रथम आद्य आचार्य लकुलीश को माना गया है। इसलिए पाशुपत सम्प्रदाय को इन्हीं के नाम पर लाकुल सम्प्रदाय के नाम से भी जाना जाता है।

गढ़वाल हिमालय क्षेत्र में अवतार लकुलीश की दो प्रकार की प्रतिमाएं प्राप्त हुई हैं। पहले प्रकार की प्रतिमाएं वो हैं, जो 8 से 11वीं शती ई. में गढ़ी गईं। ये प्रतिमाएं शैलीगत् आधार पर भारत के अन्य क्षेत्रों में मिलने वाली लकुलीश प्रतिमाओं के समान ही हैं। दूसरी प्रकार की प्रतिमाएं 12वीं शती. ई. की हैं। इस समय इस क्षेत्र में जैन धर्म का प्रभाव था। फलस्वरूप इस काल की लकुलीश प्रतिमाओं में जैन मूर्ति लक्षणों का स्पष्ट समन्वय देखने को मिलता है। प्राप्त विभिन्न लकुलीश प्रतिमाओं में श्री कोट (पौड़ी गढ़वाल), बजिंगा (टिहरी गढ़वाल), पौंटी ग्राम (उत्तरकाशी) से 9 से 10वीं शती ई. की तथा भरसार, दानड़ी ग्राम (दोनों पौड़ी गढ़वाल) से क्रमशः 11वीं, 12वीं शती. ई. की जो प्रतिमा प्राप्त हुई है, कलात्मक दृष्टि से महत्त्वपूर्ण हैं। इन प्रतिमाओं में द्विभुजी लकुलीश वस्त्राभूषणों से अलंकृत हैं। उन्हें प्रस्तर रथिका पर या चंद्रशाला के मध्यभाग पर या प्रस्तर पट्ट या मंदिर के प्रवेश द्वार पर पद्मासन या अर्द्धपर्यक मुद्रा में विराजमान दर्शाया गया है। इनका दायां व बायां हाथ क्रमशः अक्षसूत्रामय (या अभय मुद्रा में) और लकुटयुक्त है या लकुट या मातुलिंग धारण किये है।

---

1. *बागची पी.सी.*: दि कल्चरल हेरिटेज ऑफ इण्डिया, खंड-4, 1956, पृ. 216
2. संग्रहालय पुरातत्व पत्रिका (लखनऊ), अंक 4, 1969 ई., पृ. 45 (चित्र 3)

(iii) हरिहर प्रतिमा—महाभारत के एक स्थल पर 'अग्निसोमात्कंजगत्' के दार्शनिक तत्त्व की व्याख्या करते हुए कहा गया है, कि सोमतत्त्व विष्णु है और अग्नितत्त्व रुद्र है तथा दोनों का समन्वित रूप ही जगत् है। वामन पुराण में विष्णु ने शिव को अपने में अन्तर्निहित बताया है। यही नहीं अनेक अवसरों पर शिव भी अपने अंदर विष्णु के अन्तर्निहित होने की बात कहते हैं। वायु पुराण में शिव को पुरुष या यज्ञ सत्य, यज्ञ फल और विष्णु को स्त्री की प्रकृति, ज्ञान, अनंत आदि कहकर, उन्हें शिव के वाम भाग में प्रतिस्थापित करने का उल्लेख आया है।[1] वायु पुराण में उल्लेखित् शिव-विष्णु के इसी रूप को हरिहर कहा गया है।

अब यह प्रश्न उठना भी स्वाभाविक है, कि इस प्रकार के रूपों को रचने के पीछे क्या उद्देश्य हो सकता है ? इसके पीछे शायद ये तर्क दिया जा सकता है, कि सम्भवत: वैष्णव और शैव मतालम्बियों में उत्पन्न विवादों, मतभेदों को शांत करने, उनमें एकता स्थापित करने के उद्देश्य से ही उपरोक्त कथाओं और उद्धरणों की रचना की गई और इनके माध्यम से अलग-अलग स्वरूपों को समन्वित कर एक ही स्वरूप प्रदान किया गया। इसी क्रम में हिन्दू और बौद्ध धर्म में भी समन्वय की भावना से संयुक्त प्रतिमाएं गढ़ी गईं। इस प्रकार ब्रह्मा, विष्णु, महेश को एक ही रूप में दिखाया गया। यही नहीं, हरिहर-पितामह, हरिहर, सूर्य, बुद्ध, शिव-लोकेश्वर, सूर्य-लोकेश्वर, सूर्य-नारायण, मार्तण्ड, भैरव तथा हरिहर आदि प्रतिमाएं भी बनाई गईं।

श्री तत्त्वनिधि में हरिहर प्रतिमा शिव परिवार में वर्णित् है। अन्यत्र भी यह शिव की सौम्य लीला मूर्ति मानी गयी है। अत: मैंने हरिहर रूप को गढ़वाल हिमालय की प्रतिमा कला का वर्गीकरण करते हुए शैव प्रतिमाओं के अन्तर्गत् स्थान प्रदान किया है। गढ़वाल हिमालय क्षेत्र से प्राप्त समपाद स्थानक हरिहर, प्रतिमाओं में हरिहर का दायां भाग शिवरूप में है। गले में मुण्डमाल धारण किये, चंद्र सज्जित वाघम्बरधारी शिव विभिन्न वस्त्राभूषणों से सज्जित है। ऊपरी दांये हाथ में त्रिशूल तथा निचला दायां हाथ वरद् मुद्रा में है या अक्षमाला या पद्म या सर्प धारण किये है। हरिहर का बायां भाग विष्णु रूप में है। उन्हें अर्द्धांश पीताम्बरधारी दर्शाया गया है, जो विभिन्न अलंकरणों से सज्जित हैं। इनके ऊपरी बायें हाथ में चक्र तथा निचले बायें हाथ में शंख या पद्म है। हरिहर के दायें बायें पार्श्व में क्रमश: नंदी व गरुड़ का अंकन है।

गढ़वाल हिमालय क्षेत्र से हरिहर प्रतिमाओं में त्रियुगी नारायण (चमोली), पैठाणी (पौड़ी गढ़वाल), भिटवारी ग्राम (टिहरी गढ़वाल), देवल ग्राम (कर्ण प्रयाग) की प्रतिमा मुख्य है। जोकि क्रमश: लगभग तृतीय, 8वीं, 9वीं व 10वीं शती. की प्रतीत होती हैं। इस क्षेत्र में हरिहर की जो भी प्रतिमाएं गढ़ी गईं, मुख्यत: वे सभी मत्स्य पुराण में उल्लेखित हरिहर रूप का अनुसरण करती हैं।[2] फिर भी पैठाणी से प्राप्त स्थानक त्रिमुखी हरिहर प्रतिमा सर्वथा विलक्षण और भिन्न है। उसके प्रतिमा लक्षणों का न तो कहीं उल्लेख मिलता है और न अब तक समस्त भारत के किसी क्षेत्र से हरिहर का ऐसा अंकन प्राप्त हो सका है। पैठाणी की इस प्रतिमा के दायें

1. *जोशी* : प्राचीन भारतीय मूर्ति विज्ञान, पृ. 54, 1977
2. *भट्टाचार्य* : इंण्डियन इमेजेज, पृ. 23, 1978

पार्श्व में अघोर शिव और बायें पार्श्व में वराह मुख का अंकन उसे अन्य हरिहर प्रतिमाओं से सर्वथा भिन्न रूप प्रदान करता है। अघोर मुख के जटाजूट पर अर्द्धचंद्र और गंगा शोभायमान है। शैली की दृष्टि से यह प्रतिमा 8-9वीं शती ई. में निर्मित प्रतीत होती है।

गणेश और कार्तिकेय यद्यपि विशुद्ध वैदिक देवता हैं, परन्तु उन्हें शिव-पार्वती पुत्रों के रूप में भी जाना जाता है। सम्पूर्ण भारत में इनकी स्वतंत्र प्रतिमाएं प्राप्त हुई हैं। परन्तु शिव पार्वती प्रतिमाओं के साथ भी इनका अंकन बहुतायत में सर्वत्र प्राप्त होता है। अत: इस आधार पर इनकी प्रतिमाओं को शैव प्रतिमाओं के अन्तर्गत् रखना समीचीन होगा।

(iv) गणेश या विनायक प्रतिमा—गणेश पूजन का प्रारम्भ याज्ञवलक्य स्मृति से भी बहुत पूर्व हो चुका था । वैदिक ऋचाओं में उल्लेखित गणेश के ब्राह्मणस्पति, बृहस्पति आदि नामों तथा 'गणानांत्वा गणपतिं ओउम् ध्वामहे' (ऋक 2.23.1) आदि मंत्रों और गणेश गायत्री (तैति.आर. 11.15) से गणेश की प्राचीनता सिद्ध होती है। परन्तु कला में उनका चित्रण हमें काफी अंतराल के बाद देखने को मिलता है। उत्तर गुप्तकाल में वे चतुर्भुजी प्रदर्शित होनें लगे। कालान्तर में जब पंचदेवोपासना का महत्त्व बढ़ा, तब गणपति पूजन का महत्त्व भी बढ़ पाया और अब वे समृद्धि के प्रतीक तथा 'मुदमंगलदाता' देवता के रूप में प्रतिष्ठित हुए। पूर्व मध्यकाल अर्थात् प्रतिहार काल में गणेश प्रतिमाएं सर्वत्र बहुसंख्या में निर्मित हुईं। फलस्वरूप इस समय गढ़वाल हिमालय में भी इनका अंकन बहुतायत से किया गया।

इस क्षेत्र में उपलब्ध गणेश प्रतिमाएं आसनस्थ, स्थानक और नृत्यरत अवस्थाओं में हैं और चार रुपों में प्राप्त हुई हैं (1) स्वतंत्र (2) द्वार उत्तरांग पर (3) मंदिर भित्तियों तथा रथिकाओं (Niche on Wall) में (4) सप्तमातृका नवग्रह शिला पर दाहिनी ओर तथा पार्वती प्रतिमा के ऊपरी भाग में और उमा-महेश की प्रतिमा में नीचे कार्तिकेय के साथ। सर्वाधिक उदाहरण स्वतंत्र और द्वारोत्तरांग प्रतिमाओं के हैं। गणेश की स्वतंत्र प्रतिमाएं परिवार देवता के रूप में अधिक मिलती हैं,जबकि मूल विग्रह में इनकी संख्या अल्प है, क्योंकि इन्हें विघ्नविनाशक और मंगल करने वाले देवता के रूप में जाना गया है। इसलिए गढ़वाल हिमालयी वास्तुकला के अन्तर्गत् जो भी मंदिर व भवन बनाये गये, उन सभी में इन्हें द्वार उत्तरांगों पर ललाट बिम्ब रूप में स्थान प्रदान किया गया। अत: हम कह सकते हैं, कि द्वार उत्तरांग ही गणेश का प्रतिष्ठा स्थान था (उत्तरांगे गणेशाय नम:)।[1] तभी तो द्वार देवताओं में गणेश का नाम सर्वोपरि है।[2]

गढ़वाल हिमालय क्षेत्र से प्राप्त द्विभुजी या चतुर्भुजी गणेश प्रतिमाएं ज्यादातर अर्द्धपर्यकासन या ललितासन मुद्रा में हैं। उन्हें एक दंत-गजबदन, सूप कर्ण तथा लम्बोदर दर्शाया गया है। उनकी सूंड वामावर्त है तथा कुछ प्रतिमाओं में वे त्रिनेत्रधारी प्रदर्शित हैं। अधोवस्त्र धारण किये वस्त्राभूषणों से सज्जित गणेश हाथों में स्वदंत, अक्षमाला, परशु, मोदक पात्र, मूली, पद्म धारण किये हैं। गणेश वाहन मूषक को उनके पैरों के पास प्रदर्शित किया गया है।

1. *गौड़ रामलाल :* प्रतिष्ठा संग्रह, पर्ण 31 और 48, पद्म पुराण सृष्टिखंड में भी द्वार काष्ठ में गणेश की स्थापना का उल्लेख है।
2. महानिर्वाण तंत्र, 5.75

इस क्षेत्र से उपरोक्त शैलीगत् विशेषता लिए 8वीं से 12वीं शती ई. की बहुत सी गणेश प्रतिमाएं प्राप्त हुई हैं। उनमें ग्राम नन्दकेशरी (चमेली), कैलुआ विनायक (चमोली), बगौली (कर्ण प्रयाग), बिन्सर (पौड़ी गढ़वाल), ग्राम खोला (पौड़ी गढ़वाल), रूपकुंड, नौटी ग्राम, नालाचट्टी, ग्राम पज्जयाणा (चमोली) की प्रतिमा मुख्य है।

यहां नृत्य गणपति प्रतिमाएं अल्प हैं। इनकी शैलीगत् विशेषताएं उपरोक्त आसनस्थ गणेश प्रतिमाओं के समान ही हैं। अंतर सिर्फ इतना है, कि नृत्यरत् गणेश द्विभुजी, चतुर्भुजी, होने के अलावा अष्टभुजी, दसभुजी भी दर्शाये गये हैं। नृत्यरत् गणेश की प्रतिमाओं में सौंला, मैगाधार (टिहरी गढ़वाल) अनसूया ग्राम (चमोली), देवल ग्राम (कर्ण प्रयाग), मटैला ग्राम (पौड़ी गढ़वाल) से प्राप्त प्रतिमा मुख्य है। इनमें पहली और आखिरी प्रतिमा 7वीं तथा 10वीं, शती ई. की है, जबकि शेष 9वीं शती ई. की हैं।

(v) कार्तिकेय प्रतिमा—कार्तिकेय को देव सेनापति तथा पर्वतीय प्रदेश का देवता माना जाता है। इसलिए गढ़वाल हिमालय की पर्वतीय एवं आयुध जीवी जातियों (जैसे यौधये, कार्तिकेयपुर के खस) द्वारा इनकी उपासना करना कोई आश्चर्य की बात नहीं है। फलत: कार्तिकेय की एकमुखी, त्रिमुखी, षडानन प्रतिमाएं यहां बहुसंख्या में मिली हैं। इन प्रतिमाओं का अंकन यहां द्वार उत्तरांगों, रथिकाओं, उमा-महेश प्रतिमाओं के साथ-साथ स्वतंत्र रूप में भी देखने को मिलता है। वैसे कुमार कार्तिकेय की प्रतिमा निर्मित करने का विधान मत्स्य पुराण और रूप मंडन में भी बताया गया है।[1] स्कंद पुराण में इनके षडानन रूप में शिव और शक्ति दोनों अर्न्तनिहित बताये गये हैं। इनके छ: मुखों में पांच शिव के तथा एक मुख उमा का माना गया है।[2]

त्रिशिख केशसज्जा और विभिन्न वस्त्राभूषणों से सज्जित द्विभुजी या चतुर्भुजी कार्तिकेय को मयूरारुढ़ या त्रिभंग मुद्रा में खड़े दर्शाया गया है। उनका एक हाथ अभय मुद्रा में है या वो मयूर को दाना खिला रहे हैं, जबकि दूसरे हाथ में शूल या शक्ति प्रदर्शित है। कुछ प्रतिमाओं में वो दोनों हाथों से त्रिशूल, मातुलिंग पकड़े हैं। इन प्रतिमाओं में कार्तिकेय वाहन मयूर का अंकन भी कलात्मक दृष्टि से महत्त्वपूर्ण है। गढ़वाल हिमालय क्षेत्र से प्राप्त कार्तिकेय प्रतिमाओं में सुकड़ाला ग्राम (उत्तरकाशी), गोपेश्वर (चमोली), द्यूराड़ी देवी मन्दिर (पौड़ी गढ़वाल), थान गांव (उत्तरकाशी), नंद केसरी (कर्ण प्रयाग), रुद्रनाथ (चमोली) की प्रतिमा मुख्य है, जो क्रमश: 8वीं-9वीं,10वीं शती ई. की हैं। जबकि अंतिम चारों प्रतिमाएं 9वीं शती ई. की हैं। मैगाधार (टिहरी गढ़वाल) से प्राप्त 8वीं, 9वीं शती. ई की एकमात्र गेरुए रंग की मृण्प्रतिमा भी महत्त्वपूर्ण उपलब्धि है।

(ख) शाक्त प्रतिमाएं—शाक्त सम्प्रदाय की मान्यता है, कि सृष्टि के सारे कार्यकलाप शक्ति के द्वारा सम्पादित होते हैं। हाथ से कार्य नहीं होता, बल्कि हाथ में जब तक शक्ति रहती है, तभी तक हाथ के माध्यम से कार्य होता है। बालक, वृद्ध, रुग्ण, अशक्त का भी हाथ होता

---

1. *श्रीवास्तव, बलराम* : रूपमण्डन 28.31, पृ. 199
2. स्कन्द पुराण, शंकर संहिता-संभव काण्ड

है, परन्तु उसमें शक्ति न होने या कम शक्ति होने से उसके द्वारा कार्य सम्पादित नहीं होते। सृष्टि की रचना, संरक्षण और समापन का कार्य ब्रह्मा, विष्णु और महेश के द्वारा न होकर उनकी शक्ति ब्रह्माणी, वैष्णवी, महेश्वरी के द्वारा किया जाता है। उनकी धारणा है, कि परम तत्त्व करुणामयी माता के रूप में है। इस तथ्य का पता वैदिक ऋषियों को भी था।[1] इसी प्रकार शिव पत्नी पार्वती को शिव शक्ति के रूप में जाना जाता है। शिव में जिस प्रकार अग्नि और रुद्र आदि देवताओं का समन्वय है, उसी प्रकार उनकी पत्नी पार्वती भी नाना देवी रूपों का एक योग है। उमा, गौरी, अम्बिका, पार्वती, हेमवती आदि नाम जहां रुद्र पत्नी से सम्बन्धित हैं, वहीं महिसासुरमर्दिनी, सिंहवाहिनी दुर्गा, चामुण्डा आदि नाम अग्नि पत्नी से सम्बन्धित हैं।[2]

पुराणों के अनुसार भारत वर्ष के उत्तर दिशा में स्थित गढ़वाल परिक्षेत्र अनादि काल से शिव एवं शक्तिमयी है। उपनिषदों में वर्णित ब्रह्मवादिनी उमा हैमवती गढ़वाल हिमालय की मूलवासिनी है, जो आज भी सम्पूर्ण उत्तराखंड में नंदा देवी के नाम से घर-घर पूजी जाती है। पवित्र 'सती' आख्यान भी गढ़वाल हिमालय के द्वार 'हरिद्वार' से सम्बद्ध है। इस प्रकार हम देखते हैं, कि गढ़वाल हिमालय की यह भूमि शक्ति के सहस्त्रों तीर्थों एवं मंदिरों से अलंकृत है। तभी तो हम यहां की प्रतिमा कला में शक्ति को सिर्फ शिव की संहारक शक्ति के रूप में ही नहीं, बल्कि ब्रह्मा द्वारा सृष्टि की रचना करने वाली और विष्णु की संरक्षण करने वाली शक्ति के रूप में भी पाते हैं। यही कारण है, कि यहां के अधिकांश शैव और वैष्णव मंदिरों में प्रमुख देव की प्रतिमाओं के साथ उसकी शक्ति या सहचरी देवी पार्वती, माहेश्वरी, लक्ष्मी, ब्रह्माणी, वैष्णवी आदि की प्रतिमाएं भी देखने को मिलती हैं।

(1) पार्वती-उमा प्रतिमा—कालिदास कृत कुमार सम्भव[3] में पार्वती-उमा नाम का उल्लेख करते हुए कहा गया है, कि इनका पार्वती नाम पर्वत पुत्री होने के कारण पड़ा। जबकि हिमालय से इनका नाम हेमवती पड़ा । शिव को पति रूप में प्राप्त करने हेतु जब पार्वती ने अत्यंत कम अवस्था में तप करने का निश्चय किया, तब उनके माता-पिता ने उन्हें ऐसा न करने के लिए परामर्श दिया। इस अवस्था में उनका नाम उमा पड़ा।

उमा-पार्वती की अनेक स्वतंत्र प्रतिमाएं गढ़वाल हिमालय क्षेत्र खासकर पिण्डर घाटी से प्राप्त हो चुकी हैं। पिण्डर घाटी से प्राप्त पार्वती की प्रतिमाओं का पाया जाना शायद नंदाजात यात्रा से सम्बन्धित हो सकता है। रुपमंडल[4] तथा अपराजितपृच्छा[5] में पार्वती तथा उमा के रूप का वर्णन करते हुए कहा गया है, कि पर्वत पुत्री पार्वती अक्षसूत्र, शिव, गणेश तथा कमण्डल धारण करती है और उनके दोनों ओर अग्निकुंड है। जबकि देवताओं में वन्दित उमा की प्रतिमा

---

1. ऋग्वेद- वागाम्भृणी सूक्त, 10/125
2. आरिजनल संस्कृत टेक्सट खंड-4, पृ. 425
3. कुमारसंभव, प्रथम-26
4. *श्रीवास्तव, बलराम :* रूपमण्डन 183, पृ. 5-2
5. अक्षसूंत्र शिवो देवी गणाध्यक्षः कमण्डलुः

के चारों हाथों में अक्षसूत्र, कमल, दर्पण एवं कमण्डल है। पार्वती और उसके उमा रूप की जितनी भी प्रतिमाएं यहां प्राप्त हुई हैं, उनमें कुछ प्रतिमाएं तो रुपमंडन में बताये पार्वती-उमा रूप का प्रतिनिधित्व करती हैं, जबकि कुछ प्रतिमाएं रुपमंडन के अनुसार नहीं गढ़ी गई हैं।[1]

चतुर्भुजी पार्वती को समभंग या समपाद मुद्रा में खड़ी दर्शाया गया है। वे मुकुट, कुंडल, कण्ठहार, कंकण, ग्रेवेयक, साड़ी आदि वस्त्राभूषणों से अलंकृत हैं। उनके अगले दायें हाथ में अक्षमाला है या वो वरद् मुद्रा में हैं तथा बायें हाथ में कमण्डल या जलपात्र शोभित है। जबकि ऊपरी दायें और बायें हाथों में वो क्रमश: पद्‌म और श्रुक या पुस्तक पकड़े हैं। पार्वती के दोनों ओर अग्निकुंड का प्रदर्शन किया गया है या फिर वे पिछले दोनों हाथों में अग्निकुंड थामें प्रदर्शित हैं। परिकर के ऊपरी पार्श्व में दोनों ओर शिवलिंग (या शिव) और गणेश तथा निचले दोनों पार्श्वों में एक-एक परिचारिका (सम्भवत: जया और विजया) निरुपित है। दायीं और पार्वती वाहन सिंह तथा बायीं ओर मृग का अंकन है।

पार्वती को उमा रूप में महेश के साथ उमा-महेश्वर प्रतिमाओं के अलावा स्वतंत्र रूप में भी प्रस्तुत किया गया है। उनकी शैलीगत् विशेषताएं पार्वती प्रतिमाओं के ही समान है, परन्तु इनमें हमें अग्निकुंड, शिव, गणेश का अंकन प्राप्त नहीं होता। उमा के अगले दाएं हाथ में अक्षमाला है या वो वरद् मुद्रा में है, जबकि बायें हाथ में कमण्डल या कलश शोभित है। ऊपरी दायें-बायें हाथ में उमा क्रमश: पुष्प और त्रिशूल या मातुलिंग और खेटक पकड़े है।

गढ़वाल हिमालय क्षेत्र से प्राप्त पार्वती, उमा प्रतिमाओं में पलेठी (टिहरी गढ़वाल), तुंगनाथ, महमहेश्वर (चमोली), ग्राम थराली (चमोली), बजिंगा (टिहरी गढ़वाल) एवं नन्द केशरी (चमोली), गैरोली तल्ली, कोटिग्राम (कर्ण प्रयाग) की प्रतिमा मुख्य है, जो कि क्रमश: लगभग 7वीं, 8वीं, 9वीं, 9वीं-10वीं, 10वीं, 11वीं, 12वीं शती ई. की प्रतीत होती हैं।

(2) गौरी प्रतिमा—रूममण्डन[2] में गौरी प्रतिमा के जिस रूप की व्याख्या की गई है, उसमें वस्त्राभूषण से सज्जित गौरी के चार हाथ, तीन नेत्र बताये गये हैं, परन्तु गढ़वाल हिमालय क्षेत्र से जितनी गौरी प्रतिमाएं प्राप्त हुई हैं, वे पूर्ण रूप से रूपमंडल में बताये गये गौरी रूप की व्याख्या नहीं करतीं। इस क्षेत्र से प्राप्त गौरी प्रतिमाओं की तुलना यदि उमा प्रतिमाओं से की जाये तो हम पाते हैं, कि उनमें बहुत थोड़ा ही अंतर है। शैलीगत् विशेषताओं में दोनों समान हैं। दोनों चतुर्भुजी दर्शायी जाती हैं। अक्षमाला, कमण्डल, कमल ये तीन चीजें दोनों में समान रूप से पाई जाती हैं। परन्तु उमा के एक हाथ में दर्पण होता है, जबकि गौरी का एक हाथ अभय मुद्रा में दर्शाया जाता है। यहां से गौरी की जो प्रतिमाएं प्राप्त हुई हैं। उनमें द्यूराड़ी देवी मंदिर (पौड़ी गढ़वाल) में रखी 8वीं से 10वीं शती ई. की तीन प्रतिमाएं मुख्य हैं।

---

1. नंद केसरी (कर्णप्रयाग) से प्राप्त 10 वीं शती ई. की प्रतिमा में पार्वती को बांये हाथ में धनुष लिए दर्शाया गया है। इसी प्रकार कौब ग्राम (कर्ण प्रयाग) से प्राप्त चतुर्भुजी प्रतिमा पार्वती-उमा दोनों लक्षणों से युक्त है।
2. *श्रीवास्तव, बलराम* : रूपमण्डन 183, 5-1, पृ. 58.

(3) महिषासुरमर्दिनी प्रतिमा—दुर्गा के सभी उग्र रूप जो महिषासुर का वध करते हुए चित्रित किये गये हैं, महिषासुरमर्दिनी कहे जाते हैं। पुराणों[1] में उल्लेखित चंडी-चंडिका, कात्यायनी, नवदुर्गा उसके महिषासुरमर्दिनी रूप ही हैं। गढ़वाल हिमालय क्षेत्र में शाक्त धर्म की प्रबलता के कारण देवी की इस रूप में प्रतिमाएं काफी संख्या में पाई गई हैं। ये सभी चार भुजाओं से लेकर बारह भुजाओं वाली हैं। यद्यपि यह रूप देवी के आरम्भिकतम् और प्रधान रूपों में से है, परन्तु गुप्तकाल से पूर्ववर्ती इनकी कोई भी प्रतिमा प्राप्त नहीं हो पाई। अधिकांश स्वतंत्र प्रतिमाएं हैं, जो मूल विग्रह और परिवार देवता के रूप में यहां के मंदिरों में स्थापित हैं। वैसे कहीं-कहीं जैसे लाकेश्वर तथा नेलेश्वर (खवाड़ा) के शिव मंदिरों में इन्हें रथिकाओं पर भी चित्रित किया गया है। एक बात ओर ध्यान देने योग्य है, कि महिषमर्दिनी की जो भी प्रतिमाएं यहां गढ़ी गई हैं, उनमें से कुछ प्रतिमाएं देवी महात्मय[2] में उल्लेखित प्रतिमा लक्षणों के अनुरूप हैं। जबकि अन्यों में इन लक्षणों का पूर्ण रूप से ध्यान नहीं रखा गया है। यही नहीं देवी की प्रारम्भिक प्रतिमाओं में महिष को पूर्णत: पशु विग्रह में दिखाया गया है, जबकि बाद की प्रतिमाओं में वह मानव रूप में प्रदर्शित है।

विभिन्न प्रकार के आभूषणों से सज्जित देवी कटि से पाद तक अध: परिधानों से सुसज्जित है। उन्हें कहीं चतुर्भुजी, कहीं षडभुजी, कहीं अष्टभुजी और कहीं द्वादशभुजी दर्शाया गया है। इन हाथों में खड्ग, खट्वांग, पाश, खेटक, घंटी, धनुष, त्रिशूल चक्र शोभित हैं। प्रत्यलीढ़ मुद्रा में अंकित देवी त्रिशूल से पशु या मानव रुपी महिष पर प्रहार कर रही हैं और भयाक्रांत महिष भूमि पर विवशतापूर्वक झुका हुआ है। देवी के वाहन सिंह को भी महिष पर आक्रमण करते हुए दर्शाया गया है। यह आश्चर्यजनक बात है, कि महिषासुर का वध करते हुए देवी अपने रौद्र रूप में नहीं है। क्योंकि पाप और बुराई को समाप्त करते हुए पुण्य और अच्छाई जैसे मूल्यों की स्थापना का भाव इसके मूल में है, इसलिए उनके मुखमंडल पर कठोरता के स्थान पर असीम शांति झलक रही है। भाव यह है, कि समस्त कर्मों में केवल शरीर क्रियारत है। आत्मा शांत, अविचल और निर्लिप्त इस अभिनय की दर्शक मात्र है।[3]

गढ़वाल हिमालय क्षेत्र से प्राप्त महिषमर्दिनी प्रतिमाओं में बड़ाहाट (उत्तरकाशी), बिन्सर (पौड़ी गढ़वाल), चंडी मंदिर (गोपेश्वर), द्यूराड़ी देवी मंदिर (पौड़ी गढ़वाल), भैलेश्वर मंदिर (चमोली) की प्रतिमा मुख्य है, जो क्रमश: लगभग 7वीं, 9वीं, 9-10वीं, 10वीं, 12वीं शती ई. की प्रतीत होती हैं।

(4) सिंहवाहिनी दुर्गा प्रतिमा—शिव शक्ति का एक रूप सिंहवाहिनी दुर्गा का भी है। गढ़वाल हिमालय में देवी के इस रूप का अंकन प्रतिमाओं के रूप में चतुर्भुजी, अष्टभुजी दर्शाया गया है। इन हाथों में वह विभिन्न प्रकार के आयुध जैसे पाश, कृपाण, चक्र, खड्ग,

---

1. अग्नि पुराण (अ. 50,52), वि.ध. (अ. 117)। मत्स्य पुराण (अ. 123, श्लोक 55-64)
2. एवमुक्तवा समुत्पत्य सारुढ़ा तं महासुरूम्। पदेनाक्राम्य कष्ठे च शूलेनेनमताड.यत्।।
3. *गांगुली, ओ.सी.* : इंडियन स्कल्पचर (क.हे.इं., खंड 3 पृ. 545)

त्रिशूल, धनुष, खेटक धारण किये है। उनका अगला दायां हाथ वरद् या अभय मुद्रा में उठा दर्शाया गया है। हस्ति नख प्रभामंडल से सुशोभित देवी सुखासन मुद्रा में सिंह पर विराजमान है। इस क्षेत्र से प्राप्त सिंहवाहिनी दुर्गा प्रतिमाओं में श्री कोट, द्‌यूराड़ी देवी मंदिर (पौड़ी गढ़वाल), सैंकोट (चमोली) की प्रतिमा मुख्य है, जो क्रमश: 9वीं, 10वीं, 12वीं, शती ई. की प्रतीत होती हैं।

(5) स्कन्द माता प्रतिमा—शिव शक्ति पार्वती के अन्य रूपों में एक रूप मातृ रूप भी है। वह अंक में स्कन्द (कार्तिकेय) को लिए आदि माता या लोकमाता के रूप में प्रदर्शित की जाती हैं। शिव मंदिर बिनसर से प्राप्त पूर्व मध्यकालीन स्कन्द माता की प्रतिमा में ऊँची चौकी पर बैठी पार्वती बालरुप स्कन्द को आलिंगन किये स्तनपान कराने हेतु उधृत है। अपने पुत्र को आलिंगन में भरकर स्तनपान कराने की उनकी आतुरता तथा स्वयं पुत्र द्वारा स्तनपान करने के लिए अधीर होना[1] पुत्र स्नेह और मातृ भाव का अनन्य उदाहरण प्रस्तुत करते हैं। दाहिनीं ओर बैठे होने के कारण उनके दोनों उरोज अनावृत हो गये हैं। ये कलाकार की श्रेष्ठ कला का ही परिणाम है, कि इस प्रतिमा की ओर जिस किसी की भी दृष्टि जाती है, वो श्रृद्धावत् मातृरुप में ही इसे देखता है।

(6) सप्त मातृका प्रतिमाएं—समस्त भारत की तरह गढ़वाल हिमालय में भी मातृका पूजन की परम्परा लोकप्रिय रही है। फलस्वरूप चामुण्डा, वाराही, इन्द्राणी, वैष्णवी, कौमारी, माहेश्वरी, ब्रह्माणी देवियों को यहाँ सप्त मातृका रूप में प्रदर्शित किया गया है। इन देवियों की प्रतिमाएं कभी छ:, कभी चार, कभी तीन, कभी दो, एक साथ एक ही पट्ट में निरूपित मिलती हैं। इसके दायीं ओर वीरभद्र और बायीं ओर गणेश प्रतिमा बनाने की परम्परा रही है। इस संदर्भ में सोपाणा (टिहरी गढ़वाल), अनसूया गुप्तकाशी (चमोली), सिराई कांडा (पौड़ी गढ़वाल), धरासू, पौंटी (उत्तरकाशी), लाखामंडल (देहरादून) के मातृका पट्ट उल्लेखनीय हैं।

उपरोक्त कुछ सप्त मातृकाओं की निम्न स्वतंत्र प्रतिमाएं भी गढ़वाल हिमालय से प्राप्त हुई हैं—

(i) चामुण्डा प्रतिमा—चामुण्डा को शिव शक्ति के रूप में जाना जाता है। उपरोक्त मातृकाओं में चामुण्डा ही उग्र रूप है। ललितासन मुद्रा में अपने वाहन शव पर बैठी लंबी देहयष्टि और कंकालवत् चतुर्भुजी चामुण्डा के अगले हाथों में कटार और केश थामे मानव मुंड तथा पिछले हाथों में पात्र और त्रिशूल का प्रदर्शन है। वे सर्पमाल, मुण्डमाल, कंकण, कटिसूत्र, मुकुट, सर्पकुण्डल आदि अलंकरणों से सज्जित हैं। उनके लंबे और शुष्क स्तन नीचे की ओर लटके हुए हैं। खुली हुई वीभत्स आंखें और खुले हुए मुख से आगे निकले हुए दो तीक्ष्ण दांत, देवी के रौद्र रूप की भयंकरता को द्विगुणित कर रहे हैं।

गढ़वाल हिमालय क्षेत्र से प्राप्त चामुण्डा प्रतिमाओं में देवलसारी, धरासू ग्राम (उत्तरकाशी), ग्राम मलेथा (टिहरी गढ़वाल), ग्राम पैठाणी (पौड़ी गढ़वाल) तुंगेश्वर (चमोली)

---

1. महाभारत के वनपर्व (226.21-24-27) में भी स्कन्द माता के इन्हीं भावों का वर्णन है।

से प्राप्त 9वीं शती ई. की चामुण्डा प्रतिमा, द्यूराड़ी देवी मंदिर (पौड़ी गढ़वाल) से प्राप्त 12वीं शती ई. की चामुण्डा प्रतिमा मुख्य है।

(ii) इन्द्राणी प्रतिमा—गढ़वाल हिमालय क्षेत्र से प्राप्त इन्द्राणी प्रतिमाओं में धरासू (उत्तरकाशी), ढामकेश्वर महादेव मंदिर (पौड़ी गढ़वाल) की प्रतिमा मुख्य है, जो क्रमशः 9वीं, 12वीं शती ई. की प्रतीत होती हैं। इन प्रतिमाओं में वस्त्राभूषणों से अलंकृत इन्द्राणी को वज्र तथा अक्षमाला लिए ऐरावत पर विराजमान दर्शाया गया है।

(iii) वैष्णवी प्रतिमा—विभिन्न वस्त्राभूषणों से अलंकृत चतुर्भुजी वैष्णवी गरुड़ारुढ़ या समपाद मुद्रा में स्थानक प्रदर्शित है। उनका निचला दायां हाथ वरद् मुद्रा में है, जबकि शेष तीन हाथों में वह गदा, पद्म, शंख, चक्र, अक्षमाला में से किन्हीं तीन को धारण किये प्रदर्शित है। गढ़वाल हिमालय से प्राप्त वैष्णवी प्रतिमाओं में बनौली ग्राम (चमोली), देवलगढ़ के लक्ष्मी नारायण मंदिर (पौड़ी गढ़वाल), सिमली ग्राम (कर्ण प्रयाग) की प्रतिमा मुख्य है, जो क्रमशः लगभग 8वीं, 9वीं, 11वीं शती. ई. की प्रतीत होती हैं।

(iv) ब्रह्माणी प्रतिमा—कमल के फूल पर पद्मासन या सुखासन मुद्रा में विराजमान विभिन्न वस्त्राभूषणों से अलंकृत द्विभुजी या चतुर्भुजी ब्रह्माणी के हाथों में क्रमशः अक्षमाला, स्त्रुक, स्त्रुव और कमंडल प्रदर्शित हैं। उनके तीन मुख स्पष्ट हैं और चौथा मुख पीछे छुप गया है। गढ़वाल हिमालय क्षेत्र से प्राप्त ब्रह्माणी की प्रतिमाओं में देवलगढ़ (पौड़ी गढ़वाल), करुड़ ग्राम (चमोली) की प्रतिमा मुख्य है, जो क्रमशः लगभग 9वीं, 12वीं शती ई. की प्रतीत होती हैं।

(v) माहेश्वरी प्रतिमा—वृष पर ललितासन मुद्रा में विराजमान चतुर्भुजी माहेश्वरी जटाजूट व अन्य अलंकरणों से सुसज्जित है। उनका निचला दायां हाथ वरद् मुद्रा में प्रदर्शित है, जबकि शेष तीन हाथों में क्रमशः खड़ग, खेटक, कलश या त्रिशूल, सर्प, जल पात्र दर्शाये गये हैं। गढ़वाल हिमालय क्षेत्र से यद्यपि माहेश्वरी की स्वतंत्र प्रतिमाएं अधिक मात्रा में उपलब्ध नहीं हो पाई हैं, लेकिन प्राप्त प्रतिमाओं में मींग ग्राम (कर्ण प्रयाग) से प्राप्त 10वीं-11वीं शर्त ई. की प्रतिमा मुख्य है। ग्राम देवल (पौड़ी गढ़वाल) से प्राप्त लगभग 10वीं शती ई. कि माहेश्वरी प्रतिमा भी उपरोक्त दृष्टि से महत्त्वपूर्ण है।

(vi) कौमारी प्रतिमा—मयूर पर सुखासन मुद्रा में विराजमान विभिन्न वस्त्राभूषणों से अलंकृत द्विभुजी कौमारी अपने दायें हाथ में शक्ति धारण किये है और बायें हाथ से मयूर को चुगा रही है। गढ़वाल हिमालय क्षेत्र के द्यूराड़ी देवी मंदिर (पौड़ी गढ़वाल) से 12वीं शती ई. की सिर्फ एक स्वतंत्र प्रतिमा प्राप्त हुई है। इस प्रकार हम देखते हैं, कि मातृका पूजन के फलस्वरूप ही गढ़वाल हिमालय में उपरोक्त देवियों की प्रतिमाओं की रचना की गई।

यहां से वाराही और नरसिंही की प्रतिमाओं का अंकन प्राप्त नहीं हुआ है।

(vii) सरस्वती प्रतिमा—गढ़वाल हिमालय क्षेत्र से प्राप्त सरस्वती प्रतिमाओं में से अधिकांश खण्डित अवस्था में हैं। यहां सरस्वती का अंकन हमें दो रूपों में मिलता है, स्वतंत्र

रूप में या किसी देवी-देवता के साथ। ललितासन मुद्रा में विराजमान विभिन्न वस्त्राभूषणों से अलंकृत द्विभुजी या चतुर्भुजी सरस्वती हाथों में वीणा धारण किये प्रदर्शित है। गढ़वाल हिमालय क्षेत्र से प्राप्त सरस्वती प्रतिमाओं में पज्याणा ग्राम (चमोली), रानिहाट के राजेश्वरी मंदिर (टिहरी गढ़वाल), मलेथा (टिहरी गढ़वाल) लमगौड़ ग्राम (चमोली) की प्रतिमा मुख्य है, जो क्रमशः लगभग 9वीं, 10वीं, 9वीं-10वीं, 12वीं शती ई. की प्रतीत होती हैं।

(ग) वैष्णव प्रतिमाएं

(1) बैकुण्ठ विष्णु प्रतिमा—विष्णु का यह बैकुण्ठ रूप 'रूपमंडन' और 'विष्णु धर्मोत्तर पुराण' में वर्णित है। वासुदेव शरण अग्रवाल ने कहा है, कि विश्वरूपी विष्णु वराह और नृसिंह अवतारों का समन्वित रूप व्यक्त करता है।[1] डॉ. बनर्जी ने सिंह और वराह मुख को पांचरात्र व्यूह से सम्बन्धित बताया है।[2] डॉ. सरकार का भी यह मत है, कि व्यूहवाद के महान केन्द्र कश्मीर में विष्णु के बैकुण्ठ चतुर्मूर्ति रूप की पूजा विकसित हुई। जिसमें चर्तुर्व्यूह समविष्ट थे।[3] विष्णु धर्मोत्तर पुराण में चर्तुर्व्यूह, विष्णु के चार मुखों के प्रतीक माने गये हैं।[4] विद्वानों के अनुसार चर्तुर्व्यूह की कल्पना ईसा से दो सौ वर्ष पूर्व हुई थी। यह पतंजली के महाभाष्य (6.3.5) से सिद्ध होता है, परन्तु अभिलेखों के विश्लेषण से यह सिद्धान्त ई.पू. प्रथम शती के पश्चात् का माना जाता है।

इस प्रकार की विष्णु चतुर्प्रतिमाएं उत्तर भारत में मथुरा और कश्मीर से प्राप्त हुई हैं। इनका सर्वप्रथम दर्शन गुप्त काल में होता है। मथुरा संग्रहालय[5] की गुप्तकालीन और कश्मीर[6] से प्राप्त पूर्व मध्यकालीन इन प्रतिमाओं का उल्लेख विद्वानों द्वारा किया जा चुका है। गढ़वाल हिमालय क्षेत्र से इस प्रकार की प्रतिमाएं मिल जाने से अब विद्वानों[7] के इस कथन की पुष्टि हो चुकी है, कि इस प्रदेश में भी पांचरात्र सिद्धान्त की लोकप्रियता थी।

---

1. *अग्रवाल वी.* : उ.ग्र. पृ. 185
2. *बनर्जी जे.एन.* : डि.हि.आ., पृ. 409 और दि क्लासिकल एज पृ. 431
3. दि क्लासिकल एज, पृ. 423। एफ. ओ. श्रोडर के अनुसार कश्मीर में ही चौथी और आठवीं शती के मध्य कुछ प्रारम्भिक पांचरात्र संहिताएं रची गयी थीं।
4.

(1) मानवमुख (सौम्य)	— मध्य (अग्र)	— वासुदेव (बल)
(2) सिंहमुख	— दक्षिण	— संकीर्ण (ज्ञान)
(3) वराहमुख	— पृष्ठ वाम	— प्रद्युम्न (ऐश्वर्य)
(4) शैद्रमुख (यज्ञसम)	— पृष्ठ (अदृष्ट)	— अनिरुद्ध (शक्ति)

5. *कुमार स्वामी :* 'गुप्त टोरसो ऑफ विष्णु' बु. बोस्टन फा. आ. दिसम्बर, 1919 पृ. 60-62, डॉ. अग्रवाल वी.: ब्रह्मनिकल इमेजज इन मथुरा आर्ट, ज.ई.सो.ओ. आर्ट, 1937 (कुमार स्वामी वाल्यूम) पृ. 122-130
6. *बनर्जी* : डि.हि.आ., पृ. 408 और फलक 22 (चित्र 3), कक. आर.सी. हैंड बुक ऑफ दि आर्कि. एण्ड न्यूमि. सैक्सन ऑफ श्री प्रताप सिंह म्यूजियम, श्रीनगर पृ. 50,
7. *सरकार डी.सी.* : दि क्लासिकल एज, पृ. 423

गढ़वाल हिमालय से प्राप्त बैकुण्ठ विष्णु प्रतिमाएं जयारण्य संहिता के अनुरूप त्रिमुख और चतुर्हस्ता हैं। मध्य मुख मानव, दायां मुख नृसिंह तथा बायां मुख वराह रूप में है। पीछे के कपिल मुख को दर्शाया नहीं गया है। किरीट मुकुट, मणिकुंडल कंठहार, एकावली, कंकण बाजूबंध, यज्ञोपवीत, उदरबन्ध, वैजयंती माला आदि अलंकरणों से सज्जित समपाद मुद्रा में खड़े चतुर्भुज विष्णु के ऊपरी दो हाथों में पद्म और शंख तथा निचले दो हाथों में चक्र और गदा शोभित है या निचले दोनों हस्त दो आकृतियों चक्र पुरुष और गदा देवी के सिर पर स्थित हैं। नीचे उनका वाहन गरुड़ बैठा दर्शाया गया है।

यह बात विशेष ध्यान देने योग्य है, कि गढ़वाल हिमालय से प्राप्त बैकुण्ठ विष्णु प्रतिमाएं त्रिमुखी और चतुर्हस्ता हैं। जबकि बादामी तथा वाराणसी से प्राप्त बैकुण्ठ प्रतिमाएं चतुर्मुख और अष्टभुज हैं, जिनका वर्णन राव और भट्टाचार्य ने किया है।[1]

गढ़वाल हिमालय क्षेत्र से प्राप्त बैकुण्ठ विष्णु की प्रतिमाओं मे सूर्य मंदिर पलेठी ग्राम (टिहरी गढ़वाल), सिमली ग्राम (कर्ण प्रयाग), सुभेन (तपोवन के पास) की प्रतिमा मुख्य है, जो कि क्रमश: 7वीं, 10वीं, 9वीं-10वीं शती ई. की प्रतीत होती हैं। यही नहीं 8वीं शती ई. की बाड़ाहाट के संग्राली ग्राम से प्राप्त बैकुण्ठ विष्णु की कांस्य प्रतिमा भी अति महत्त्वपूर्ण है।

(2) स्थानक विष्णु प्रतिमा—गढ़वाल हिमालय क्षेत्र से हमें विष्णु के त्रिविक्रम और वामन रूप की प्रतिमाएं प्राप्त हुई हैं। इन दोनों रुपों की पहचान हाथों में धारण किये गये आयुधों की स्थिति के माध्यम से की जाती है। त्रिविक्रम रूप में पद्म, गदा, चक्र और शंख का क्रम पाया जाता है, जबकि वामन रूप में शंख, चक्र, गदा, पद्म का क्रम होता है। यह क्रम दक्षिण भाग के अधोहस्त से प्रारम्भ होता है। विष्णु के त्रिविक्रम और वामन रूप की ये प्रतिमाएं चतुर्भुजी और स्थानक अवस्था में है, जिनमें विष्णु को प्रभामंडल युक्त विभिन्न आभूषणों से सज्जित तथा घुटनों तक लटके हुए चुन्नटदार अधोवस्त्र से सज्जित दर्शाया गया है। वामन रूप यहां ज्यादा लोकप्रिय नहीं था, इसलिए इस रूप की प्रतिमाएं हमें सिर्फ उरगम और बड़ाहाट (परशुराम मंदिर) से प्राप्त हुई हैं। जबकि त्रिविक्रम रूप यहाँ अत्यंत लोकप्रिय रहा, परिणामस्वरूप इस रूप की प्रतिमाएं हमें यहां काफी मात्रा में प्राप्त होती हैं। इनमें त्रिगुणी नारायण (चमोली) रौनगांव (उत्तरकाशी), ग्राम रकौली (कर्ण प्रयाग), देवराड़ा (चमोली) और थराली ग्राम (कर्ण प्रयाग), देवलग्राम (पौड़ी गढ़वाल) की प्रतिमा मुख्य है, जो क्रमश: लगभग तीसरी, 9वीं, 10वीं, 12वीं और शेष दोनों 10वीं-11वीं शती ई. की प्रतीत होती हैं।

(3) अनन्तशायी या शेषशयन नारायण प्रतिमा—इस रूप को शेषशयन या पद्मनाभ प्रतिमा अथवा जैसा महाभारत (वनपर्व अ. 203) में वर्णित, लोककर्ता सर्वलोक महेश्वर प्रतिमा भी कहते हैं, जिसका कालांकन भारत में गुप्तकाल से प्रारम्भ होता है। ज्ञातव्य है कि 'नार' जल का ही पर्याय है। अत: जल में ही निवास करने के कारण विष्णु का एक नाम

---

1. *राव जी* : एलीमेंट ऑफ हिन्दू आइकनोग्राफी, खंड (1) पृ. 256 प्लेट 75-76, भट्टाचार्य : इंडियन इमेजेज, पृ. 18

नारायण भी पड़ा। इस प्रकार 'नार' से ही 'नारायण' की उत्पत्ति जान पड़ती है। यही कारण है, कि विष्णु का जल से सम्बन्ध होने के कारण, नौलो में जलस्रोतों के निकट, शेषशायी विष्णु की प्रतिमा को स्थापित करने की परिपाटी शुरु से ही चली आ रही है। विद्वानों का यह कथन, कि उत्तर भारत में शयन प्रतिमाएं दुर्लभ हैं,[1] सत्य नहीं है, क्योंकि इस परिक्षेत्र में नारायण की ऐसी प्रतिमाएं स्वतंत्र रूप से प्रचुर संख्या में मिली हैं, जो सभी वीर शयन मुद्रा में हैं।

वस्त्राभूषणों से सज्जित नारायण को पंचफणी या सप्तफणी शेषनाग की शैया पर दायें से बायें या बायें से दायें लेटे दर्शाया गया है। उनका निचला दायां या बायां हाथ उनके सिर को सहारा देते प्रदर्शित है। शेष हाथों में क्रमशः पद्म, चक्र, शंख शोभित है तथा सिर को सहारा दे रहे हाथ के घेरे में गदा प्रदर्शित है। उनका एक पांव लक्ष्मी के अंक में अवलम्बित है, जबकि दूसरा पांव शेष शैय्या पर आधारित है या फिर किचिंत उठा प्रदर्शित है। नारायण के नाभि कमल में ब्रह्मा विराजमान हैं। वस्त्राभूषणों से सज्जित लक्ष्मी कमलासन पर पादसंवाहन मुद्रा में बैठी प्रदर्शित हैं। गढ़वाल हिमालय से प्राप्त अनन्तशायी नारायण प्रतिमाओं में रुद्रनाथ (चमोली), बजिंगा (टिहरी गढ़वाल), ग्राम भैंटी तथा ग्राम नौंटी के भलेश्वर मंदिर (चमोली), ग्राम बनौली (कर्ण प्रयाग) से प्राप्त प्रतिमा प्रमुख है। जोकि क्रमशः 8वीं-9वीं, 9वीं, 10वीं,12वीं शती. ई. की प्रतीत होती हैं।

(4) लक्ष्मीनारायण प्रतिमा—गढ़वाल हिमालय क्षेत्र में वस्त्राभूषणों से अलंकृत लक्ष्मी नारायण युगल रूप की अनेक प्रतिमाएं प्राप्त हुई हैं, जिनमें नारायण अपनी पत्नी लक्ष्मी के साथ गरुड़ पर बैठे हैं या ललितासन मुद्रा में आसनस्थ हैं और गरुड़ उनके पार्श्व में नमस्कार मुद्रा में बैठा दर्शाया गया है। परन्तु सुमाड़ी ग्राम (पौड़ी गढ़वाल) से 11वीं शती ई. की स्थानक लक्ष्मी नारायण प्रतिमा भी प्रकाश में आयी है, जिसमें प्रभामंडल युक्त नारायण का एक हाथ अभय मुद्रा में है या लक्ष्मी के अंक पर अवलम्बित है। जबकि शेष हाथों में क्रमशः गदा, चक्र, शंख या पद्म, गदा, चक्र या पद्म, शंख, चक्र का प्रदर्शन है। नारायण की बायीं जंघा पर विराजमान द्विभुजी लक्ष्मी का दायां हाथ उनके दायें कंधे पर दर्शाया गया है। बायां हाथ घुटने पर है या वे पद्म कलिका लिए हुए है। वे नारायण को निहारती प्रदर्शित हैं।

गढ़वाल हिमालय से प्राप्त लक्ष्मी-नारायण प्रतिमाओं में देवलसारी ग्राम (उत्तरकाशी), देवराड़ा ग्राम (चमोली), सुमाड़ी ग्राम (पौड़ी गढ़वाल), देवलग्राम (कर्ण प्रयाग), आदि बद्री (चमोली) से प्राप्त प्रतिमा मुख्य है, जो क्रमशः लगभग 9वीं, 10वीं, 11वीं, 12वीं शती ई. की प्रतीत होती हैं।

(5) गरुड़ासीन विष्णु प्रतिमा—गढ़वाल हिमालय क्षेत्र से हमें विष्णु की गरुड़ासीन प्रतिमाएं भी प्राप्त हुई हैं, यद्यपि उनकी संख्या ज्यादा नहीं है। इस प्रकार की प्रतिमाओं में विभिन्न वस्त्राभूषणों से अलंकृत चतुर्भुजी विष्णु को ललितासन मुद्रा में गरुड़ पर आसीन दर्शाया

---

1. *बनर्जी जी.एन.* : डवलपमेंट ऑफ हिन्दू आइकनोग्राफी, पृ. 406 और रिलिजन इन आर्ट एण्ड आर्कि., पृ. 301, दि क्लासिकल एज, पृ. 430

गया है, जबकि द्विभुजी मानवाकार गरुड़ विष्णु को संभाले प्रदर्शित है। यहां से गरुड़ासन विष्णु की जो प्रतिमा प्राप्त हुई है, उनमें चमाल ग्राम (टिहरी गढ़वाल), ग्राम देवराड़ा (चमोली) की प्रतिमा मुख्य है, जो क्रमश: 7वीं, 10वीं शती ई. की हैं।

(6) विभव प्रतिमाएं—पांचरात्र ग्रंथ विश्वकसेन संहिता और पद्मतंत्र में अवतारों की उत्पत्ति व्यूहों से मानी गई है।[1] विष्णु के दस अवतारों मत्स्य, कूर्म, वराह, नृसिंह, वामन, भार्गवराम, दशरथी राम, बलराम, बुद्ध, कल्कि की प्राचीनता वैदिक है। शतपथ तथा ऐतरेय ब्राह्मण में मत्स्य, कूर्म और वराह की चर्चा है। श्रीमद्भागवत गीता[2] में अवतारों के सम्बन्ध में स्पष्ट रूप से कहा गया है और अवतार लेने के कारणों का स्पष्ट उल्लेख किया गया है। इसी परम्परा का अनुसरण करते हुए गुप्तकाल से विष्णु प्रतिमाओं अथवा लक्ष्मी-नारायण के दोनों पार्श्वों में दशावतारों का अंकन किया जाने लगा। दशावतारों के अंकन के संदर्भ में रूपमंडन में विशद विवेचना की गई है।[3] दशावतार पट्टों का स्वतंत्र अंकन इस क्षेत्र में कहीं-कहीं देखने को मिलता है। जो भी दशावतार पट्ट उपलब्ध हुए हैं, वे किसी न किसी देवता के साथ संबद्ध हैं। गढ़वाल हिमालय क्षेत्र में विष्णु से सम्बन्धित जो प्रतिमाएं बनाई गई हैं, उनके परिकर में विष्णु के दसों अवतारों के अंकन की परम्परा 12वीं शती ई. के आसपास हमें ज्यादा देखने को मिलती है। इससे पूर्व इस क्षेत्र में अवतारों का अंकन तो हुआ, पर उसके उदाहरण हमें कम मिलते हैं। विभिन्न अवतारों के अन्तर्गत् मत्स्यवतार में चार वेदों को मानवीय मुखों के रूप में धारण किए मत्स्य, कूर्मावतार में कछुए की पीठ पर समुद्र मंथन करते हुए, वराहवतार में वराह द्वारा एक पैर को नागराज पर जमाकर पृथ्वी देवी उठाए, नृसिंह को हिरण्यकश्यप का उदर विद्रीर्ण करते हुए, वामन अवतार में विष्णु को वामन रूप में, धनुर्धारी राम को दूसरे हाथ में तीर लिए हुए, भार्गव राम को परशुधारी, बलराम को हलधर रूप में, स्थानक बुद्ध को एक हाथ अभय मुद्रा में उठाए तथा दूसरे में कमंडल लिए तथा कल्कि को घोड़े पर सवार दर्शाया गया है। मलेथा, लक्ष्मौली (टिहरी गढ़वाल), सकण्ड (चमोली), भरसार (पौड़ी गढ़वाल), देवराड़ा, देवल (कर्ण प्रयाग) से प्राप्त विष्णु या लक्ष्मी-नारायण प्रतिमाओं के परिकरों पर हमें दशावतारों का अंकन प्राप्त होता है। जिनका काल 9वीं शती ई. से 12वीं शती ई. के बीच निर्धारित किया जा सकता है।

इस परिक्षेत्र से हमें वराह, नृसिंह, बलराम अवतारों की स्वतंत्र प्रतिमाएं भी प्राप्त हुई हैं। स्वतंत्र प्रतिमाओं के अतिरिक्त नृसिंह और वराह को विष्णु प्रतिमाओं की द्वार शाखा तथा दक्षिण द्वार शाखा पर दर्शाने की परम्परा भी इस क्षेत्र में रही है।

(i) वराह प्रतिमा—विभिन्न वस्त्राभूषणों से अलंकृत चतुर्भुजी वराह अपना बायां पांव शेषनाग पर टिकाये है। इनका निचला दायां हाथ वरद् मुद्रा में प्रदर्शित है या कीट पर

1. *श्रेडर*: इंट्रोडक्शन टू दी पांचरात्र एंड दी अहिर्बुध्न्य संहिता, 1916 ई., पृ. 48
2. भगवतगीता 4/7-8
3. रूपमंडन-3-24 से 28, पृ. 139

अवलम्बित है। उनके हाथों में गदा और शंख का प्रदर्शन है। पृथ्वी या भू-देवी को वे अपने ऊपरी बायें हाथ से उठाए हैं या फिर कुछ प्रतिमाओं में उन्हें दांतों से उठाये प्रदर्शित किया गया है। गढ़वाल हिमालय से प्राप्त वराह प्रतिमाओं में हरमनी ग्राम (चमोली), रानिहाट (टिहरी गढ़वाल), गैरोली तल्ली (टिहरी गढ़वाल) की प्रतिमा प्रमुख है, जो क्रमश: 9वीं-11वीं,10वीं, 11वीं शती ई. की प्रतीत होती हैं।

(ii) नृसिंह प्रतिमा—विभिन्न वस्त्राभूषणों से सुसज्जित सिंह मुख नृसिंह को चतुर्भुजी दर्शाया गया है। उनके पिछले दायें हाथ में गदा तथा ऊपरी बायें हाथ में चक्र शोभायमान है। अगले दोनों हाथों से वे उत्कूटिकासन में हिरण्यकश्यप को अपनी जंघाओं पर पटककर उसका उदर विर्दीण करते हुए प्रदर्शित हैं। गढ़वाल हिमालय क्षेत्र से प्राप्त नृसिंह प्रतिमाओं में थराली (कर्ण प्रयाग) ग्राम हरमनी (चमोली), तिलवाड़ा (टिहरी गढ़वाल) की प्रतिमा मुख्य है, जो कि क्रमश: लगभग 9वीं, 9वीं-10वीं, 12वीं शती ई. की प्रतीत होती हैं।

(iii) बलराम प्रतिमा—विष्णु के दस अवतारों में बलराम भी एक हैं।[1] गढ़वाल हिमालय क्षेत्र में बलराम की स्वतंत्र प्रतिमाओं का अंकन दुर्लभ है। यद्यपि विष्णु से सम्बन्धित प्रतिमाओं के परिकर पर दसावतारों के साथ बलराम को उत्कीर्ण दिखाया गया है। इस दृष्टि से ग्राम श्री कोट, ग्राम भिल्ल केदार (दोनों पौड़ी गढ़वाल) में रखी क्रमश: 9वीं और 10वीं शती ई. की सप्त नागफणों के टोप और विभिन्न वस्त्राभूषणों से अलंकृत द्विभुजी बलराम की प्रतिमा उल्लेखनीय है। पहली प्रतिमा जो स्थानक समभंग मुद्रा में निरुपित है, का दायां हाथ अभय मुद्रा में है तथा बायें हाथ में पात्र एवं फल है। जबकि दूसरी प्रतिमा जो ललितासन मुद्रा में निरुपित है, के एक हाथ में चषक का प्रदर्शन है, जबकि दूसरा अस्पष्ट है।

(7) अन्य वैष्णव प्रतिमाएं

(i) गरुड़ प्रतिमा—वैदिक ग्रंथों, महाकाव्यों, पुराणों और तंत्रों में गरुड़ के सुपर्ण, ताक्ष्र्य आदि नाम बताये गये हैं। रामायण में इसका सम्बन्ध अमरता, दीर्घजीवन और स्वास्थ्य के साथ माना जाता है (किष्किंधा काण्ड 11.94)। वह पुराणों में विष्णुवाहन है। परन्तु पांचरात्र की सात्वत् और अहिर्बुधन्य नामक संहिताओं में उसे विष्णु के 39 अवतारों में सम्मिलित किया गया है।

कला में गरुड़ प्रतिमा का प्रारम्भिक अंकन हमें गरुड़ ध्वज के शीर्ष भाग पर और गुप्त मुद्राओं में मिलता है। गढ़वाल हिमालय में उपलब्ध गरुड़ प्रतिमाएं द्विभुज रूप में मिलती हैं। श्री तत्त्वनिधि और शिल्परत्न में गरुड़ द्विभुज ही बताये गये हैं। गढ़वाल हिमालय में गरुड़ प्रतिमाएं तीन रूपों में प्राप्त होती हैं, विष्णु वाहन रूप में, विष्णु प्रतिमा के अधोभाग या पार्श्व में नमस्कार मुद्रा में या फिर स्वतंत्र रूप में। यहां से उनकी स्वतंत्र प्रतिमाएं कम ही मिलती हैं। इस दृष्टि से देवलगढ़ (पौड़ी गढ़वाल) आदि बदरी, श्रीनगर की क्रमश: 9वीं,10वीं,11वीं शती ई. की प्रतिमाएं उल्लेखनीय हैं। विभिन्न वस्त्राभूषणों से अलंकृत द्विभुजी गरुड़ को मानवरूप में बायें

---

1. *राकेश तिवारी :* पर्वतीय पुरातत्व इकाई, अल्मोड़ा, सर्वेक्षण रिपोर्ट, 1981-83, पृ. 132

पैर का घुटना भूमि पर टिकाकर नमस्कार मुद्रा या अंजली मुद्रा में बैठे प्रदर्शित किया गया है। शिल्परत्न के अनुसार ऐसी प्रतिमा 'तार्क्ष्य' कहलाती है। फैले हुए सुंदर आकर्षक डैने, ऋग्वेद में वर्णित 'दिव्याः स सुपर्णो गुरुतमान' कथन के तथा मस्तक को घेर कर फण फैलाये नाग, श्री तत्त्वनिधि में वर्णित 'मूर्धनास फणि मंडिताः' कथन के अनुरुप है। बाहों में सर्प बाजूबंध की सज्जा पौराणिक विवरणों के अनुरुप है।[1] गरुड़ का उदर विष्णुधर्मोत्तर पुराण में किये गये वर्णन के अनुरुप किंचित उभरा हुआ दर्शाया गया है।[2]

(ii) गजलक्ष्मी प्रतिमा—उत्तर वैदिक काल से ही लक्ष्मी को धन और ऐश्वर्य की देवी माना गया है। महाकाव्य और पुराणों से भी हमें गजलक्ष्मी से सम्बन्धित बहुत सी जानकारी प्राप्त होती हैं। शुरु के साहित्य जैसे विश्वकर्मा शास्त्र, चंडीकल्प, विष्णुधर्मोत्तर आदि भी इस देवी से सम्बन्धित बहुत सी जानकारियाँ हमें प्रदान करते हैं। विष्णुधर्मोत्तर पुराण में विशेष रूप से वर्णन है, कि उनके सिर के पीछे खड़े दो हाथी झुके हुए दो घड़ों के प्रतीक हैं।[3] अन्य साहित्य के अनुसार इन दो हाथियों को दो निधि शंख और पद्म के रूप में जाना जाता है।

गजलक्ष्मी को सर्वप्रथम प्रदर्शित करने के प्रमाण हमें भारहुत, सांची, बोधगया, अमरावती से प्राप्त होते हैं। इससे यह सिद्ध होता है, कि इस देवी की पूजा का प्रचलन शुंग, कुषाण काल से चला आ रहा है। कौशाम्बी, उज्जैन, मथुरा और पांचाल के जातीय संगठनों के सिक्कों पर भी इस देवी के चित्र मिले हैं। गुप्त काल के सिक्कों तथा प्रतिमाओं में गजलक्ष्मी का प्रदर्शन इस बात को सिद्ध करता है, कि इरा काल में इसका तीव्रता से प्रचार हुआ, जो कि मध्यकाल तक चलता रहा और गजलक्ष्मी के इस रूप का सम्पूर्ण भारत में फैलाव हुआ।

वस्त्राभूषणों से अलंकृत धन और ऐश्वर्य की देवी गजलक्ष्मी कमल के पुष्प पर बैठी या खड़ी हैं और उनके दोनों तरफ दो हाथी अपनी सूंड में एक-एक घट लिए जल से गजलक्ष्मी का अभिषेक कर रहे हैं। उनका बायां हाथ वरद् मुद्रा में तथा दायें हाथ में पूर्ण विकसित सनाल पद्म प्रदर्शित है। यहां से प्राप्त गजलक्ष्मी की प्रतिमाओं में गोपेश्वर (चमोली) की 5वीं-6वीं शती ई. और 8वीं शती ई. की दो प्रतिमा एवं माड़खी और सकण्ड ग्राम (चमोली) की 10वीं शती ई. की गजलक्ष्मी प्रतिमा मुख्य है।

(घ) सौर प्रतिमाएं

(1) सूर्य प्रतिमा—भारतीय कला में सूर्य प्रतिमा के दो प्रकार हैं— दक्षिणी और उत्तरी। इन्हें क्रमशः स्वदेशी और विदेशी शैली की प्रतिमाएं कहते हैं। गढ़वाल हिमालय में उत्तरी परम्परा की ही प्रतिमाएं प्राप्त हुई हैं। कुछ विद्वानों का मत है, कि इस परम्परा को कुषाण नरेशों द्वारा प्रचलित किया गया जबकि कुछ अन्य विद्वानों ने इन्हें शक देवता कहा है।[4] परन्तु

1-2. *बनर्जी*:डवलपमेंट ऑफ हिन्दू आइकोनोग्राफी, पृ. 529-34, 1956

3. विष्णुधर्मोत्तर पुराण-11, 82, 7, 111, 82,10

4. राहुल किन्नर देश में, पृ. 278

आज अधिकांश विद्वान यह मानते हैं,[1] कि इनका ये उत्तर भारतीय रूप शीत प्रधान पूर्वी ईरानी शैली में विकसित हुआ और ई. सन् के आरम्भ में अथवा कुछ पूर्व ही भारत में प्रचलित हो गया। विदेशी प्रभाव की इन प्रतिमाओं को 'उदीच्य वेष' कहा गया है।[2] जिसमें सूर्य अपाद चोलक द्वारा वक्ष से आवृत प्रदर्शित हैं। मत्स्य पुराण और भविष्य पुराण में वर्णित है, कि सूर्य के पैर खुले नहीं बल्कि आवृत होने चाहिए। गढ़वाल हिमालय में उत्तरी परम्परा से सम्बन्धित सूर्य प्रतिमाएं, स्वतंत्र और पार्श्व देवता के रूप में स्थापित मिलती हैं। बहुधा स्थानक और कभी-कभी सप्ताश्व अथवा पंचाश्व रथ पर बैठे वस्त्राभूषणों से सज्जित द्विभुजी सूर्य दोनों हाथों में सनाल पद्म लिये प्रदर्शित हैं। प्रभामंडल युक्त सूर्य की कमर में लटकते यवीयांग[3] के बायीं ओर कटार प्रदर्शित है। इनके दोनों पार्श्वों में पिंगल तथा दण्डनायक गण या उनकी दोनों पत्नियों (राज्ञी-निष्प्रभा या उषा-प्रत्यूषा) या साथ में कभी-कभी अश्विनी कुमारों का अंकन मिलता है। जिन प्रतिमाओं में सूर्य रथ पर विराजमान हैं, उनमें सूर्य के सारथी आरुषी को हाथों में चाबुक और घोड़ों की रास थामे दर्शाया गया है।

गढ़वाल हिमालय से प्राप्त सूर्य प्रतिमाओं में पलेठी (टिहरी गढ़वाल) की रथारूढ़ प्रतिमा, क्यार्क रैथल, सुमाणी ग्राम, मटेला (पौड़ी गढ़वाल) की स्थानक प्रतिमा मुख्य है, जो क्रमशः 7वीं, 8वीं-9वीं,10वीं, 10वीं-11वीं शती ई. की प्रतीत होती हैं।

(2) भगादित्य प्रतिमा—सम्पूर्ण गढ़वाल हिमालय क्षेत्र में ग्राम खोला (पौड़ी गढ़वाल) से ही 10वीं शती. ई. की भगादित्य की प्रभामंडल युक्त प्रतिमा प्राप्त हुई है। उत्तरीय धारण किये चर्तुहस्त भगादित्य के स्कन्दों तक उठे हुए अगले दोनों हाथों में अर्द्धविकसित पद्म, पिछले दायें हाथ में खंडित त्रिशूल तथा बायें हाथ में चक्र शोभित है। वे मुकुट, चोलक, यवीयांग, कंकण तथा मणियुक्त कठोभरण से विभूषित हैं। उनके पार्श्वों में दंड तथा पिंगल प्रदर्शित हैं।

(3) नवग्रह प्रतिमा—हिन्दू धर्म में इन नवग्रहों की उपयोगिता और श्रेष्ठता 5वीं शती ई. के बाद से देखने को मिलती है। विभिन्न साहित्यों जैसे याज्ञवलक्य सूत्र, विष्णुधर्मोत्तर पुराण, अग्निपुराण, शिल्परत्न आदि में नौ ग्रहों की अलग-अलग तरीके से व्याख्या की गई है। ऐसा मानना है, कि ग्रह मनुष्य के जीवन को किसी न किसी रूप में प्रभावित करते रहते हैं और इनकी विशेष स्थिति मनुष्य जीवन में मंगलकारी एवं विनिष्टकारी स्थितियाँ पैदा कर देती हैं। ये नवग्रह हैं सूर्य, सोम, मंगल, बुध, बृहस्पति, शुक्र, शनि, राहु, केतु। इनका अंकन या तो प्रतिमाओं के परिकर पर या प्रस्तर पट्टों पर या मंदिर की दीवारों, प्रवेश द्वारों पर देखने को मिलता है। गढ़वाल हिमालय क्षेत्र में भी इन्हें उपरोक्त प्रकार से अंकित किये जाने की प्रथा रही है। मलेथा पलेठी ग्राम (टिहरी गढ़वाल), ग्राम मोल्डा (उत्तरकाशी), ग्राम नारायण कोटि, ग्राम सकण्ड (चमोली) आदि स्थानों से हमें नवग्रह अंकन प्राप्त हुए हैं, जिनका समय 7वीं शती ई. से 12वीं शती ई. के बीच निर्धारित किया जा सकता है।

---

1. *ओझा, गौ.ही*: मध्कालीन भारतीय संस्कृति, 1928 ई., पृ. 30, बनर्जी: डि.ही.आ. पृ. 431
2. वृ.सं., 58-46 (कुर्यादुदीच्चवेषं गूढंपादादुरोयावत्), वि.ध. 67,2
3. सूर्य की मेखला विष्णुधर्मोत्तर पुराण में 'यावियांग' और बृहत्त संहिता में 'वियंग' कही गयी है।

(4) दिक्पाल—कुबेर और ईशान के अतिरिक्त अन्य दिक्पाल वैदिक देवता हैं। दिक्पालों का अंकन मंदिरों की जंघा, चैत्य गवाक्षों, प्रतिमा के शीर्ष और द्वार शाखाओं पर पाया गया है। प्रतिमा शीर्ष पर दिक्पालों के अंकन का महत्त्वपूर्ण उदाहरण जोशीमठ (चमोली) की कल्याणसुन्दर मूर्ति है। जिसके शीर्ष पर इन्द्र, अग्नि, दिक्पाल का अंकन है। दिक्पालों का अंकन इस क्षेत्र में स्वतंत्र रूप से कम ही हुआ है।

(i) इन्द्र प्रतिमा—शिव मंदिर गोपेश्वर से 8वीं-9वीं शती ई. की इन्द्र की प्रतिमा मिली है। ललितासन मुद्रा में वस्त्राभूषणों से अलंकृत गजारूढ़ द्विभुजी इन्द्र प्रभावली युक्त हैं। उनका दायां हाथ सम्भवत: पद्म युक्त और बायां हाथ जानु पर स्थित है। दोनों पार्श्वों में दो-दो सहायक देवता या अप्सराएं प्रदर्शित हैं।

(ii) अग्नि प्रतिमा—अग्नि एक प्रधान देवता है। ऋग्वेद मे सर्वाधिक मंत्र अग्नि पर हैं।[1] इन्हें देवताओं का मुख कहा गया है (अग्नि मुखा वै देवा:)। धरासू गांव (उत्तरकाशी) से 9वीं शती ई. की अग्नि प्रतिमा प्राप्त हुई है। प्रभामंडल युक्त योगासन मुद्रा में बैठे व कण्ठहार, यज्ञोपवीत, कंकण भूषिता, द्विभुजी अग्नि के दांये-बांये हाथों में क्रमश: अक्षमाला कमण्डल शोभित है। दायें और बायें पार्श्वों में महाभारत के विवरणानुसार क्रमश: सप्त जिह्वा, सात-सात ज्वालाओं के रूप में प्रदर्शित रही होगी; किन्तु वर्तमान् समय में बायीं ओर मात्र एक ज्वाला ही अवशिष्ट रह गई है।

(iii) कुबेर प्रतिमा—कुबेर मूलत: यक्षों के अधिपति माने गये हैं। जैन सूत्रों में वेश्रवणमह को यक्षाधिपति तथा उत्तरदिशा का अधिपति माना गया है।[2] ललितासन या सुखासन मुद्रा में विराजमान वस्त्राभूषणों से अलंकृत कुबेर के केश कुंतल हैं और वे उदर के चारों ओर एक दुपट्टा बांधे दर्शाये गये हैं।[3] उनके दायें-बायें हाथों में क्रमश: नकुलक या धन की पोटली तथा चषक प्रदर्शित है। उनके सामने निधि के प्रतीक कुंभ रखे हैं। गढ़वाल हिमालय क्षेत्र से प्राप्त स्वतंत्र कुबेर प्रतिमाओं में लाखामण्डल (देहरादून), सुकड़ाला (उत्तरकाशी) की प्रतिमा मुख्य है , जो कि क्रमश: लगभग 8वीं, 9वीं शती ई. की है। यहां कुबेर को प्रस्तर पटटों पर गणेश ओर लक्ष्मी के साथ भी दर्शाया गया है। इस प्रकार के पट्ट हमें माड़खी ग्राम (चमोली) व ग्राम खोला (पौड़ी गढ़वाल) से प्राप्त हुए हैं, जो क्रमश: 10वीं शती ई. और 12वीं शती ई. के प्रतीत होते हैं।

वायु, वरुण, यम आदि दिक्पालों की प्रतिमाएं गढ़वाल हिमालय क्षेत्र में विरल हैं, यदि कहीं वो दृष्टिगोचर भी हुई हों, तो उनका समय 12वीं शती ई. के पश्चवर्ती है।

(ङ) अन्य देवी-देवता प्रतिमाएं

(1) ब्रह्मा प्रतिमा—हिन्दू धर्म में ब्रह्मा को इस सृष्टि का रचयिता स्वीकार किया गया है। उन्हें प्रजापति, पितामह, विधाता, विश्वेशा आदि नामों से भी जाना जाता है।[1] ब्रह्मा का

---

1. अग्नि: कस्मात् अग्रणीर्भवति। अग्रं यज्ञेषु प्रणीयते (निरुका, 7,4)
2. जीवाभिगम, 3, पृ. 28
3. जनरल ऑफ यू.पी. हिस्टोरिकल सोसाइटी (लखनऊ) खंड 17(1) पृ. 87-94

उल्लेख हम सर्वप्रथम ब्रहीहट संहिता में पाते हैं।[2] ब्रह्मा की प्रारम्भिक प्रतिमाओं में उन्हें द्विभुजी बताया गया है और उन्हें त्रिमुखी या चर्तुमुखी प्रदर्शित किया गया है तथा उनके मुख पर दाढ़ी भी दर्शायी गई है। उन्हें चर्तुभुजी दिखाये जाने की प्रथा का प्रचलन बाद में हुआ।[3] ब्रह्माजी के ये चार मुख और चार भुजाएं क्रमशः चार वेदों तथा चार दिशाओं को इंगित करती हैं। समस्त भारत की तरह गढ़वाल हिमालय क्षेत्र में भी ब्रह्मा की प्रतिमाओं का अपेक्षाकृत अभाव दिखता है। किन्तु शिव और विष्णु प्रतिमाओं के साथ इनका अंकन जरूर हुआ है। शेषाशयी विष्णु के नाभि कमल पर ब्रह्मा निरुपित हैं तथा शिव की लिंगोद्भव, त्रिपुरान्तक, कल्याण सुंदर प्रतिमाओं में भी ब्रह्मा का अंकन किया गया है।

चतुर्भुज ब्रह्माजी ऊपरी दायें हाथ मे स्त्रुक या छड़ी और ऊपरी बायें हाथ में स्त्रुव या पुस्तक धारण किये हैं। वरद् मुद्रा में प्रदर्शित अगले दायें हाथ में अक्षमाला तथा अगले बायें हाथ में कमण्डल शोभित है। जिन प्रतिमाओं में वो द्विभुजी प्रदर्शित हैं, उनके दायें और बायें हाथों में क्रमशः अक्षमाला और कमण्डल दर्शाया गया है। प्रभामण्डल युक्त ब्रह्मा के तीन मुख सामने स्पष्ट हैं और चौथा मुख पीछे छुपा हुआ है। उल्लेखनीय है, कि बहुधा कला में ब्रह्मा के चौथे मुख के निरूपण की परम्परा नहीं है। उनके केश स्कंधों तक लटके हैं। वे एकावली, यज्ञोपवीत, कटिबंध आदि से विभूषित हैं और अधः परिधान के रूप में धोती पहने हैं। कुछ प्रतिमाओं में उनके मुख मंडल पर दाढ़ी और मूंछे भी दर्शायी गई हैं। उनके नीचे दोनों पार्श्वों में एक-एक हंस तथा एक-एक उपासक निरूपित है। प्रतिमा के शीर्ष पर दोनों ओर एक-एक मालाधारी विद्याधर प्रदर्शित है। यहां से प्राप्त ब्रह्मा प्रतिमाओं में देवलगढ़, मंगोलपुरी, बलौड़ी (पौड़ी गढ़वाल) की प्रतिमा मुख्य है, जो क्रमशः लगभग 8वीं-9वीं, 10वीं, 10वीं-11वीं शती ई. की हैं।

2. नदी-देवी प्रतिमा (गंगा-यमुना)—गंगा-यमुना नदियों की पूजा पुरातन काल से चली आ रही है। गंगा, गणेश, द्वार देवताओं और विष्णु आदि पंचदेवताओं में पूजी जाती हैं,[4] परन्तु गुप्त काल से पूर्व गंगा-यमुना की प्रतिमा निर्माण का कोई संकेत हमें प्राप्त नहीं होता। सर्वप्रथम गुप्तकालीन साहित्यों में इनका उल्लेख आया है।[5] गंगा-यमुना का चित्रण प्रायः दो रूपों में उपलब्ध होता है- (क) मंदिर विभूषा के उच्चित्र के रूप में और (ख) स्वतंत्र प्रतिमाओं के रूप में।

मंदिर विभूषा के लिए गंगा-यमुना की प्रतिमाओं ने मुख्यतः द्वार पक्षों और ब्राह्य रथिकाओं पर स्थान ग्रहण किया। ये नदी देवियां सर्वप्रथम गुप्त मंदिरों की द्वार शाखाओं के ऊपरी भाग में उकेरी गई हैं और कालान्तर में उनके अधोभाग में।[1]अग्रवाल का भी कहना है, [2]कि द्वार

1. *होपकिन्स, इ. डब्ल्यू* : एपिक माइथोलॉजी, पृ. 192
2. ब्रहिहट संहिता, अ. 57, वी,41
3. *बनर्जी जे.एन.* : वही, पृ. 517
4. महानिर्वाण तंत्र, 5.75 और 10.103
5. कालिदास : कुमार संभव 7.42 ''मूर्ते च गंगा-यमुने तदानीम् सचामरेदेवम्''

पक्षों पर गंगा-यमुना अभिप्राय आगे चलकर मंदिर स्थापत्य में मंदिर विभूषा की एक प्रतिष्ठित विशेषता हो गयी।[1] गढ़वाल हिमालय में भी इन्हें उपरोक्त प्रकार से अंकित किये जाने की प्रथा रही है।

लक्षमौली, लमगौड़ी (टिहरी गढ़वाल), पौंटी, क्यार्क रैथल (उत्तरकाशी) आदिबदरी (चमोली) के मंदिरों की द्वार शाखाओं, प्रवेश द्वारों पर गंगा-यमुना का अंकन किया गया है, जिनका समय 7वीं-8वीं शती ई. से 12वीं शती ई. के बीच निर्धारित किया जा सकता है। विभिन्न अलंकरणों से सज्जित, साड़ी पहने, त्रिभंग मुद्रा में अपने वाहन मकर और कच्छप पर खड़ी प्रभामंडल युक्त द्विभुजी गंगा-यमुना के निचले पार्श्वों में कलशधारिणी परिचारिकाएं प्रदर्शित हैं। उनके सिर पर परिचारक या परिचारिकाएं कमल छत्र की छाया कर रही हैं। गंगा का बायां हाथ कटिहस्त मुद्रा में या फिर गण के शीर्ष पर स्थित है। दायें हाथ में मंगल घट या पद्म शोभित है। जबकि यमुना के दायें-बायें हाथों में क्रमश: मंगल घट और पद्म का प्रदर्शन है।

गढ़वाल हिमालय से प्राप्त गंगा की स्वतंत्र प्रतिमाओं में नृसिंह मंदिर (जोशीमठ), ग्राम भैंटी (चमेली), श्री कोट (पौड़ी गढ़वाल) की प्रतिमा प्रमुख है। जो कि क्रमश: लगभग 6वीं-7वीं, 10वीं, 9वीं-10वीं शती ई. की हैं। जबकि यमुना की स्वतंत्र प्रतिमाओं में सुकड़ाला ग्राम (उत्तरकाशी), गैरोली तल्ली (कर्ण प्रयाग) की प्रतिमा मुख्य है, जो क्रमश: लगभग 8वीं-9वीं, 9वीं शती ई. की प्रतीत होती हैं।

3. व्यतंर देवता प्रतिमाएं

(i) यक्ष-यक्षी प्रतिमा—जैन निशीथ सूत्र (8.14) में जिन, भूत, यक्ष, किन्नर, नाग इत्यादि को व्यतंर देवता माना गया है। राजशेखर कृत काव्य मीमांसा (अ. नवम्) में उद्धृत एक प्राचीन श्लोक में देवयोनियां शब्द आया है। इसमें तत्कालीन समाज के जो चार महोत्सव वर्णित किये हैं, उनमें एक यक्षमह भी था (19.11)। जैन सूत्रों में यक्ष शुभ कार्यों में सहायक, रोगों से रक्षा करने वाले अवध्य जीवन के दाता और सन्तानोत्पत्ति के लिए आराध्य माने गये हैं। इसी प्रकार बौद्ध और ब्राह्मण ग्रंथों में लौकिक देवता के रूप में यक्ष पूजा का विपुल वर्णन मिलता है। वास्तव में यक्ष सम्प्रदाय कुषाण और गुप्तकाल में अपने चरम उत्कर्ष पर था। ब्राह्मण ही नहीं बौद्ध और जैन प्रतिमाओं में भी इनका अंकन किया गया था।

यक्षराज कुबेर उत्तर दिशा के लोकपाल हैं और अलकापुरी में निवास करते हैं। जैन सूत्रों में वर्णित तेरह यक्षों में से विशेष महत्त्वपूर्ण मणिभद्र था। महाभारत वनपर्व (139.5,7) में इसके मणिवर, मणिभद्र नाम मिलते हैं। सम्भवत: बद्रीनाथ के पास माणा में वो निवास करता था। यक्षों में सर्वप्राचीन प्रतिमा मणिभद्र की ही प्राप्त हुई है। यहाँ अनेक स्थान 'जाख' और 'जाखणी' के नाम से पुकारे जाते हैं, जो कभी यक्षायतन रहे होंगे। यहां जिस 'जाख देवता' की पूजा की जाती है। वह 'जक्ख' या 'यक्ष' ही है, जो गाँव का रक्षक माना जाता है। इस प्रकार

---

1. दि क्लासिकल एज, पृ. 454, एच. कोसेन्स का भी यही मत है (चालुक्यन आर्किटे पृ. 34)
2. स्ट. इ.आ. पृ. 211

घंटाकर्ण और घडियाल भी बहुमानित यक्ष हैं। इन साक्ष्यों के आधार पर यह निष्कर्ष निकलता है, कि गढ़वाल हिमालय में यक्ष पूजा का प्रचलन प्राचीन काल से ही था। यक्ष-यक्षणियों की यहां से प्राप्त प्रतिमाओं ने इस विश्वास को और दृढ़ कर दिया है।

यक्ष-यक्षी की दो महाकाय प्रतिमाएं भरत मंदिर (ऋषिकेश) के परिसर में खुदाई के दौरान मिली थीं। ये मथुरा के लाल बालुकाश्म पत्थर से निर्मित हैं। यक्ष पैर फैलायें स्थानक मुद्रा में है, उसका दाहिना हाथ कंधे की ऊँचाई तक उठा है, बायें हाथ से वह कटि के पास अधोवस्त्र को संभाले है। गले में ग्रेवेयक के अतिरिक्त भूषा के समस्त विवरण अस्पष्ट हो चुके हैं। यक्षी प्रतिमा की दाहिनी भुजा और पाद खण्डित है, परन्तु मुखाकृति अधिक स्पष्ट है। वह पृथु पयोधरा और हार-कुण्डल भूषिता है। उसका वस्त्र भी यक्ष के समान बायें कंधे पर लटक रहा है और वह बायें हाथ से उसे पकड़े है। मथुरा कला शैली में निर्मित ये दोनों प्रतिमाएं कुषाणकालीन हैं और प्राय: द्वितीय शती ई. के प्रारम्भ की हो सकती हैं। उपरोक्त दोनों यक्ष-यक्षी प्रतिमाओं के अतिरिक्त 8वीं शती ई. की मोर ध्वज स्तूप से प्राप्त यक्ष-यक्षणियों की प्रतिमाएं भी महत्त्वपूर्ण हैं।

(ii) नागराज प्रतिमा—गढ़वाल हिमालय क्षेत्र में नागराज की स्वतंत्र प्रतिमाऐं कम मात्रा में उपलब्ध हुई हैं, जिनमें कौब ग्राम और तुंगनाथ (चमोली) की नागराज प्रतिमा मुख्य है। पहली प्रतिमा में नागराज स्थानक है, जबकि दूसरी प्रतिमा में वे कमलासन या ललितासन मुद्रा में दर्शाये गये हैं। जटाजूट, कर्ण, कुंडल, कंकण और धोती से सज्जित नागराज के मस्तिष्क पर सर्प छत्र शोभायमान है। स्थानक नागराज का दायां हाथ खण्डित हो चुका है और बायें हाथ से वे अपना उत्तरीय संभाल रहे हैं, जबकि आसनस्थ नागराज के अभय मुद्रा में उठे दायें हाथ में पुष्प प्रदर्शित है, परन्तु बायें हाथ की वस्तु अस्पष्ट है। प्रभामंडल सादा है। संतुलित देहयष्टि, केशसज्जा अनुकरणीय है। शैलीगत् विशेषता के आधार पर प्रथम प्रतिमा मथुरा की कुषाण कला की परम्परा में निर्मित प्रतीत होती है और दूसरी प्रतिमा का समय 7वीं-8वीं शती ई. निर्धारित किया जा सकता है।

(आ) बौद्ध प्रतिमाएं

गढ़वाल हिमालय क्षेत्र से बुद्ध की जो प्रतिमाएं प्राप्त हुई हैं, उनमें वे धर्म चक्र प्रवर्तन मुद्रा में आसनस्थ हैं। वे कुंचित केश और चीवरधारी हैं। उनके नेत्र अर्द्ध उन्मीलित हैं और मुख पर असीम शांति प्रदर्शित है। बुद्ध का दाहिना हाथ उनकी जंघा पर स्थित है और बायें हाथ में वे भिक्षा पात्र लिये हैं या फिर वे बायीं और दायीं हथेली को अपने अंक में रखे हैं। इस प्रकार की प्रतिमा हमें मोरध्वज, गोपेश्वर, लता (नीति घाटी) से प्राप्त हुई है इनमें प्रथम दो प्रतिमाएं 8वीं शती ई. की तथा तीसरी प्रतिमा 10वीं शती ई. की प्रतीत होती है।

मोरध्वज से प्राप्त उपरोक्त बुद्ध प्रतिमा मिट्टी की है, जिसमें बुद्ध एक वृत्ताकार मृतिका फलक में बने चैत्य में हैं। चैत्य एक उपवन में निर्मित दिखता है, जिसके बाहर दो धनुर्धर स्थानक मुद्रा में अंकित हैं। जबकि गोपेश्वर से प्राप्त उपरोक्त बुद्ध की प्रस्तर प्रतिमा की पाद पीठिका पर कुछ अस्पष्ट आकृतियां सम्भवत: 'पंचबग्गीय भिक्खु' बनी हैं, जिन्हें बुद्ध ने सर्वप्रथम सारनाथ में उपदेश दिया था। लता (नीति घाटी) से प्राप्त बुद्ध की दोनों प्रतिमाएं ताम्र निर्मित हैं।

माणग्राम परशुराम मंदिर (बड़ाहाट) के पास के मंदिर से भी धातु की बुद्ध प्रतिमा प्राप्त हुई है। श्रीनगर के एक लघु देवी मंदिर से भी पद्मासीन चतुर्भुज अवलोकितेश्वर की वस्त्राभूषणों से अलंकृत कांस्य की प्रतिमा प्राप्त हुई है। सभी प्रतिमाएँ 12वीं शती ई. से पूर्ववर्ती हैं।

(इ) जैन प्रतिमाएं

गढ़वाल हिमालय क्षेत्र में जैन प्रतिमाएं कुमाऊँ की भांति उसके आन्तरिक भागों से प्राप्त नहीं हुई हैं, बल्कि हिमालय के समतल पाद प्रदेशों में ही मिली हैं। अपवाद स्वरूप देवलगढ़ से जरूर जैन तीर्थंकर की एक प्रतिमा मिली है ,जो मध्यकालीन है।

भरत मंदिर (ऋषिकेश) की महावीर प्रतिमा गढ़वाल हिमालय से प्राप्त जैन प्रतिमाओं में सर्वथा प्राचीन है। महावीर पद्मासन अवस्था में दोनों हथेलियों को अंक में रखे ध्यानस्थ अवस्था में हैं। वे चैत्यगवाक्ष युक्त स्तूप की प्रधान राथिका में बैठे प्रदर्शित हैं, आसन के नीचे दो सिंह आकृतियां तथा दोनों बाह्य पक्षों पर गजव्याल अभिप्राय बने हैं। अन्य विवरण मिट चुके हैं। अन्य जो जैन प्रतिमाएं यहां से प्राप्त हुई हैं, वह मध्यकाल की हैं। एक तथ्य ओर ध्यान देने योग्य है, कि 12वीं शती ई. में निर्मित लकुलीश की प्रतिमाओं में भी हमें जैन प्रतिमा लक्षणों का स्पष्ट समन्वय दिखाई देता है। यह परम्परा उस समय इस क्षेत्र पर जैन प्रभाव के प्रमाण प्रस्तुत करती है।

2. लौकिक प्रतिमाएं

मानव सदैव से ही चिन्तन और मननशील प्रवृत्ति का रहा है। उसने इस व्यक्त जगत् जैसे पेड़े-पौधे, पशु-पक्षी, जड़ चेतन, मनुष्य आदि को अपनी इन्द्रियों के माध्यम से जितना समझा, जितना जाना उसे प्रतिमाकला के माध्यम से प्रस्तुत किया। अतः लौकिक प्रतिमाओं के अन्तर्गत् गढ़वाल हिमालय क्षेत्र से प्राप्त नर-नारी, पशु-पक्षी प्रतिमाओं का अध्ययन अपेक्षित है-

(च) मानव प्रतिमाएं—गढ़वाल हिमालय क्षेत्र में हमें मानव आकृतियों का अंकन सुलभता से प्राप्त होता है , यद्यपि इन प्रतिमाओं की संख्या ज्यादा नहीं है। ये मानव प्रतिमाएं भिन्न-भिन्न रूपों में प्रदर्शित की गई हैं।

मानव आकृति का बहुत सुंदर उदाहरण हमें पलेठी (टिहरी गढ़वाल) के शिवमंदिर में देखने को मिलता है। मंदिर का प्रवेश द्वार क्रमशः पत्रवल्ली, फुल्लपट्टी, श्री वृक्ष से सुसज्जित है। पत्रवली नीचे बैठे मानव की नाभि से प्रस्फुटित दिखाई गई है। अलंकरण की यह विधा नचना और भूमरा के मंदिरों के प्रवेश द्वारों पर सज्जित है। शैलीगत् आधार पर यह मानव आकृति 7वीं शती ई. उत्तरार्द्ध की प्रतीत होती है। ह्यूण गांव (चमोली) के पूर्व में स्थित भैरवनाथ मंदिर के बाहर रखी लगभग 7वीं-8वीं शती ई. की एक पाषाण प्रतिमा विशेष उल्लेखनीय है, जिसमें एक जटाजूट धारी लम्बोदर पुरुष को ललितासन मुद्रा में बैठे दर्शाया गया है। इसके लड़ीदार केश मुख के पार्श्वों में बिखरे हुए हैं। उसके कंधे पर एक लम्बी माला शोभित है।

बांया हाथ जांये घुटने पर और दायां हाथ खंडित है। पाद् पीठ पर दोनों पार्श्वों में एक-एक सिंह प्रदर्शित है। जिनके मध्य में चक्र दर्शाया गया है।

सैनूंग्राम (कर्ण प्रयाग) के मंदिर के गर्भगृह में अलंकृत केश विन्यास, कुण्डल, कण्ठहार, यज्ञोपवीत, बाजूबंध, कंकण एवं लघु अधोवस्त्र आदि से सज्जित द्विभुज प्रस्तर निर्मित पुरुषाकृति प्रदर्शित है। उनका दाँया हाथ वरद् मुद्रा में तथा बाँया हाथ कंधे के ऊपर गदा धारण किये दर्शाया गया है। 8वीं शती ई. में निर्मित इस स्थूलकाय प्रतिमा के घुटने झुके हुए तथा दोनों पैर कुछ दूरी पर दिखाये गये हैं। पार्श्व में पूर्ण विकसित पद्‌म प्रभामण्डल दर्शाया गया है। मुण्ढाल ग्राम (पौड़ी गढ़वाल) के भग्न देवालय के दो स्तम्भ, वृक्ष के तनों में जकड़े हैं। इन दोनो स्तम्भों के मध्य भाग में एक प्रस्तर फलक रखा है, जिस पर ऊँट का अंकन है और उस पर एक पुरुषाकृति का निरूपण है। पुरुष के पृष्ठ भाग की आकृति स्पष्ट नहीं है। इसका एक हाथ ऊपर उठा हुआ व दूसरा ऊँट पर स्थित है। सम्भवतया ये ढोलामारु का दृश्यांकन है, जो राजस्थान की कला में अत्यंत लोकप्रिय है। ये प्रतिमाएं 9वीं से 11वीं शती ई. की प्रतीत होती हैं। नारायण कोटि (चमोली) में स्थित 11वीं शती ई. के नौले या बावड़ी के गर्भगृह की खुरपट्टी, चन्द्रशालाओं तथा रूपपट्टी को मानव आकृतियों से सज्जित किया गया है। चलाकोट (कर्ण प्रयाग) में अलंकृत प्रस्तरो से निर्मित नौला पर भी मानव आकृति अंकित है, जो दृष्टव्य है।

(छ) नारी प्रतिमाएं—नारी प्रतिमाओं का भिन्न-भिन्न रूपों में अंकन भी इस क्षेत्र से प्राप्त हुआ है। मैगाधार (टिहरी गढ़वाल) से 8 वीं-9 वीं शती ई. की स्त्री की दो मृण्प्रतिमाओं की प्राप्ति अत्यंत महत्वपूर्ण है। इनके नीचे के भाग, भुजाएं और अन्य अंश भग्न तथा मुख व वक्ष आदि अंग विरूपित हैं, फलस्वरूप इनकी पहचान संभव नहीं है। पहली प्रतिमा के दांये कान में बड़ा चक्र कुंडल और बांये कान में लघु शंख कुंडल शोभित है। ग्रीवा में कंठहार, ग्रेवेयक तथा बाहों में भुजबंध का अंकन है। मस्तक के पीछे केश पाश और स्कंधों पर बिखरी केश राशि दर्शनीय है। दूसरी स्त्री के वक्ष के बीच पुष्प युक्त ग्रेवेयक सुशोभित है। शेष अलंकरण उपरोक्त प्रतिमा के समान है। देवाल (कर्ण प्रयाग) के मुख्य मंदिर में वस्त्राभूषणों से अलंकृत नारी प्रतिमा (लगभग 9 वीं शती ई.) को त्रिभंग मुद्रा में स्थानक दर्शाया गया है। इसका दाहिना हाथ खण्डित है।

ग्राम बलोड़ी (पौड़ी गढ़वाल) के देवेलेश्वर मंदिर के निकट एक उन्नत स्तन, गहरी नाभि, क्षीणकटि नारी की प्राचीन खण्डित प्रतिमा रखी है। हार और पारदर्शी अधोवस्त्र पहने नायिका के दोनों हाथ और शीर्ष भाग भग्न को चुके हैं। नायिका के खण्डित भाग के ऊपर जो जटायुक्त शीर्ष प्रदर्शित है, वह किसी अन्य प्रतिमा का अंश विदित होता है। ग्राम मुढाल (पौड़ी गढ़वाल) में रखी रथिका में दर्पण धारिणी नायिका की प्रतिमा अवलोकनीय है, जिसका समय 9 वीं शती ई. से 11वीं शती ई. के बीच निर्धारित किया जा सकता है। इसी क्रम में दूयूराड़ी देवी मन्दिर में रखी नायिका प्रतिमा भी कलात्मक दृष्टि से महत्वपूर्ण है। नारायण कोटि (चमोली) में स्थित 11वीं शती ई. के नौले या बावड़ी के गर्भगृह की खुरपट्टी, चंद्रशालाओं तथा रूपपट्टी को नारी आकृतियों से सुसज्जित किया गया है।

यह तथ्य विशेष ध्यान देने योग्य है, कि इस क्षेत्र से प्राप्त मानव और नारी प्रतिमाएं स्वतंत्र अवस्था में तो प्राप्त होती ही हैं, परंतु प्रस्तर पट्टों, रथिकाओं, बावड़ी या नौलों के गर्भगृह की चद्रंशालाओं, खुरपट्टी पर भी इनके अंकन की प्रथा यहां रही है।

(ज) पशु-पक्षी प्रतिमाएं—पशु पक्षियों का मनुष्य के साथ सम्बन्ध प्राचीन काल में ही स्थापित हो चुका था। इस सम्बन्ध के नाना रूप थे, मनुष्य कभी उनसे भयभीत होता, कभी उनसे प्रेम करता, कभी उनका उपयोग अपनी सुविधाओं के लिए करता। यही नहीं भारतीय धर्म में जब देवी-देवताओं के साथ पशु-पक्षियों का सम्बन्ध स्थापित किया गया, तो विभिन्न धार्मिक कृत्यों में भी इन्हें विशेष स्थान प्राप्त हुआ। जैसा कि हम पहले ही कह चुके है, कि कला का विकास धर्म से जुड़ा हुआ है , इसलिए वास्तुकला और प्रतिमाकला के अन्तर्गत् पशु-पक्षियों को बहुतायत में और विभिन्न रूपों में अभिव्यक्त किया गया। इस अभिव्यक्ति के तीन रूप थे (1) स्वतंत्र अंकन (2) प्रतिमाओं के साथ अंकन (3) स्थापत्य के अंक के रूप में अंकन। गढ़वाल हिमालय की कला में ये पशु-पक्षी अंकन अल्पसंख्या में मिले हैं।

(1) गज-सिंह प्रतिमा (गजव्याल)— कला में प्रदर्शित गज-सिंह अभिप्राय गहन भावों का प्रतीक है। प्राचीन साहित्यों में भी इसका वर्णन हमें प्राय: प्राप्त होता है।[1] देवी महात्म्य में वर्णित है, कि देवी का सिंह उछलकर राक्षस के गज के मस्तक पर चढ़ बैठा (त: सिंह समुत्पत्य गजकुम्भान्तरे स्थित, 3.14)। स्वयं महिषासुर भी जब महागज के रूप में प्रकट हुआ, तो देवी के सिंह द्वारा उसे पराभूत होना पड़ा। देवी महात्म्य (2.29) और शिव महापुराण (उमा संहिता, 46.28) में यह महत्वपूर्ण तथ्य भी उजागर किया गया है, कि हिमवान (हिमालय) ने ही देवी को वाहन के लिए सिंह दिया। यदि उपरोक्त उद्धरण का सहारा लिया जाये, तो कहा जा सकता है कि हिमालय प्रदेशीय मंदिरों के अंतराल के शीर्ष पर, गज-सिंह की स्थापना सर्वप्रथम प्रचलित हुई। यही इसका सर्वत्र, प्रारम्भ से ही स्वतंत्र रूप में अंकन किया गया। ज्ञातव्य है, कि स्थापत्य के अंग के रूप में गज-सिंह का उपयोग उड़ीसा के मंदिरों में चारों ओर प्रत्येक भद्र (राहा-पग) पर है। उदाहरणार्थ कोणार्क सूर्य मंदिर अभिप्राय में सिंह गजाक्रांत है।[2] गज की सूंड नीचे लटक रही है, जबकि सिंह मुख खोले प्रदर्शित किया गया है। गढ़वाल हिमालय में गज-सिंह अभिप्राय बहुसंख्या में प्राप्त हुए हैं। यह अभिप्राय नि:संदेह स्थापत्य के अंग के रूप में यहां अत्यंत लोकप्रिय रहा। वास्तव में दक्षिण भारतीय स्थापत्य में जो स्थान 'चाली' का है, वही गढ़वाल हिमालय स्थापत्य में गज-सिंह का है। यहां मंदिर वास्तु में इसका प्रयोग सदैव उद्‌गम श्रृंग (शुकनासा) की भूषा के लिए किया गया है। इसलिए इसे शुकनासा सिंह भी कहा जाता है।

उदाहरण के लिए गोपेश्वर के गज-सिंह अभिप्राय में सिंह अगले दोनों पंजों से गज को दबोचे है। उसकी लाल जिह्वा गज के ऊपर उठी हुई सूंड को स्पर्श कर रही है। गौरी मंदिर (उद्‌गम) के प्रागंण में पड़ा गज-सिंह भी उल्लेखनीय है। लाखामंडल अभिप्राय में सिंह पूंछ

---

1. देवी महात्म्य (3.14-16, 9.21), रघुवंश (16.16), कुमार संभव (1.6), दशकुमार चरित सप्तम उच्छवास और अन्यत्र।
2. दि स्ट्रगल फार एम्पायर, चित्र 16

को अपने पृष्ठ भाग पर उठाये, मुख फैलाये, अगले दोनों पंजों से गज को दबोचे है और पराभूत गज की आंखे फैली हुई प्रदर्शित की गई हैं। कौब (चमोली) में सुसज्जित गज-सिंह का एक खंडित भाग (सिंह के पीछे का भाग) अवलोकनीय है। तुंगनाथ, ध्यूल (सितोनस्यूँ), सिमली, बिलेश्वर (टिहरी), गोपेश्वर, बजिंगा, नाग-गांव, रानिहाट, देवलगढ़, अनसूया आश्रम, केदारनाथ, आदि स्थानों में भी अखण्डित-खण्डित रूप में सर्वत्र यह अभिप्राय पाया गया है।

(2) गज और सिंह प्रतिमा- गज के स्वतंत्र अंकन का कोई प्रमाण स्पष्ट नहीं हो सका है। अशोक के कालसी शिलालेख पर गज का केवल रेखांकन ही मिलता है।

सिंह का स्वतंत्र अंकन भी इस क्षेत्र में विरल है। पाण्डुकेश्वर के प्राचीन योगबदरी मंदिर के कटिभाग के ऊपर चारों दिशाओं में चार सिंहों की स्थापना मिलती है। देवल (पौड़ी गढ़वाल) के प्रथम मंदिर के प्रवेश द्वारा के उदुम्बर पर भी सिंह का अंकन प्राप्त होता है। इस दृष्टि से ग्राम कौब (चमोली) की सिर विहीन सिंह प्रतिमा भी उल्लेखनीय है। ज्ञात होता है कि स्थापत्य के अंग के रूप में सिंह अभिप्राय आरम्भिक मंदिर वास्तु में अबाध रूप में प्रयुक्त होता था।

(3) वृष प्रतिमा—वृष को धर्म का प्रतीक कहा गया है।[1] सत्य, शौच, दया और दान इसके चार पाद बताये गये हैं। वृष का कालांकन यहाँ दो रूपों पाषाण प्रतिमा और मुद्रा लांछन (सीलिंग) में प्राप्त होता है। समस्त शिव मंदिरों में नन्दी की आसनस्थ पाषाण प्रतिमाएं मिलती हैं। गोपेश्वर, लाखामण्डल, बिनसर, नन्दकेशरी से नन्दी की प्रतिमाएं प्राप्त हुई हैं। जाख (कर्णप्रयाग) के मंदिर के बाहर स्थापित नंदी के गले में जंजीर युक्त घंटी का अंकन है। नन्दी के बायीं ओर मुख के समीप द्विभुज त्रिभंग मुद्रा में खड़े हैं। उनके दोनों हाथों में चंवर है। शैलीगत् आधार पर नन्दी की ये प्रतिमा 11वीं. शती ई. की प्रतीत होती है। मुद्रा लांछन के रूप में वृष का अंकन पाण्डुकेश्वर ताम्रपत्र में मिलता है। इसमें नन्दी शक्ति और ओज से पूर्ण है। सिर तथा पैरों की स्थिति देखकर लगता है, कि वह उठने को उद्यत है।

(4) मकर-कूर्म प्रतिमा—मकर और कूर्म का अंकन हमें प्राय: गंगा और देवियों के साथ उनके वाहन के रूप में मिलता है। मंदिरों में जहां भी इन देवियों को प्रदर्शित किया गया है, इसके साथ मकर और कूर्म का अंकन भी हुआ है। काम और उर्वरता के प्रतीक मकर का चित्रण गंगा देवी के वाहन के रूप में चंडी मंदिर गोपेश्वर की गुप्त कालीन द्वार शाखा पर मिलता है। नृसिंह मंदिर (जोशीमठ) के भोग मंदिर में, ग्राम भैंटी (चमोली) के मंदिर में भी मकर को गंगा देवी के वाहन के रूप में प्रदर्शित किया गया है। सुकड़ाला ग्राम (उत्तरकाशी), ग्राम गैरोली तल्ली (कर्ण प्रयाग) के मंदिरों में कूर्म को यमुना के वाहन के रूप में प्रदर्शित किया गया है। लाखामंडल, पुनाणु के शिव मंदिरों की मकर कूर्म आकृतियां भी इस दृष्टि से महत्वपूर्ण हैं, पर वे खंडित हो चुकी हैं।

---

1. 'वृषोहिधार्मो' (महा. अश्वमेधिक, अ. 92)
2. जनरल ऑफ दि ऐशियाटिक सोसाइटी ऑफ बंगाल (कलकत्ता) खंड 36, 1867 ई., पृ. 154 और आगे (मा.ऐ. इं. पृ. 45-46 में उदधृत)

(5) मेष और मृग प्रतिमा—स्थापत्य की भूषा के लिए मेष की मुखाकृति का अंकन हरिद्वार के निकट मांडल गांव से मिला है। जिसका विवरण पुलन और फ्यूरर ने दिया है।[2] मृग का अंकन सर्वप्रथम हम कुणिन्द नरेश अमोघभूति (ई.पू. प्रथम शती उत्तरार्द्ध) की रजत मुद्राओं में पाते हैं। इनमें अग्रभाग पर दाहिनी ओर मृग प्रदर्शित है और एक स्त्री (शायद शकुन्तला) उसे तृण देती दिखाई गई है। लुकधड़ी स्तम्भ के ऊपरी भाग में वेग से पलायन करते दो मृगों का चित्रण सजीव हुआ है। इनमें से अगला आखेटक की ओर भय से ग्रीवा को घुमाकर देखते हुए और पिछला सीधे आगे देखते हुए भागता दिखाया गया है। मांडल (हरिद्वार) से ही प्राप्त अलंकृत शिलाओं और द्वार पट्टिकाओं पर भी वृष सहित मृग का अंकन प्राप्त हुआ है।

(6) हंस और मयूर प्रतिमा—वैसे हंस और मयूर का अंकन क्रमशः ब्रह्मा और कार्तिकेय, कौमारी, सरस्वती की प्रतिमाओं में किया गया हैं। हंस मिथुन, शिव मंदिर गोपेश्वर के उत्तरी अधिष्ठान की भूषा के लिए प्रयुक्त हुए हैं। वे चंचु मिलाये चित्रित हैं। पलेठी के सूर्य मंदिर के द्वार के उपरी भाग में हंस अभिप्राय की चित्र वल्लरियाँ अत्यंत सुंदर हैं। मयूर मिथुन का अंकन द्यूल(सितोनस्यूँ) के मंदिर द्वारों पर भी मिलता है।

(7) नाग युग्म और नाग मिथुन प्रतिमा—सर्प पृथ्वी का वास्तविक प्रतीक है। यह उसकी उर्वरता और जल का भी प्रतीक है। अतः कला में सर्प का नदी-देवियों के साथ अंकन देखने को मिलता है। नागेश्वर और पुनाणु शिव मंदिरों में द्वारशाखाओं की भूषा नागयुग्मों से की गई है। इसका स्थान गंगा-यमुना के शीर्ष भाग में है। इनका अधोभाग नाग का और कटि से ऊपर मानव का अंकन है तथा दोनों अंजलि मुद्रा में प्रदर्शित किये गये हैं। नाग गांव (टिहरी गढ़वाल) के मंदिर के गर्भगृह का प्रवेशद्वार पंचशाखा युक्त है। इसके अधो उभय पार्श्वों में गंगा यमुना के साथ द्वार स्तम्भों पर नाग मिथुन का अंकन दृष्टव्य है। ये लगभग 12वीं शताब्दी ई. का प्रतीत होता है। इस प्रकार लमगौड़ी (चमोली) के अनिरुद्ध मंदिर का प्रवेश द्वार दो नाग शाखाओं से सज्जित है। इनके अधो उभय पार्श्वों में गंगा-यमुना का अंकन है। वाम भाग के स्तम्भ पर आठ नाग कन्याएं दर्शायी गई हैं। ये भी 12वीं शती ई. का प्रतीत होता है। तोप ग्राम (कर्ण प्रयाग) के नौला के विभिन्न भागों में नागयुक्त पाषाण खंड तथा आमलक लगे हैं। ये नौला लगभग 12वीं शती ई. का है। इसी प्रकार गढ़वाल हिमालय के मंदिरों में ओर भी उदाहरण हैं, जहाँ नागयुग्मों, नाग-मिथुन का अंकन किया गया है।

गढ़वाल हिमालयी प्रतिमा कला की विशेषताएं

गढ़वाल हिमालयी प्रतिमा कला स्थानीय तथा बाहरी संस्कृति के संयोग का मिश्रण है, अतः यहां की प्रतिमा कला में हमें भारत की पूर्व, पश्चिम, उत्तर तथा दक्षिण कलाओं का स्थानीय कला के साथ संगम देखने को मिलता है। परिणामस्वरूप इस काल में जिन प्रतिमाओं को निर्माण किया गया, उनमें निम्न विशेषताएं दृष्टिगोचर होती हैं—

(1) यद्यपि ये क्षेत्र प्रारम्भ से ही शैव, शाक्त, वैष्णव तथा अन्य सम्प्रदायों को मानने वालों को साधना के निर्मित्त आकर्षित करता रहा है, परंतु फिर भी हमें यहाँ शिव और उसकी

शक्ति के प्रति आकर्षण ज्यादा देखने को मिलता है, क्योंकि प्राचीन भारतीय साहित्यों तथा ग्रंथों में इनका निवास स्थान हिमालय क्षेत्र बताया गया है। इनमें कितने ही आख्यान ऐसे हैं, जो यह सिद्ध करते है, कि यह क्षेत्र शिव और शक्ति की लीलाओं और भक्तों द्वारा की गई उनकी साधना और उपासना की मुख्य स्थली रहा है। नागपुर के मैखंडा (महिषखंडा) और कालीमठ स्थानों पर महिषमर्दिनी देवी ने असुर राज महिषासुर एवं उसके वीर सेनापति रक्तबीज का वध किया था। केदारखण्ड[1] तथा देवी भागवत में असुरों के साथ देवी-देवताओं के भयंकर युद्धों का उल्लेख है। ये और न जाने कितने आख्यान ऐसे हैं, जो इस परिक्षेत्र को शिव और शक्तिमय घोषित करते हैं।

(2) इस काल में प्रतिमाओं को बनाने के लिए भूरी बालुज शिलाओं या नीली अथवा हरी झाई वाली शिलाओं का प्रयोग किया गया है। भूरी बालुज शिलाओं से बनी अनेक प्रतिमाओं पर काला रंग किया गया है। कलाकारों ने उन पर इतनी कुशलता से ये लेप किया है, कि लगभग एक सहस्त्र वर्ष से भी अधिक वर्षो से किये जा रहे दुग्ध, जलादि अभिषेक से भी इनका लेप धुला नहीं है और न ही हल्का हुआ है। आज भी यह उसी प्रकार चमकदार काला दिखाई देता है, जैसा उस काल में था।

(3) इस काल में विभिन्न देवी-देवताओं की प्रतिमाओं को विभिन्न प्रकार के वस्त्राभूषणों से अलंकृत दर्शाया गया है। इनके पतले गालों, पतले होठों, नुकीले और अर्द्धनिर्मिलित नेत्रों की रचना देखकर पता चलता है, कि इस काल के कलाकारों में सौन्दर्य भावना कितनी सुसंस्कृत थी।

(4) इस काल में देवी-देवताओं के हाथों में उनकी शक्ति प्रदर्शित करने के लिए निश्चित क्रम में उनके आयुध दिखाये जाने की प्रथा थी। प्रतिमा के चरणों के आस-पास अनेक लघु प्रतिमाएं और उनके वाहनों का अंकन देखने को मिलता है। यही नहीं प्रतिमाओं के प्रभामण्डल को कमल, पत्र, पुष्प आदि से अलंकृत करने की प्रथा भी इस काल में थी।

(5) अति पतले अधोवस्त्र, करधनी और केशों को जाली जैसे वस्त्रों से ढका हुआ दिखाया जाना, इस काल की प्रतिमा कला की विशेषता है।

(6) इस काल की प्रतिमाओं की अन्य विशेषता यह भी है, कि उनकी बल खाती देह (विशेषकर वक्रतुण्ड गणेश) का अतिरंजित प्रदर्शन किया गया है। फिर भी गठन में कहीं से अशक्तता या असफलता नहीं पाई जाती।

(7) इस काल में अधिकांश प्रतिमाएं कोर कर बनाई गई है। उनके मुखमण्डल पर योगस्थ भाव की अभिव्यक्ति का विशेष ध्यान रखा गया है। ये मुखमण्डल सामने से देखने में इतने प्रभावशाली नहीं दिखाई देते, जितने दाहिनी और बांयी ओर से देखने पर विदित होते हैं।

(8) इस काल में शाक्त प्रतिमाओं में यह विशेष ध्यान देने योग्य है, कि शिव शक्ति की ज्यादातर प्रतिमाएं उनके शक्ति रूप को तो प्रदर्शित करती ही हैं (जैसे महिषमर्दिनी, दुर्गा

---

1. केदारखण्ड, अध्याय 82-88.

आदि) परंतु साथ ही इसका अंकन शिव की सहचरी के रूप में भी मिलता है (जैसे उमा-महेश, पार्वती-महेश), जबकि ब्रह्मा, विष्णु आदि वैष्णव देवताओं की शक्तियों को उनके मूलरूप अर्थात् स्वतंत्र शक्ति रूप में भले ही कम प्रदर्शित किया गया है, परन्तु उनकी सहचरी के रूप में इनका अंकन अवश्य हुआ है।

(9) जैसा कि पीछे कहा गया है कि कत्यूरी शासन गढ़वाल हिमालयी प्रतिमा कला का स्वर्ण युग था। इस युग में जहां खुजराहो[1] भुवनेश्वर[2] बैजनाथ (कांगड़ा) आदि के मंदिरों में कामरूप प्रधान देवी-देवताओं का अंकन किया जा रहा था तथा अश्लील मुद्राओं की प्रतिमाओं के निर्माण में अनेक कलाकार व्यस्त थे, इस समय के इस धरा के कलाकारों ने इस पावन भूमि के मंदिरों के लिए देवी-देवताओं के सौम्य (शांत) तथा उग्र (प्रचण्ड) रूप वाली प्रतिमाओं का अंकन कर शुद्ध सात्विक भावनाओं को जागृत करने का सफल कार्य किया।

प्राचीन काल गढ़वाल हिमालयी प्रतिमा कला का महत्वपूर्ण युग है, क्योंकि इस काल में जो भी प्रतिमाएं बनाई गईं, वो प्रतिमा विज्ञान की दृष्टि से अति उत्तम हैं। यद्यपि कलाकार ने कहीं-कहीं प्राचीन प्रतिमा कला विषयक ग्रंथों जैसे रूपमण्डन, अपराजित पृच्छा आदि में बताये रूपों की अवहेलना भी कर दी है, परंतु इससे अमुक प्रतिमा की शैलीगत् विशेषताओं पर कोई प्रभाव नहीं पड़ा है और न ही प्रयोजन का उद्देश्य इससे आहत हुआ है। कलाकार ने शायद धार्मिक भावना के वशीभूत हो या उसकी सुंदरता बढ़ाने के निमित्त ये अभिनव प्रयोग किये होंगे। प्रतिमाकारों द्वारा बनाई प्रतिमाएं यह सिद्ध करती हैं, कि उन्हें मानवीय शरीर और मानवीय भाव भंगिमाओं की सूक्ष्म जानकारी भी थी। गढ़वाल हिमालय की प्रतिमा कला मनुष्य की शारीरिक तथा भावनात्मक आवश्यकता के निकट तो थी ही, परंतु उसने धर्म प्रधान के साथ-साथ मनुष्य प्रधान बनने का भी प्रयत्न किया।

❑❑❑

1-2. *रायकृष्ण दास :* भारतीय मूर्तिकला, पृ. 130-135

7

गढ़वाल हिमालयी मंदिर वास्तुकला

(Temple Architecture of Garhwal Himalaya)

मंदिर शब्द, अर्थ, परिभाषा और स्वरूप—यह सहज ही जिज्ञासा का विषय है कि मंदिर क्या है? प्राचीन साहित्यों यथा महाकाव्य सूत्र, अर्थशास्त्र, बुद्धघोष, विनयपिटक, तत्कालिक वास्तुग्रंथो[1] जैसे मयमतम् में हमें कहीं भी यह शब्द दृष्टिगोचर नहीं होता है। उपरोक्त ग्रंथों में मंदिर के पर्याय के रूप में देवालय, देवगृह, देवायतन, प्रासाद, हर्म्य, विमान आदि शब्दों का प्रयोग किया गया है।[2] परंतु उपरोक्त व्याख्या यह बताने में असमर्थ है, कि एक ऐसे भवन को जहां पूजा कार्य सम्पन्न होते हों और ईष्ट देव पूजे जाते हों, को जब उक्त नाम दिये गये थे, तो इस प्रकार के भवनों को मंदिर क्यों कहा जाने लगा।

यदि शब्द की भाषागत् व्युत्पत्ति पर ध्यान दिया जाये, तो ऐसा प्रतीत होता है कि मंदिर की उत्पत्ति 'मंद' शब्द से हो सकती है। 'मंद' संस्कृत वाङमय में एक विशेषण के रूप में प्रयुक्त हुआ है, जिसका अर्थ प्रसन्न होना, आनन्द मनाना, चमकना व सोना माना गया है। इसी मंद से 'मंदर' शब्द उत्पन्न हुआ है, जिसका तात्पर्य पर्वत या पर्वत का देवता माना गया है।

मनुष्य प्राचीन समय से ही पर्वतों-पहाड़ों को एक महान शक्ति के रूप में देखता आया है और उसकी शक्तिशालिता के आगे सदैव नतमस्तक रहा है। उसने उसे एक ऐसी रचना के रूप में देखा, जो अत्यधिक विशाल है, अडिग, अविचल है, उच्चतम और श्रेष्ठ है। इसलिए भक्त ने अपने ईष्टदेव को धार्मिक भावनाओं के वशीभूत होकर पर्वत के समान स्थान प्रदान करने का प्रयास किया और इसी क्रम में शिल्पकारों ने जो रचना साकार की उसे पर्वत के प्रतीक के रूप में देखा गया। यहीं नहीं मंदिर में जो उच्च शिखर बने वे भी पर्वत की ऊँचाई का प्रतीक थे। इसी आधार पर शायद इन रचनाओं को 'मंदर' कहा जाने लगा होगा, जो बाद में बिगड़कर मंदिर हो गया।

इसी परिप्रेक्ष्य में यदि हम मंदिर शब्द का सन्धि विच्छेद करें 'मन + दर' यानि हृदय का द्वार अर्थात् हृदय का ऐसा द्वार जिसके भीतर प्रविष्ट होकर अपने ईष्ट देव का विभिन्न प्रकार

---

1. मयमतम् (24/82) वास्तु विद्या (1.12-21) और शिल्परत्नम् (1.34-4/½), त. गणपति शास्त्री सम्पादित, त्रिवेंद्रम, क्रमशः 1913 और 1922 ई.
2. *हेस्टिंग्स जैम्स*: एन्साइक्लोपीडिया ऑफ रिलीजन एण्ड इथिक्स, खण्ड. 12, पृ. 236-37

से ध्यान कर ब्रह्म को प्राप्त किया जा सके। इस बात के समर्थन में यह तर्क दिया जा सकता है कि भक्त ने जो रचना साकार की है, उसका लगभग वही स्वरूप है, जो मानव शरीर में हृदय का है। इस हृदय में सूक्ष्म रूप में परमात्मा भी विराजमान है। अदृश्य और सूक्ष्म रूप में विराजमान इस परमात्मा को मूर्त रूप प्रदान कर, इसकी प्राण प्रतिष्ठा जिस भवन में की गई, वही मंदिर कहलाये।

इसी प्रकार मंदिर जहां मानव देव का रूप है, वही मंदिर में स्थित गर्भगृह मानव हृदय का प्रतीक है और गर्भगृह में जिस प्रतिमा की प्राण प्रतिष्ठा की गई, वो मानव हृदय में सूक्ष्म रूप से विराजमान परमात्मा है। मानव शरीर के रूप में मंदिर की परिकल्पना शीर्ष पांचरात्र नामक ग्रंथ में भी है। 'हरिभक्ति विलास'[1] नामक ग्रंथ में इस हस्तलिखित प्रति के अनेक अंश प्रकाशित हुए हैं। जिस चबूतरे में मंदिर का निर्माण आरम्भ होता है, उसे पाद कहा जाता है और उसके ऊपरी भाग पैर और जंघा के द्योतक हैं। जहां से मंदिर का भीतरी भाग दिखाई देता है, वहां कटि स्थित है। भीतरी भाग पेट का रूप उपस्थित करता है। छत के ऊपर छाती और स्कन्ध विद्यमान होते हैं। मंदिर के शीर्ष भाग को शीर्ष एवं शिष्ट माना जाता है।

गढ़वाल हिमालय में मंदिरों के निर्माण का उद्देश्य, उद्भव और विकास

मंदिर निर्माण का एक मात्र उद्देश्य उसमें देव प्रतिमा की स्थापना रही है।[2] प्रतिमा स्थापना के बिना मंदिर निष्प्राण हैं। प्रतिमा यदि ब्रह्म की दैवीय शक्तियाँ थी, तो मंदिर उसका शरीर। इन मंदिरों में बैठकर साधकों एवं उपासकों ने सगुण साकार रूप के माध्यम से निर्गुण निराकार रूप को पाने का उपक्रम किया। इस प्रकार मंदिर एक ऐसे रूप में विकसित हुए, जिनके द्वारा मूर्त से अमूर्त एवं भौतिकता से अध्यात्मिकता की ओर उन्मुख होने का उपक्रम किया जा सके।[3] आगे चलकर मंदिर देवता की प्राप्ति के लिए साधना, उपासना, श्रद्धा, पूजा, चिन्तन, मनन, भक्ति के भरपूर साधन बनें।

प्रतिमा पूजा के साक्ष्य तो हमें सिंधु सभ्यता से ही मिलने लगे थे। मौर्य काल तक आते-आते प्रतिमा कला ही नहीं समस्त स्थापत्य कला विकसित और स्थापित हो चुकी थी। इस समय सर्वप्रथम स्तूपों के साथ चैत्यों का निर्माण भी हुआ। ये चैत्य वास्तुकला का श्रेष्ठ उदाहरण थे। किंतु प्रश्न उठता है, कि ब्राह्मण सम्प्रदाय के मंदिरों का निर्माण एवं विकास बौद्ध वास्तु से हुआ था या स्वतंत्र रूप से। इस प्रश्न का उद्देश्य भी इनके निर्माण के उद्देश्यों में ही निहित है। यद्यपि स्तूप और मंदिर दोनों पूजा के निर्मित्त बनाये गये थे, परंतु स्तूपों में बौद्ध विद्वानों के अवशेषों को स्थापित किया जाता था, जबकि मंदिर में ऐसे रूप को साकार कर प्राण प्रतिष्ठा की जाती है, जो अजन्मा है, निराकार है, अनाशवान है। अत: ऐसी स्थिति में स्तूप का ब्राह्मण सम्प्रदाय की मंदिर शैली से कोई सम्बन्ध कैसे हो सकता है। मंदिर वास्तु की प्रकृति बौद्ध वास्तु

---

1. हरिभक्ति विलास, 19/157
2. *गांगुली ओ.सी.* : इण्डियन स्कलप्चर, दि कल्चरल हरिटेज ऑफ इण्डिया, खंड-3, पृ. 538
3. बनर्जी जी.एन. : रिलीजन इन आर्ट एंड आर्कियोलोजी, पृ. 67

से वस्तुत: बिल्कुल भिन्न है, मंदिर स्थापत्य का विकास स्वतंत्र रूप से और अशोक के पहले हुआ जान पड़ता है। अर्थशास्त्र भी नगर में देवायतन के रूप में कई मंदिर होने की बात कहता है। इस बात की पुष्टि चित्तौड़गढ़ के निकट प्राप्त प्राचीन मंदिरों के अवशेषों से भी होती है, जो कि सम्भवत: चौथी शती ईसा पूर्व के हैं। इनमें संकषर्ण (बलदेव) और वासुदेव (कृष्ण) की प्रतिष्ठा की गई थी। इसके अतिरिक्त समकालीन मंदिर का अवशेष सांची में भी मिला है। जिसके पूर्व और पश्चिम की ओर सीढ़ियाँ लगी हैं।

मंदिर स्थापत्य के निर्माण की प्रक्रिया में सर्वप्रथम बिना छत के खुले मंदिर बने होंगे। बाद में छत वाले मंदिर बने होगें और आगे चलकर मंदिरों में शिखर और मण्डप बनने की शुरूआत हुई होगी, क्योंकि भक्त अपने ईष्टदेव को धार्मिक भावनाओं के वशीभूत होकर उच्चतम स्थान प्रदान करना चाहता था, इसलिए उसने अपनी भावनाओं को शिखर बनाकर प्रकट किया। ये वो समय था, जब गुप्त शासकों की देख-रेख में हिन्दू संस्कृति और धर्म का पुनरुत्थान हो चुका था। फलस्वरूप हिन्दू साहित्य और कला का विकास हुआ। मंदिरों का जो रूप हम आज देखते हैं, वह गुप्त स्थापत्य कला का ही विकसित रूप है। ये ध्यान देने योग्य है, कि धार्मिक साहित्यों, ग्रंथों में जिस देवता का जो रूप बखान किया गया है, उसी मूल रूप में मंदिर बनाने की कोशिश की गई है। उदाहरण के लिए भगवान शिव और दुर्गा एवं इनके रूपों से संबंधित ज्यादातर मंदिर जंगलों, ऊँचे पहाड़ों, नदियों के किनारों पर बनाये गये, क्योंकि शिव-दुर्गा का निवास स्थान ऊँचे-ऊँचे पहाड़ों, जंगलों में बताया गया है। यही नहीं देवताओं से संबंधित जिस स्थान पर कोई घटना घटित हुई हो, जैसे भक्त द्वारा की गई तपस्या या यज्ञ, उस स्थान पर भगवान द्वारा दर्शन देना आदि, वहां भी मंदिर बनाये गये। हांलाकि ये कार्य अति दुष्कर थे, परंतु भक्तो की ईश्वर के प्रति निष्ठा ने इसे आसान बना दिया। फलस्वरूप इन स्थानों का महत्व अत्यधिक बढ़ गया। क्योंकि ब्राह्मण सम्प्रदाय में इस तरह की भावनाएं बौद्धिक काल से विद्यमान थी एवं ब्राह्मण सम्प्रदाय के प्राचीन पौराणिक इतिहास से इसका घनिष्ट सम्बन्ध था, फलत: मंदिर वास्तु में ये चीजें आ गईं।

इस प्रकार मंदिर का स्थापत्य स्वतंत्र रूप से विकसित हुआ। विभिन्न काल के शिल्पियों ने मंदिर स्थापत्य को विभिन्न परिस्थितियों के कारण भिन्न स्वरूप प्रदान किया। बाद में यही स्थापत्य की विशेषता या पहचान हो गई और शिल्प की शैली के रूप में व्यवहारित होने लगी।

गढ़वाल हिमालय का क्षेत्र हमेशा से ही मानव को अपनी ओर आकर्षित करता रहा है। उपलब्ध साक्ष्यों से सिद्ध हो चुका है, कि गढ़वाल हिमालय का ये क्षेत्र मनुष्य के विकास के प्रारम्भिक चरण का मूक गवाह है। इस धरा पर मानव के पैर तभी पड़ चुके थे, जबकि वह अपने विकास की प्रारम्भिक अवस्था में था। विभिन्न प्राचीन ग्रंथो यथा वेद, पुराण, रामायण, महाभारत, बौद्ध साहित्य आदि ये सिद्ध करते हैं, कि ये क्षेत्र प्रारम्भ से ही ब्रह्म की साधना का प्रमुख स्थल रहा है। उसी का परिणाम है, कि हमें यहां समृद्धशाली स्थापत्य कला के दर्शन होते हैं।

गढ़वाल हिमालय के मंदिर स्थापत्य कला का अनुपम उदाहरण हैं। इस क्षेत्र में मंदिर की शुरूआत कब से हुई, इसके विषय में निश्चित तौर पर कुछ भी कह पाने में हम असमर्थ

हैं, लेकिन शुरूआत में जो मंदिर बनें, वे काष्ठ निर्मित थे और नागर परम्परा पर आधारित थे। स्थापत्य कला की दृष्टि से यहां के मंदिरो में जो भी नवीनता आई, इन सभी में काष्ठ और नागर परम्परा का निर्वाह आगे भी इसी प्रकार निर्बाध गति से जारी रहा। युगो-युगान्तर से इस भू-भाग पर कभी अध्यात्मिक शांति के लिए और कभी विजय आकांक्षा से जन प्रवास होता रहा। फलस्वरूप हिन्दू धर्म कला, जो विभिन्न संस्कृतियों यथा वैदिक, मौर्य, शुंग, सातवाहन, कुषाण, गुप्त, हर्ष, राजपूत काल के अन्तर्गत् पल्लवित हुई थी, के सम्पर्क में जब क्षेत्रीय स्थापत्य कला आई, तो प्रभावित हुए बिना न रह सकी। संस्कृति और शिल्पियों के सृजनात्मक योगदान के बिना कोई विशिष्ट शैली पल्लवित नहीं हो सकती। कार्तिकेयपुर के नरेशों के काल 7वीं शती ई. के अंत से 11वीं शती ई. के प्रारम्भ तक जिन मंदिरों का निर्माण हुआ, वे स्थापत्य कला की दृष्टि से अत्यंत महत्वपूर्ण हैं, क्योंकि गढ़वाल स्थापत्य कला उस समय अपने स्वर्णिम युग में थी।[1] ये नरेश अत्यंत धार्मिक और सुसंस्कृत निर्माता थे, इनका बाह्य सम्पर्क भी व्यापक था। उनके काल में और तदन्तर भी बाह्य शिल्पियों का आव्रजन होता रहा, परंतु स्थानीय शिल्पियों ने ग्रहणशील होकर, अपनी परम्परा परिस्थितियों के प्रति सचेत रहते हुए जो अभिनव परिवर्तन किये, उससे कला में सदैव नवीनता और सृजनात्मकता बनी रही।

इस प्रकार हम देखते हैं, कि परम्परा, प्रभाव और नवीनता इन तीन बिन्दुओं के मेल से गढ़वाल स्थापत्य को नूतन आयाम मिले, फलस्वरूप विशिष्ट शैली का विकास हुआ।

गढ़वाल हिमालय में मंदिर लघु एवं दीर्घ तथा निजी एवं सार्वजनिक दोनों ही रूपों में सामने आये। निजी एवं लघु मंदिरों का अधिकांश सम्बन्ध व्यक्तिनिष्ठ धर्म से रहा। अधिक से अधिक उसमें परिजन, रिश्तेदार अथवा पड़ोसी सम्मिलित होते रहे, किंतु बड़े और सार्वजनिक मंदिरों ने धर्म के व्यापक स्वरूप को जहां एक और पल्लवित किया, वहां लोक जीवन, लोक आस्था एवं लोक धर्म को अपने उदात्त दार्शनिक स्वरूपों के साथ प्रकट भी किया।

इस भूभाग पर प्रारम्भ में जो मंदिर बनाये गये थे, उन मंदिरों के मण्डप या परिसर पर विशेष ध्यान नहीं दिया गया था। परंतु हिन्दू धर्म में मंदिर का निर्माण, पारलौकिक कार्यों को ध्यान में रखकर किया जाता है। भक्त ईष्ट देव के दर्शनार्थ एवं उनकी पुकार सुनने वहां एकत्रित होते हैं। अतएव गर्भगृह के बाद ऐसे मण्डप की आवश्यकता हुई, जहां भक्तजन आराधना कर सकें एवं उपदेश सुन सकें। आगे चलकर यही मण्डप सामाजिक, धार्मिक व राजनैतिक गतिविधियों के केंद्र हो गये। भक्ति भावना के वशीभूत होकर इस स्थान पर भक्तों, संतों ने उपासना गीतों, स्तुति भजनों एवं मंत्रों की रचना की। फलस्वरूप ऐसे साहित्य तैयार हुए, जिन्होंने सम्पूर्ण गढ़वाल हिमालय में भक्ति लहर की कभी न खत्म होने वाली अविरल धारा को प्रवाहित कर दिया और भक्तिलहर ने मंदिर उपासना को धर्म का प्रमुख अंग बना दिया। इन स्थानों पर विद्वान एकत्रित होकर सामाजिक तथा धार्मिक विषयों पर विवेचन अथवा शास्त्रार्थ कर तत्वबोध का पता लगाते थे। इस प्रकार धार्मिक प्रवचनों के लिए मंदिर स्थलों को चुना जाने लगा। शिक्षा की समुचित व्यवस्था मंदिरो में थी। धर्म-ग्रंथों का पठन-पाठन यहां किया जाता था। शासकों के सम्मुख

1. श्री बद्रीनाथ मंदिर, प्रतिवेदन, पृ. 48-49

प्रजाजनों द्वारा कष्टों का वर्णन करना तथा निराकरण के मार्ग ढूंढनें की प्रथा प्राचीन युग से प्रचलित थी। इस कार्य के लिए मंदिर का मण्डप ही समुचित स्थान था। अत: मंदिर राजाओं के जन सम्मेलन के स्थान बन गये। मंदिर राज सभा के अधिवेशन के स्थल भी बने। मंदिरों के मण्डप में राज सदस्य एकत्रित होकर शासन सम्बन्धी विषयों पर चर्चा करते थे। आज भी पंचायतें मंदिर के प्रांगण में बैठकें आयोजित करती हैं तथा अनेक विषयों पर निर्णय भी लेती हैं। इस प्रकार मण्डप नाम ही इस बात का प्रमाण है, कि इसके नीचे यज्ञ, सभा, सार्वजनिक कार्य, विवाह, संस्कार, धर्म ग्रंथ वाचना, सत्संग, संगीत, भजन, पूजन, नृत्य आदि होते थे। इन धार्मिक एवं सामाजिक आवश्यकताओं के कारण मण्डप अस्तित्व में आये। गढ़वाल हिमालय के ये मंदिर अपनी परिपूर्णता में न सिर्फ पूजा का धार्मिक स्थल ही रहे, अपितु अनेक निजी एवं सार्वजनिक, सांस्कृतिक एवं सामाजिक कार्यों के सम्पादनकर्ता भी ये मन्दिर बनें।

हम देखते है, कि गढ़वाल हिमालय के ये मंदिर न केवल देवगृह थे, अपितु स्वयं देवस्वरूप भी थे। धार्मिक स्थानों पर शासक वर्ग एकत्रित होता रहा। इस अवसर पर शासकगण अनेक धार्मिक एवं जनहितकारी कार्यों की घोषणा करते रहे। गढ़वाल हिमालय के शासकों ने अपनी वंश की उच्चता और अपनी विजयों तथा अपने द्वारा किये गये जनहित के कार्यों एवं घोषणाओं का बखान करने के लिए शिलालेख, ताम्रलेख एवं त्रिशूललेख खुदवाये और उन्हें मंदिरों में या उनके आस-पास के क्षेत्र में स्थापित किया। मंदिरों या इसके आस-पास इन लेखों को स्थापित करने के पीछे उनके दो उद्देश्य थे। पहला उद्देश्य यह था, कि इनके कार्यों को ज्यादा से ज्यादा लोग पढ़ें और सराहना करें। क्योंकि मंदिर इस समय सामाजिक, धार्मिक, राजनैतिक गतिविधियों का प्रमुख स्थल थे, इसलिए न केवल अधिक से अधिक संख्या में आम वर्ग वहाँ इकट्ठा होता था, बल्कि दूर-दूर से भी लोग वहाँ आते थे। दूसरे मंदिर तथा उसके अन्तर्गत् आने वाले क्षेत्रों की देखभाल भी उच्च स्तर की होती थी। अत: ये लेख सदियों तक अक्षुण्ण बने रह सकते थे। लाखामण्डल का छागलेश लेख तथा ईश्वरा शिलालेख, बड़ाहाट(उत्तरकाशी) का गुहा त्रिशूल लेख, कल्याण वर्मा का पलेठी अभिलेख, पाण्डुकेश्वर के ताम्रपत्र, भूदेव का शिलालेख, रूद्रसुनु का कालीमठ अभिलेख आदि, उपरोक्त उद्देश्य हेतु ही मंदिर या इसके आस-पास स्थापित किये गये थे।

यह तथ्य भी विशेष ध्यान देने योग्य है, कि गढ़वाल हिमालय के किसी भी शासक ने किसी एक शैली को नहीं अपनाया। इसके मूल में यहां के शासकों द्वारा धार्मिक सहिष्णुता की नीति का पालन करना रहा है। फलस्वरूप इस भू-भाग पर जब-जब दूसरी संस्कृति के लोगों का आवागमन होता रहा, स्थानीय संस्कृति उसे अपने में आत्मसात् करती रही। फलत: जब पृथक-पृथक प्रदेशों की स्थापत्य कला स्थानीय स्थापत्य कला के सम्पर्क में आई, तो नवीनता के साथ भिन्न रूपों में प्रकट हुई।[1-2]

❑❑❑

---

1. *नोटियाल के.पी.* : उ.ग्रं., पृ. 117
2. अनन्थालवर, टी : उ.ग्र.अ.XXI, पृ. 435.

8

गढ़वाल हिमालयी मंदिर शैली
(Temple Style of Garhwal Himalaya)

पर्वतीय क्षेत्रों में भवन निर्माण के लिए स्थान की कमी प्रारम्भ से ही रही है इसलिए इस क्षेत्र में मैदानी भागों के समान विशाल मंदिरों के दर्शन हमें नहीं हो पाते हैं। यहां के मंदिरों के स्थापत्य विन्यास के दो रूप दिखाई देते है—(1) तलछन्द योजना (Ground Plan) के अन्तर्गत् भूमितल के समानान्तर विन्यास, एवं (2) उर्ध्वछन्द योजना (Rhytham of the Elevation) के अन्तर्गत लम्बवत् विन्यास।

भूमितल के समानान्तर विन्यास में गर्भगृह, अंतराल (Vesti Bule) गूढ़मंडप (Closed Hall) मंडप आदि शामिल हैं। जबकि भूमि तल के लम्बवत् जो भाग आते हैं, उनमें अधिष्ठान्, मंडोवर (Exteriorwall) शिखर आदि मुख्य भाग हैं। मंदिर का वह भाग जिसमें मुख्य प्रतिमा स्थापित होती है, गर्भगृह कहलाता है। गर्भगृह के ठीक सामने मंडप होता है। मंदिर के प्रवेश पर सभाविदों के बैठने की व्यवस्था हेतु दो स्तम्भों पर आधारित छत आच्छादित की जाती थी, जिसे अर्धमंडप कहते हैं। गर्भगृह और मंडप के बीच का वह स्थान जो इन दोनों को अलग करता है अंतराल कहलाता है। लम्बवत् विन्यास के अन्तर्गत् पुरुष आकृति की कल्पना कर मानव शरीर के विभिन्न अंगों की तरह ही मंदिरों का नामकरण किया गया है और उसी आधार पर पाद, जंघा, शिखर, ग्रीवा आदि अंग बनाये जाते हैं। मंदिर जिस आसन या अधिष्ठान पर स्थापित होता है, उसे जगती कहते हैं। गर्भगृह की दीवारें जंघा कहलाती हैं। मंदिर के गर्भगृह को आच्छादित कर ऊपर की ओर जो संरचना बनाई जाती है, वह शिखर कहलाती है तथा उसके ठीक ऊपर आंवले के फल की तरह कटावदार संरचना आमलक होती है। शिखर पर घड़े के समान जो संरचना स्थापित की जाती थी, उसे कलश कहते हैं।

क्योंकि शैली में आये परिवर्तन ही उनके काल क्रम को स्वत: स्पष्ट कर देते हैं। अत: शैली के निरूपण का सर्वमान्य आधार शिखर भेद ही है, [1] इसलिए इस आधार पर यहां विशेषत: पांच प्रकार के मंदिर प्राप्त हुए हैं। गढ़वाल हिमालय में अधिकांश देवालय उत्तर भारतीय शैली के शिखर मंदिर हैं। पर्सी ब्राउन ने नागर शैली को ही 'इंडो-आर्यन' स्टाइल का नाम दिया है। इस शैली के मंदिर वर्गाकार होते हैं, इनकी छत चपटी न होकर मीनार की तरह नीचे से ऊपर की ओर पतली होती जाती है। शिखर की रेखाएं तिरछी और चोटी की ओर झुकी रहती हैं। शीर्ष पर चन्द्रिका (Capstone) आमलसारिका सुशोभित होती है। शिखर विन्यास में अंतर के अनुरूप इनके नामों में भी अंतर है। सर्वाधिक मंदिरों के शिखर रेखा के आकार में लम्बवत् उभार लिए

1. *पर्सी ब्राउन :* इं. आ. पृ. 111, पिशरोटी, प्रो.के. राम, इं. क.खंड 6(1), जुलाई, 1939 ई., पृ. 371.

होते हैं। इस तरह के मंदिरों के शिखर नीचे से ऊपर की ओर उभारों के कारण एक, दो, तीन, चार या पांच लम्बवत् भागों में बंट जाते हैं। इन लम्बवत् भागों को रथ कहते हैं। स्कंध से ऊपर आमलक को ढकने के लिए एक से अधिक लकड़ी के ढलवां छत्र बनाये गये, इसलिए इन मंदिरों को प्रतिनिधि छत्र प्रासाद कहा गया। इन मंदिरों में आगे चलकर उपासकों की सुविधा के लिए गूढ़मण्डप भी बनाये गये।

छत्र प्रासादों के जन्म के कुछ काल उपरांत और आगे समान्तरकाल में गढ़वाल हिमालय और समस्त मध्य हिमालय में ऐसे मंदिरों का निर्माण हुआ, जिन्हें रुचक वर्गीय कह सकते हैं। यद्यपि ये मंदिर स्वतंत्र रूप में और परिवार के रूप में पाये जाते हैं, परंतु इस शैली के अधिकांश मंदिर समूहों में हैं। इन्हें द्विजेन्द्र नाथ शुक्ल ने 'विशिष्ट नागर प्रासाद' माना है।[1] प्रो. क्रेमरिश[2] ने रूचक प्रासादों के तीन प्रमुख लक्षण बताये हैं:- ये लघु मंदिर होते हैं, निरधार हैं और सामने सस्तंभ प्राग्ग्रीव (Pillared Porch) ही इनका मंडप है तथा इनकी पिरामिड आकार की छत क्षैतिज पट्टी (Tiers) युक्त होती है। तल विन्यास में ये चतुरस्त्र (Square in Plan)और त्रिरथ या पंच रथ हैं। उर्ध्वछन्द में इनके तीन प्रधान भाग होते हैं— पीठ सस्तम्भ, प्राग्ग्रीव युक्त कटि और शिखर। शीर्ष रचना में ग्रीवा, आमलक, कलश तीन मुख्य अंग हैं। विरल रूप में आमलक और कलश के मध्य चन्द्रिका भी पायी जाती है।

तीसरे प्रकार के मंदिर पीढ़ा (Tower with Horizontal Moulding) या फांसणा शैली के हैं। दस या बारह क्षैतिज पट्टियों वाला एक रथ शिखर इसकी विशेषता है। मंदिरों के शिखर को इन्हीं क्षैतिज पट्टियों में ऊपर उठाया जाता है, जिनकी लम्बाई नीचे से ऊपर की ओर क्रमशः कम होती जाती है। प्रस्तर खंडों को देखकर लगता है, जैसे वे एक दूसरे से फांसकर रखे गये हों।

चौथे प्रकार के मंदिर गजपृष्ठाकृति या वल्लभी शैली के हैं, जो कि यहां मंदिर समूहों के साथ हैं। यद्यपि यहां इस शैली के स्वतंत्र मंदिर भी हैं, परन्तु उनकी संख्या अल्प है। जैसा कि इनके नाम से विदित होता है, हाथी की पीठ के समान ढोलक के आकार का उनका शिखर होता है। ढोलाकार पृष्ठ तल के कारण इन्हें उत्तर के ग्रंथों में 'वल्लभी' तथा दक्षिण के ग्रंथो में 'शाल शिखर' प्रासाद कहा गया है। पांचवें प्रकार के मंदिर वैसर शैली के हैं, जिसके शिखर का आकार स्तूप के समान होता है।

परिणामतः आज हम गर्व से कह सकते हैं, कि सम्पूर्ण भारत में एक यही भू-भाग ऐसा है, जो पूर्व, पश्चिम, उत्तर और दक्षिण स्थापत्य कला का संगम स्थल है। जिस प्रकार गढ़वाल हिमालय से निकलने वाली विभिन्न नदियाँ आपस में मिलकर पवित्र पावनी गंगा का रूप धारण कर लेती हैं, वैसे ही विभिन्न संस्कृतियों के संगम से स्थापत्य की जिस नवीन शैली का जन्म हुआ, उसे "**मध्य हिमाद्रि शैली**" नाम दिया गया।

उपरोक्त स्थापात्यिक विशेषताओं के आधार पर गढ़वाल हिमालय के मुख्य मंदिरों का वर्णन करना भी यहां विशेष महत्वपूर्ण होगा।

---

1. भारतीय स्थापत्य, पृ. 275
2. हिन्दू टेम्पल, पृ. 246

(1) प्रतिनिधि छत्र प्रासाद

प्रतिनिधि छत्र प्रासाद के अन्तर्गत् जिन मंदिरों का निर्माण हुआ, वे मंदिर एक रथ, त्रिरथ, पंचरथ विन्यास के हैं। गढ़वाल हिमालय क्षेत्र में इस प्रकार के जो भी मंदिर हमें प्राप्त होते हैं, उनमें सबसे ज्यादा संख्या त्रिरथ विन्यास के मंदिरों की है, जबकि संख्या के आधार पर दूसरा स्थान पंच रथ और फिर एक रथ मंदिरों का है।

एकरथ

शिव मंदिर तुंगनाथ— चमोली जनपद के जिला मुख्यालय गोपेश्वर से 37 किमी. की दूरी पर गोपेश्वर ऊखीमठ मोटर मार्ग पर स्थित चोपाता नामक मनोरम स्थल से 320 किमी. दूर तुंगनाथ का भव्य देवालय स्थित है।

मुख्य मंदिर की तलछंद योजना के अन्तर्गत् सामान्य गर्भगृह अंतराल और सभा मंडप निर्मित है। इनकी भीतरी दीवारें सादी हैं, यहां तक की वितानों पर भी कोई अलंकरण नहीं है। इनकी बाहरी माप क्रमशः 4.96×5.00 मीटर, 55 मीटर (चौड़ाई) और 4.97×5.00 मीटर है। 11.50 मीटर ऊँची उर्ध्वछन्द योजना में सामान्य जगती (Terrace) पर निर्मित वेदीबंध कुंभ, सादे अर्न्तपट्ट और कपोत से सजाया गया है। उसके ऊपर बना जंघा भी सादा है। जंघा और शिखर के मध्य में एक अर्न्तपट्ट है। रेखाशिखर एकाण्डक है। ये चार अन्तर्पट्टों से सजा है, जो कि नितान्त सादे हैं। शीर्ष पर ग्रीवा चन्द्रिका, आमलसारिका और काष्ठ निर्मित छत्र शोभायमान है। अंतराल पर स्थित शुकनासा भी सादी है। गजसिंह ढलावदार छत युक्त सभामंडप के अगले सिरे पर सुसज्जित है। प्रवेश द्वार भी सादा है और पश्चिमाभिमुख है। शैलीगत् आधार पर हम इस मंदिर को 8-9वीं शती ई. से संबद्ध कर सकते हैं।

त्रिरथ

पश्वीशर शिवमंदिर, गोपेश्वर—गोपेश्वर केदारनाथ से बद्रीनाथ को जाने वाले प्राचीन यात्रा पर अलकनंदा घाटी अवस्थित है। यहीं ये मंदिर निर्मित है। तलछंद में मूल प्रासाद (26 फुट 6 इंच) वर्गाकार चतुरस्त्र है। इसी के बिल्कुल सामने शुकनासा का उद्गम् स्थल कपिली (11 फुट 7 इंच) है। इसी से अंतराल का निर्माण हुआ है। मंदिर त्रिरथ प्रकार का है, जिसमें तीनों रथ बहुत हल्के हैं तथा भद्र और कर्णों की लम्बाई समान है। अंतराल के बाहर पुराने ध्वस्त मंदिरों के प्रस्तरों से बना नंदी मण्डप है। अंतराल से आगे शायद सस्तम्भ युक्त मण्डप भी था। जिन पर पूर्ण कलश अभिप्राय का सुंदर चित्रण किया गया था। नागर शैली युक्त मंदिर उर्ध्वछंद में 56 फुट ऊँचा है। वेदीबंध (Podium) में सादा उपान, अन्तर्पत्र कलश, अंतरपत्र, कपोताली की सज्जा पट्टियां बनी है। जंघा और शिखर के मध्य कपोताली जल निवारक है। कपोताली के पास शिखर कुछ आगे को है, इसकी रेखाएं भीतर को झुकी प्रतीत होती हैं। आमलक शिला के ऊपर काष्ठ संरचना और धातु पत्रों का ढ़ालू छाद्य है। यह विशेषता लाखेश्वर मंदिर (लाखामंडल), नागेश्वर मंदिर (टिहरी गढ़वाल), रघुनाथ मंदिर (देव प्रयाग) आदि हिमालय के मंदिरों में पाई जाती है। यही नहीं ये व्यवस्था नेपाल काष्ठकारों और पश्चिम हिमालय में भी पाई जाती है जबकि मैदानी नागर मंदिरों में यह विशेषता उपलब्ध नहीं है। शिखर छाद्य के ऊपर

कलश के स्थान पर लंबा आकाश लिंग स्थापित है। अंतराल के ऊपर त्रिकोणिका शुकनासा मंदिर की दूसरी विशेषता है।

मंदिर का बाह्य भाग मूलतः पर्याप्त अलंकृत था, परंतु आज वर्षा, गर्मी, सर्दी के प्रभाव से अंकित अलंकरण मिट से गये हैं। वेदीबंध की ऊपरी 'कुडु' अभिप्राय की एक माला चारों ओर प्रवेश द्वार तक बनी है, जिनमें मानव शीर्ष उत्कीर्ण है। जंघा के भ्रदों पर गहरे घनद्वार बने हैं। कपिली के दो धनद्वारों सहित इनकी संख्या पांच है, जिसमें पहले पार्श्व देवताओं की प्रतिमाएं स्थापित थी। इन धनद्वारों के ऊपर शूरसेन अलंकरण अत्यंत सुंदर हैं। जंघा पर खत्तकों के अतिरिक्त नितांत हल्के और सादे भित्ती स्तम्भ बने हैं। जंघा के ऊपर कपोताली पर पुनः कुडुनासिका अभिप्राय की माला और अन्तरपत्र (कंठ) में धरणी शीर्षों के लुमा अभिप्राय बने हैं। शिखर की रेखाएं भूमि आमलकों द्वारा विभक्त हैं और स्वयं शिखर का तल हल्के चैत्य गवाक्ष तथा कीर्तिमुख अभिप्रायों से भूषित है। शुकनासा के उद्गम में प्रवेश द्वार बना है। जो पूर्वाभिमुख है और जिसकी द्वार शाखाएं प्रायः सादी हैं। द्वार उत्तगंग के ऊपर 'रिलीफ' में नागर शैली के पांच लघु मंदिर (तिलक)[1] और उसके उपरिभाग में सात भित्ती स्तम्भों के प्रतिरूप बने हैं। इनके ऊपर शूरसेन अलंकरण के मध्य में एक रथिका है , जिसमें 14 इंच ऊंचा नटराज का चित्र उत्कीर्ण है। उद्गम श्रृंग (शुकनासा) की भूषा 'गजसिंह' द्वारा की गई है, जो गढ़वाल हिमालय के मंदिरों की प्रमुख विशेषता है।

गर्भगृह वर्गाकार और नितांत सादा है (13 फुट 3 इंच), जिसके बीच में नीचे लिंग प्रस्तुत है। इसका वितान समतल है, जो कि चार सादे चतुष्कोण और एकाश्म स्तम्भों तथा पाषाण पट्टिकाओं द्वारा समतल छादित है। अंतराल पर भी समतल वितान है। गर्भगृह का तल मंडप से थोड़ा गहरा है और वहां प्रवेशार्थ एक हल्का सोपान बना है। गर्भगृह की यह विशेषता उल्लेखनीय है।[2] मंदिर निर्माण में विशाल प्रस्तर खंडों का उपयोग हुआ है। उन्हें चिनाई करते हुए लोहे की कीलों द्वारा जोड़ा गया है। मंदिर के पास वल्लभी प्रकार के परिवार मंदिर भी थे।

इस समय सिर्फ एक परिवार मंदिर सुरक्षित है, जो आयतास्त्र और शाल शिखर (वल्लभी) प्रकार का है। इस प्रकार हम कह सकते हैं, कि पाश्वीश्वर मंदिर 'अष्ट परिवार' का था। यद्यपि विद्वानों में इस मंदिर के काल निर्धारण के विषय में मतभेद है,[3] परंतु वास्तु शैली के आधार पर इस मंदिर को 9वीं शती ई. के बीच रखा जा सकता है।[4]

---

1. 7वीं या 8वीं शती ई. के विश्वेश्वर महादेव मंदिर बजौर (कुल्लू घाटी) में भी अलंकृत ''पेडीमेंट' पर भद्रमुख के नीचे, इसी के समरुप रिलीफ में तीन तिलक बने हैं। (बनर्जी, जी.एन.: रिलीजन इन आर्ट एण्ड आर्किओलॉजी), पृ. 108, फलक 18
2. यह विशेषता मध्य हिमालय में अन्यत्र केवल अल्मोड़ा (जोगेश्वर मंदिर) में पाई गई है। अम्बानाथ शिव मंदिर (बम्बई 1060 ई.), विशालपुर मंदिर (राजस्थान 1174 ई.), मघेश्वर मंदिर (भुवनेश्वर, उड़ीसा) में भी यह विशेषता प्राप्त होती है (हि.टे. पृ. 172, टि. 1141 अनन्थालवरः इ. आर्कि. ग्रंथ 2, पृ. 440-41)
3. *नौटियाल, के.पी.* : 13वीं शती ई. के मध्य, सरस्वती, एस.के., 10वीं शती ई. और कृष्णदेव, 8वीं शती ई. इसका निर्माण काल मानते हैं (दे. क्रमशः आर्किओलॉजी ऑफ कुमाऊँ .पृ.106, दि स्ट्रगल फॉर एम्पायर, पृ. 606 और उत्तर भारत के मंदिर 1971, पृ. 25)
4. काल निर्णयार्थ प्रथम (2) आधार फरगुसन ने स्वीकार किये हैं (हि.ई.ई., आ.खंड पृ. 325, खंड 2, पृ. 90)

लाखेश्वर मंदिर (लाखामंडल)—देहरादून जनपद के जौनसार भाबर में, यमुना के किनारे लाखामंडल नाम के प्राचीन स्थान पर लाखेश्वर मंदिर स्थित है। यह मंदिर पूर्ववर्ती अनेक मंदिरों के ध्वसांवशेषों द्वारा बनाया गया है।[1] इसका गर्भगृह बाहरी ओर से 18 फुट 8 इंच तथा अन्तः भाग पांच फुट वर्ग का है। इसका अंतराल पश्चवर्ती वृद्धि और वितान समतल है। मंदिर का बाह्य भाग अलंकृत है। यदि हम भित्ति की बात करें, तो भद्रा पर तीन गहरी रथिकाएं हैं। जिनमें से उत्तरो और पश्चिमी रथिकाओं में से क्रमशः महिषमर्दिनी और गंगा-यमुना के बिम्ब उत्कीर्ण हैं। रथिकाओं के ऊपर सुंदर तोरण है, जिस पर कार्तिकेय, गणपति, कुबेर की प्रतिमाएं चित्रित हैं। प्रतिरथों पर भी रथिकाएं हैं, इनके ऊपर चारों ओर धरणशीर्ष हैं। सम्पूर्ण शिखर पर लघु चैत्य गवाक्ष अभिप्रायों की भूषा निर्मित है। यह मंदिर योजना में त्रिरथ और पूर्व मुख है। प्राचीनतम काष्ठ मंदिरों की परम्परा के अनुसार चौकोर स्कंध के ऊपर आमलक को ढकती हुई त्रिछत्र काष्ठ रचना बनी है, जो कि आकार में छोटी है।[2]

बद्रीनाथ मंदिर—यद्यपि यह मंदिर मध्य हिमाद्रि शैली के अन्तर्गत् 10 वीं-11वीं शती ई. में कभी निर्मित हुआ था, परंतु कालान्तर में प्राकृतिक प्रकोपों के कारण मंदिर का कभी कोई भाग ध्वस्त होता गया और कभी कोई भाग। परंतु इन भागों का पुनः संस्कार भी होता रहा। मूल रूप में इस मंदिर के चार भाग थे— गर्भगृह, शाल शिखर, मंडप, गुम्बदाकार शिखर, अर्द्धमंडप और सिंह द्वार। इनमें से जीर्णोद्वार और नवीनीकरण के फलस्वरूप अंतिम तीन भाग नवीनतम् रचनाएं हैं।

मंदिर का प्राचीन भाग गर्भगृह है। यह त्रिरथ विन्यास का है। जो अन्तः 13×6' 10" और बाह्य 17×6' 10" आयाम का है। मंडोवर 12 फुट ऊँचा है, जबकि मंदिर की सम्पूर्ण ऊँचाई 28 फुट है।[3] द्विछत्र काष्ठ रचना द्वारा शिखर ऊपर से आच्छादित है। जीर्णोद्वार के फलस्वरूप गर्भगृह की आंतरिक और बाह्य भित्तियों की मोटाई सामान नहीं है। शैलीगत् आधार पर यह मंदिर 17वीं शती ई. से पुराना प्रतीत नहीं होता है। यदि स्थापत्य आधार पर देखा जाए तो, उसके वेदीबंध उपान उत्तराखण्ड में राजपूत काल के पूर्व मध्यकालीन मंदिरों से सम्बन्ध रखते हैं।[4] मंदिर के समीप फर्श पर पाये गये चित्रित उत्तरांग और वितान खंड की शैली ठीक उसी प्रकार की है, जैसे कि उत्तराखण्ड के अन्य प्राचीन मंदिरों की है।[5]

राजराजेश्वरी मंदिर (रानिहाट)—जिला मुख्यालय टिहरी से लगभग 55 किमी. और मुख्यालय देवप्रयाग से लगभग 29 किमी. दूरी पर अलकनंदा के दायें तट पर गढ़वाल हिमालय का विख्यात पुरास्थल रानीहाट या राणिहाट स्थित है। यहीं पर राजराजेश्वरी मंदिर स्थित है जिसकी कुल ऊँचाई 9.50 मीटर है।

---

1. लेख गोपेश्वर का प्राचीन मंदिर (पर्वतीय इतिहास परिषद की शोध पत्रिका अंक 4, पौड़ी 1975 ई.)
2. फूरर-मान्यूमेन्टल एन्टिक्विटिज एंड इंस्क्रीप्शसन इन नार्थ-वेस्टर्न प्रोविन्सज ज पृ.8
3. *देशपाण्डे एम.एन.* : श्री बद्रीनाथ मंदिर जीर्णोद्धार नवीनीकरण समिति का प्रतिवदेन, पृ. 30-31
4. वही, पृ. 100
5. वही, पृ. 49.

यदि मुख्य मंदिर की तलछंद योजना को देखें, तो गर्भगृह वर्गाकार है, जिसकी बाह्य माप 4.60 × 4.60 मीटर है। इसके सम्मुख कपिली है, जिसके सामने आठ स्तम्भों पर आधारित सभा मंडप निर्मित किया गया है। गर्भगृह में एकमुखी शिवलिंग स्थापित है। जगती पीठ को अलंकृत पट्टियों से सजाया गया है। वेदीबंध मध्य में एक पट्टी द्वारा विभाजित है, जिससे त्रिरथ जंघा का निर्माण हुआ है। इसका भद्र भाग एक रथिका द्वारा सज्जित है। नागर शैली के त्रिरथ रेखा शिखर के कर्ण सात-सात भूमि आमलकों से सज्जित हैं। शीर्ष पर आमल सारिका और काष्ठ निर्मित छत्र शोभित है, जिसके ऊपर धातु निर्मित कलश एवं बिजौरा शोभायमान है। अंतराल दोनों निचले पार्श्वों में स्थित है तथा एक-एक भूमि आमलकों द्वारा सज्जित है। अंतराल के ऊपर सादी शुकनासा निर्मित है, जिसे एक सादा अन्तरपत्रों द्वारा दो भागों में बांटा गया है। शुकनासा के ऊपर गज-सिंह विराजमान है। सभा मण्डप चौकोर स्थानीय पाटलों द्वारा बनाया गया है। जो कि फांसणा शैली में निर्मित है। प्रवेश द्वार पश्चिमाभिमुख है, जो कि चूने की मोटी परत के कारण अस्पष्ट सा है। इसी प्रकार उत्तरांग और द्वार शाखाएं भी स्पष्ट नहीं दिखती हैं। मंडप के स्तम्भ नीचे से खुर, कुंभ, कलश एवं सुंदर चन्द्रशाला गढ़नो से सज्जित हैं। शैली की दृष्टि से यह मंदिर 9वीं शती ई. का निर्मित प्रतीत होता है।

उपरोक्त त्रिरथ मंदिरों के अतिरिक्त पैठाणी (पौड़ी गढ़वाल) में स्थित शिव मन्दिर भी मुख्य है। जिसका समय 9वीं शती ई. निर्धारित किया गया है।

पंचरथ मंदिर

केदारनाथ मंदिर—केदारनाथ मंदिर का जो रूप आज विद्यमान है, वो जीर्णोद्वार का ही परिणाम है। मंदिर में उपलब्ध साक्ष्य बताते हैं, कि मंदिर का कम से कम तीन बार जीर्णोद्वार अवश्य हुआ है।[1] प्रथम जीर्णोद्वार का पता हमें कुछ लेख और प्रतिमाओं के अध्ययन से चलता है, कि गुप्तरोत्तर काल में यहां मंदिर विद्यमान था। यद्यपि इस बात को सिद्ध करने के लिए अन्य ओर से कोई चिन्ह उपलब्ध नहीं हैं। इस मंदिर के गर्भगृह और अंतराल, इसके द्वितीय जीर्णोद्वार के सूचक हैं। गर्भगृह के लेख और उसका द्वार अलंकरण और मंडप में रानी प्रतिमाएं इसकी साक्षी हैं, कि 12-13वीं शती ई. के आस पास ये सम्पूर्ण मंदिर नया बनाया गया था।[2] तीसरा जीर्णोद्वार 18 वीं शती ई. के अंत में हुआ, जब क्षतिग्रस्त शिखर का निर्माण कर मंडप जोड़ा गया।[3]

महाहिमालय में 11753 फुट की ऊँचाई पर भूरे प्रस्तरों से बना केदारनाथ मंदिर अवस्थित है। इसकी स्कन्ध तक ऊँचाई 66 फुट है। इसके ऊपर स्थित काष्ठवेष्ठिनी 10 फुट ऊँची है। मंदिर में मूलरूप से तीन भाग हैं। गर्भगृह की विशेषता यह है, कि यह चतुरस्त्र है और चार स्तम्भों पर आधारित है। इसकी भित्ती आठ फुट से अधिक मोटी है तथा इसका द्वार अलंकृत है।

यह मंदिर ऊँचे चबूतरे पर निर्मित है। जिसका तल विन्यास पंचरथ है। प्रधान भद्रों के शीर्ष हल्के उरुश्रृंगों का निर्माण करते हैं। ये उरुश्रृंग अधिक वास्तविक और उभरे हुए हैं। शुकनासा

1. वाल्टन : गजे, गढ़वाल पृ. 173
2. *सांस्कृत्यायन, राहुल :* हिमालय परिचय (1) पृ. 432-33
3. राहुल: जीवन यात्रा (5), पृ. 31

के शीर्ष पर गजसिंह अभिप्राय है, जो कि मदमहेश्वर की भांति एक स्तम्भ कनौपी में रखा गया है।

केदारनाथ मंदिर का निर्माण कब हुआ, यह एक विचारनीय प्रश्न है, परंतु इतना निश्चित है, कि जिस काल के लेख गर्भगृह की आंतरिक भित्ती में उत्कीर्ण हैं, उसी काल में यह मंदिर बनाया गया। हेमचंद्र कृत संस्कृत द्वयाश्रय काव्य[1] के अनुसार गुजरात के चालुक्य वंशी कुमारपाल के तत्वाधान में भागवत ने केदारनाथ मंदिर का निर्माण किया था। इसका उल्लेख ए.के. फार्बस[2] ने अपनी, 'रासमाला' में भी किया है। अन्य साक्ष्य भी प्रमाणित करते हैं, कि कुमारपाल ने प्रारम्भिक जीवन में कई बार केदारनाथ की यात्रा की थी (सप्त वारंभ्रमन्केदार यात्रामकरोत्)। जैन धर्म स्वीकार करने से पूर्व वह शैव था (माहेश्वरनृपाग्रणी, उमापतिवरलब्ध)। यद्यपि जैन धर्म को अपनाने के बावजूद वह अपने पूर्व धर्म के प्रति सदैव सहिष्णु रहा। मंदिर के गर्भगृह के कुछ लेख और मंडप की प्रतिमांए भी कुमारपाल (लगभग 1143-73 ई.) के समय की सिद्ध होती हैं, अत: हम कह सकते हैं, कि 12वीं शती ई. के सातवें दशक में कुमारपाल ने इस मंदिर का निर्माण कराया था। इस निर्माण के पांच-छ: सौ साल बाद जब मंदिर को क्षति पहुँची तो शिखर सहित अन्य भागों का रानी अहिल्याबाई होल्कर (1765-95 ई.) ने पुन: संस्कार कराया।[3]

नागेश्वर महादेव मंदिर (नाग गांव)—यह ग्राम जनपद टिहरी गढ़वाल के अन्तर्गत् देवप्रयाग तहसील में स्थित है। यही पंचरथ विन्यास युक्त पश्चिमाभिमुख महादेव मंदिर है। गर्भगृह और मंडप मिलकर इसकी तलछंद योजना बनाते हैं। गर्भगृह की बाहरी माप 2.96×2.98 एवं अंत:माप 1.75×1.58 मीटर है, जबकि अंतराल की बाह्य और अंत: माप क्रमश: 2.45×.83 मीटर व 0.91×0.89 मीटर है। गर्भगृह का प्रवेश द्वार पंचशाखा युक्त है, जिस पर चंवरधारिणी सेविकाओं से सेवित् गंगा-यमुना का अंकन है। द्वार स्तम्भों पर नाग मिथुन का अंकन है, जबकि प्रवेश द्वार के ललाट बिम्ब पर ललितासन मुद्रा में गणेश विराजमान हैं। उत्तरांग के ही उभय पार्श्वों में ब्रह्मा और विष्णु निरूपित हैं। गर्भगृह के अंदर शिवलिंग प्रतिष्ठापित है। इसका वितान फुल्ल और पद्म द्वारा अलंकृत किया गया है।

मंडप आयताकार है तथा इसकी बाह्य और आंतरिक माप क्रमश 3.27×4.15 एवं 3×3.32 मीटर है। ये चार चतुष्फलकीय स्तम्भों पर आधारित है, जो कि कुम्भ, खुर, कलश आदि गढ़नों से सुसज्जित है। मंडप का प्रवेशद्वार भी पंचशाखा युक्त है। जिस पर गंगा-यमुना देवियां हाथ में घट लिए अंकित हैं। इन देवियों के एक-एक हाथ पार्श्व में प्रदर्शित अनुचरों पर

---

1. द्वयाश्रयकाव्य, अ.21, श्लोक 90-93
2. रासमाला (हिन्दी अनु.), प्र. भाग उ., जयपुर, पृ. 165 और 181, टि. 21, डी. चौधरी, डॉ. गुलाब चंद्र: पालिटिकिल हिस्ट्री ऑफ नार्दन इण्डिया फ्राम जैन सोर्सेज, पृ. 279, डॉ. जी.सी. चौधरी के मत से भी यह शिव मंदिर केदारनाथ गढ़वाल में था, जिसका पुनर्निर्माण किया गया।
3. मेरठ की तवारीख (रासमाला), प्रथम भाग उत्तरार्द्ध, पृ. 57 दि. में उदधृत)

हैं। प्रवेशद्वार के शीर्ष दक्षिण पार्श्व में पद्मासन मुद्रा में देवी सरस्वती एवं वाम पार्श्व में कूर्चधारी ब्रह्मा विराजमान हैं। देवी सरस्वती के पार्श्वों में वादक वृन्द प्रदर्शित किए गये हैं। मंडप के प्रवेश द्वार के उत्तरांग पर गणपति प्रदर्शित हैं। देवालय की उर्ध्वछन्द योजना में जगती पर खुर, कुम्भ, अन्तर्पत्र, कलश, कर्णिका आदि का गठन किया गया है। वेदीबंध के ऊपर पंचरथ जंघा तथा जंघा और शिखर के बीच अन्तर्पट्ट निर्मित हैं। शिखर का शीर्ष आमलक एवं काष्ठ छत्र से शोभित है। शिखर नागर शैली का है और पांच भूमि आमलकों द्वारा सज्जित है। कपिली के ऊपर सादी शुकनासा और शुकनासा के ऊपर गजसिंह प्रदर्शित है। शैलीगत् आधार पर ये मंदिर 12वीं शती ई. का माना जा सकता है।

(2) रुचक शैली

विश्वनाथ मंदिर (उरगम)—यह मंदिर चमोली जनपद के अन्तर्गत् उरगम गांव में स्थित है। 7000 फुट की ऊँचाई पर अलकनंदा घाटी पर स्थित है। यह मंदिर आंतरिक और बाह्य दृष्टि से साधारण है।

तलछंद योजना के अन्तर्गत् गर्भगृह त्रिरथ विन्यास का है। जबकि उर्ध्वछंद में गर्भगृह (मंडोवर) के ऊपर नागर शिखर है। इसके आगे अंतराल का निर्माण करने वाला शुकनासा का उद्गम कपिली है। अंतराल जुड़ा हुआ स्तम्भ युक्त मण्डप समतल छत द्वारा ढका हुआ है। उर्ध्वछन्द योजना के अन्तर्गत् ही मंदिर के बेदीबंध, कपोतालिका जंघा और शिखर निर्मित हैं। कटिभाग सादा और समतल है। पांच भूमि आमलकों द्वारा सज्जित नागर शैली के शिखर के शीर्ष पर आमलसारिका शोभित है।

वास्तुगत् आधार पर हम देखें तो पाते हैं, कि नागर शैली के रुचक वर्ग श्रेणी का यह एक ऐसा मंदिर है, जो स्वतंत्र अवस्था में है, जबकि इस शैली के ज्यादातर मंदिर समूहों में हैं। शैलीगत् आधार पर उरगम का यह विश्वनाथ मंदिर 8-9वीं शती ई. का माना जा सकता है।

विष्णु मंदिर (आदि बद्री)—चांदपुर गढ़ी के पास आदि बद्री स्थान पर रुचकवर्गीय शिखर मंदिरों का एक महत्वपूर्ण समूह है। यहां कभी 16 मंदिर थे, परन्तु अब 14 ही शेष है। इन सभी मंदिरों का निर्माण भराड़ी की प्रसिद्ध खानों से लाये गये श्वेत चित्तीदार बालुका प्रश्तरों से अलग-अलग समय में किया गया है। विष्णु मंदिर इस समूह का प्रधान मंदिर है। स्थापत्य की बहुरुपता में यह मंदिर अद्वितीय है। तलछंद योजना के अन्तर्गत्, गर्भगृह, अंतराल, गूढ़मंडप प्राग्ग्रीव इसके चार भाग हैं। गर्भगृह और गूढ़मंडप चतुरस्त्र और त्रिरथ विन्यास के हैं, जबकि अंतराल और प्राग्ग्रीव बाद में बने हैं । इसलिए निचाई पर निर्मित करने पड़े। उर्ध्वछंद में गर्भगृह के ऊपर पंचभूमि नागर शिखर हैं। इसकी शीर्ष भूषा में ग्रीवा, आमलक और कलश का क्रम है।

शिखर के 'प्रोफाइल्स' और पदम् शीर्ष के विभिन्न आकार और आमलक के ऊपर लघु आमलक (दंडिका) के उदाहरण हमें यहां मिलते हैं। आगे शुकनासा का उद्गम (कपिली) है।

शुकनासा के अग्रभाग की रथिका में आसन मुद्रा में एक उच्चित्र है, जिसका दक्षिण हस्त अभय मुद्रा में है। शुकनासा के शीर्ष पर गज-सिंह अभिप्राय की भूषा है। गूढ़मण्डप और प्राग्ग्रीव के ऊपर शिला पट्टिकाओं की बनी ढालू छत है। प्राग्ग्रीव सोपानयुक्त है और उसमें कक्षासन बने हैं, जो गढ़वाल में अन्यत्र अत्यंत दुर्लभ हैं।

अर्न्तभाग में गर्भगृह चतुरस्त्र (40 इंच) है तथा वितान द्विपंक्ति युक्त है। गूढ़मंडप (11'-5") चार चतुष्कोण स्तम्भों पर आधारित है, जिनके ऊपर स्थित कोष्ठक मदनिकाएं (भारपुत्तलिकाएं) उत्तरांग के भार को वहन कर रही हैं। प्राग्ग्रीव दो अष्टास्त्र स्तम्भों पर आधारित है। ये मध्य में मेखलायुक्त और शीर्ष पर सादे कोष्ठक वाले हैं। गूढ़मंडप के स्तम्भों के ऊपर 12 फुट लंबे दो विशाल चतुष्कोण धरण वितान को सहारा दिये हैं।

मंदिर आंतरिक और बाहरी तरफ नितान्त सादा है। यद्यपि आंतरिक भाग में विभिन्न प्रकार से अलंकरण किया गया है। आदि समूह का ये विष्णु मंदिर 7वीं से 10वीं शती ई. का प्रतीत होता है।

(3) पिढ़ा-देउल या फांसणा शैली

इस शैली के मंदिर तलछंद योजना में वर्गाकार और आकार में लघु होते हैं। इस वर्ग के अन्तर्गत् स्वतंत्र मंदिर तो हैं ही, जैसे पलेठी (बनगढ़) आदि, परंतु परिवार मंदिर भी इस वर्ग के हैं, जैसे गरुड़ मंदिर, आदि बदरी, शिव मंदिर आदि। गढ़वाल हिमालय में इस शैली के मंदिर 7वीं शती ई. से 10वीं शती ई. तक बनते रहे। इसके उपरांत ये परम्परा लुप्त सी हो गई।

सूर्य मंदिर (पलेठी)—टिहरी देव प्रयाग मोटर मार्ग पर हिडोला खाल से लगभग 5 किमी. की दूरी पर पट्‌ट खास के अन्तर्गत् पलेठी नामक गांव स्थित है। यहीं पलेठी समूह का सबसे बड़ा मंदिर सूर्य मंदिर है।

एक रथ विन्यासित इस मंदिर की बाह्य भित्ती 10 फुट 8 इंच लम्बी है, जबकि ऊँचाई 22 फुट है। वेदीबंध तथा कटिभाग के तीनों पार्श्व सर्वथा सादे हैं। शिखर बाहर क्षैतिज पट्टियों से युक्त है। शीर्ष भूषा में ग्रीवा, आमलक, कलश क्रम है। परन्तु आज सूर्य मंदिर का आमलक कलश विहीन है। आमलक की आंतरिक माप 1.34×1.34 मीटर तथा बाहरी माप 2.57×2.57 मीटर है। आगे शुकनासा का उद्‌गम कपिली है, जो कि मंदिर के अगले भाग का निर्माण करता है। शुकनासा की अधोपट्टी पर चैत्य कुडु अभिप्राय की माला बनी है। शुकनासा का विशाल चैत्य गवाक्ष प्रस्तर अब अपने स्थान पर नहीं है, परंतु इसके मध्य में भद्रमुख के स्थान पर चकौर फलक निर्मित था, इसमें सप्ताश्वरथ सूर्य का उत्कीणिन उल्लेखनीय है। मंदिर का प्रवेश द्वार अलंकृत है, जिस पर गंगा-यमुना देवियों का सुंदर अंकन है। द्वार शाखाएं कल्पवल्लरी, पुष्प आदि से अलंकृत हैं। हंस और ग्रास मुख अभिप्राय की चित्रवल्लरियां ऊपरी भाग में अत्यंत सुंदर हैं। द्वार के पार्श्वद्वय में लघु खत्तकों से झांकते दो अतिरिक्त ग्रास मुख बने हैं। सूर्य मंदिर के गर्भगृह में 21 इंच ऊँची पीठिका पर सूर्य प्रतिमा प्रतिष्ठित है। शैलीगत् आधार पर यह मंदिर 8-9वीं शती ई. में निर्मित प्रतीत होता है।

लक्ष्मी नारायण और बद्रीश्वर महादेव मंदिर (नारायण कोटि)—रुद्र प्रयाग केदारनाथ मार्ग पर तहसील उखीमठ के अन्तर्गत् गुप्तकाशी से लगभग 3 किमी. की दूरी पर स्थित भेतग्राम (नारायण कोटि) है। इसी गांव के उत्तर में लक्ष्मीनारायण और बद्रीश्वर महादेव नामक प्राचीन मंदिर स्थित हैं। लक्ष्मीनारायण मंदिर की तलछंद योजना में वर्गाकार गर्भगृह की भीतरी माप 1.60×1.60 मीटर और बाहरी माप 3.25×3.25 मीटर है। गर्भगृह में ही विष्णु व अन्य देवताओं की खाण्डित प्रतिमाएं रखी गयी गईं हैं। गर्भगृह के सामने कपिली या अंतराल निर्मित है। कपिली की भीतरी माप 1.11×.18 मीटर और बाहरी माप 0.86×2.60 मीटर है। कपिली के ऊपर निर्मित शुकनासा भूमि आमलकों, उद्गमों और चंद्रशाला से सुसज्जित है। चंद्रशाला के बीच भद्रमुख है।

मंदिर की उर्ध्वछंद योजना के अन्तर्गत् वेदीबंध को एक सादी पट्टी सादे अन्तर्पट्ट, कपोत पट्टी और ताड़पत्र पट्टी द्वारा सजाया गया है। इसके ऊपर त्रिरथ रथिका युक्त जंघा भाग निर्मित है, जो कि अलंकृत भित्ती स्तम्भों द्वारा सज्जित है। उसे पल्लव, ताड़पत्र, अर्द्धपद्म एवं कीर्तिमुख आदि गढ़नों से सज्जित किया गया है। जंघा भाग के ऊपर ही एक सादा अन्तर्पट्ट छोड़कर बारह सादी पट्टियों से युक्त पीढ़ा देउल शैली का शिखर निर्मित है। इनकी शीर्ष भूषा में ग्रीवा, आमलक, कलश एवं बिजौरा का क्रम है। अलंकृत शाखाओं से युक्त प्रवेश द्वार पश्चिमाभिमुख है, ये शाखाएं स्तम्भ शाखा और मणिबंध शाखा के रूप में पहचानी जा सकती हैं। प्रवेश द्वार के ललाट बिम्ब छोटी-छोटी सुंदर चंद्रशालाओं से अलंकृत हैं।

लक्ष्मीनारायण मंदिर के बांयी तरफ निर्मित बद्रीश्वर महादेव मंदिर की तलछंद योजना में गर्भगृह वर्गाकार तथा कपिली आयताकार है, जिनकी भीतरी दीवारें और वितान सादे हैं। कपिली की भीतरी माप 1.20×0.88 मीटर और और बाहरी माप 2.60×0.84 मीटर है। गर्भगृह की भीतरी माप 1.60×1.60 मीटर है, जबकि बाहरी माप 3.25×3.25 मीटर है। गर्भगृह में शिवलिंग स्थापित है। यहीं पर नृत्यगणपति तथा एक भग्न नवपाषाण कालीन उपकरण भी रखा हुआ है।

मंदिर की उर्ध्वछंद योजना के अन्तर्गत् वेदीबंध को कुंभ, सादे अन्तर्पत्र, कपोताली द्वारा निर्मित किया गया है। वेदीबंध को ताड़पत्र पट्टी द्वारा सज्जित किया गया है। बारह सादी पट्टियों से युक्त पीढ़ा देउल शैली के शिखर के शीर्ष क्रम में आमलसारिका, बिजौरा प्रदर्शित है। जंघा और शिखर के मध्य चंद्रशाला युक्त पट्टी है। कपिली के ऊपर शुकनासा घट पल्लव, कीर्तिमुख, अर्द्धपद्म आदि अलंकरणों से सज्जित है। इनके ऊपर एक-एक भूमि आमलकों के बीच में उद्गम युक्त चार छोटी रथिकांए प्रदर्शित हैं। शुकनासा के ऊपर चंद्रशाला के शीर्ष पर भद्रमुख दर्शाया गया है। मंदिर का प्रवेश द्वार पश्चिमाभिमुख है तथा पत्रवल्ली, फुल्लपट्टी स्तम्भ शाखाओं से अलंकृत है।

शैलीगत् आधार पर उपरोक्त दोनों मंदिरों को 9वीं शती ई. का माना जा सकता है।

(4) वल्लभी शैली

सिद्धेश्वर महादेव (वैतरणी)—चमोली जनपद के मुख्यालय गोपेश्वर में पाश्वीश्वर महादेव देवालय के पश्चिमोत्तर 5 किमी. की दूरी पर वैतरणी नामक स्थल है। यहीं पर स्थित मंदिरों में 230 मीटर ऊँचा सिद्धेश्वर महादेव मंदिर विशेष उल्लेखनीय है।

मंदिर की तलछंद योजना के अन्तर्गत् गर्भगृह तथा अंतराल या कपिली का निर्माण किया गया है। बाहर से आयताकार और भीतर से वर्गाकार गर्भगृह की बाहरी माप 1.06×1.29 मीटर तथा भीतरी माप 0.82×0.82 मीटर है, जबकि अंतराल की भीतरी माप 0.33 मीटर और बाह्य भाग 1.10 मीटर है। इस पर निर्मित शुकनासा के मध्य भद्रमुख प्रदर्शित है।

मंदिर की उर्ध्वछंद योजना के अन्तर्गत् वेदीबंध को खुर, कुंभ, कर्णिका, फुल्लपट्टी द्वारा सज्जित किया गया है। जंघा भाग दो उद्गम युक्त रथिका द्वारा सज्जित है। जंघा के दक्षिण पार्श्व की रथिका के उद्गम पर भद्रमुख और स्तम्भों पर घट पल्लव का अंकन है। जंघा और शिखर को एक मणिबंध पट्टी द्वारा विभक्त किया गया है। जंघा के ऊपर दो चरणों में बना वल्लभी शैली का शिखर है। जिसके निचले भाग में गजपृष्ठाकृति अंकित है। मंदिर का प्रवेश द्वार पूर्वाभिमुखी है। ये पत्रवल्ली द्वारा सज्जित किया गया है। इसका दायां भाग भग्न हो चुका है। उत्तरांग पर प्रदर्शित ग्रास-पट्टी के बीच गणेश विराजमान है। शैली के अनुसार यह मंदिर 11वीं शती ई. का प्रतीत होता है।

बूढ़ा भरसार मंदिर (भरसार)—यह ग्राम पौड़ी गढ़वाल जिले की तहसील थलीसैंड में स्थित है। इसी ग्राम में धण्डियाल धार नामक स्थल पर एक वल्लभी शैली का मंदिर विद्यमान है, जिसे स्थानीय ग्रामवासी बूढ़ा भरसार मंदिर कहते हैं। अभी तक वल्लभी शैली के जितने भी मंदिर गढ़वाल हिमालय में नजर आये हैं, वे सामान्यत: मंदिर समूहों के साथ हैं स्वतंत्र मंदिर दुर्लभ हैं, इस दृष्टि से ये मंदिर अति महत्वपूर्ण है।

ये मंदिर दक्षिणाभिमुख है। यदि इसकी तलछंद योजना को देखें, तो कपिली (अंतराल) और मंडप (बरामदा) युक्त गर्भगृह आयताकार है। इसकी आंतरिक माप 2.75×1.65 मीटर एवं बाह्य माप 4.45×3.30 मीटर है। गर्भगृह का वितान सादा है और ये प्रतिमा विहीन है। अंतराल की बाह्य माप 3.10×0.90 मीटर तथा आंतरिक माप 1.57×1.10 मीटर है। यह ध्यान देने योग्य है, कि अंतराल से संबद्ध मण्डप और मंदिर दोनों की निर्माण शैली अलग-अलग है। स्तम्भों पर आधारित चतु:शाला मंडप स्थानीय प्रस्तर स्लेटों द्वारा निर्मित है। यह मंडप शायद शिखर के पुनर्निर्माण के समय निर्मित किया गया होगा।

इसकी उर्ध्वछंद योजना में 0.90 मीटर ऊँचा वेदीबंध है जो खुर, कुम्भ द्वारा सज्जित है। इसके ऊपर कलश एवं कपोत को अर्द्धनग्न तिर्यक पट्टियों तथा चंद्रशालाओं से अलंकृत किया गया है। जंघा के भद्रभाग तथा कर्णों पर एक-एक उद्गम युक्त प्रतिमा विहिन रथिकाएं बनी हैं। भद्रभाग की रथिका के ऊपर मनकेदार पट्टियों से सुसज्जित चंद्रशालाएं हैं। इन पर पद्म का अंकन है। इसके ऊपर गज-सिंह प्रदर्शित किया गया है। जंघा भाग के ऊपर स्थानीय सलेटी प्रस्तरों से निर्मित गजपृष्ठाकृत शिखर निर्मित है, जो फिलहाल जीर्ण अवस्था में है। शीर्ष पर

आमलक शोभायमान है। शिखर की पूर्वी दिशा में निर्मित चंद्रशाला के अधोमध्य भाग में पूर्ण विकसित पद्म पर लकुलीश विराजमान हैं। लकुलीश के दाएं चतुर्भुज विष्णु तथा बांये द्विभुजी देवी सुखासन मुद्रा में प्रदर्शित हैं। पश्चिम दिशा की ओर स्थित चंद्रशाला के उर्ध्वभाग में ब्रह्मा, विष्णु, महेश तथा अधोभाग में चतुर्भुज गणेश ललितासन मुद्रा में हैं। गणेश के दाहिनी ओर हिरण्यकश्यप का उदर विदिर्ण करते नरसिंह हैं, परन्तु बांयी ओर की आकृति स्पष्ट नहीं है। कपिली के ऊपर शुकनासिका पर निर्मित चंद्रशाला की पट्टियों में भद्रमुख का अंकन है और अधोभाग में स्थानक शिव बने हैं। शैलीगत् आधार पर इस मंदिर को 11वीं शती ई. का माना जा सकता है।

यद्यपि विष्णुधर्मोत्तर पुराण[1] और अपराजित पृच्छा[2] के अन्तर्गत् वल्लभी शैली के मंदिर विभिन्न देवी-देवताओं से संबंधित किये गये हैं। परंतु गढ़वाल हिमालय में इस शैली के जो भी मंदिर अब तक प्रकाश में आये हैं, वे सभी शाक्त सम्प्रदाय से संबंधित हैं।[3] उल्लेखनीय है, कि समरांगण सूत्रधार में शिव चण्डिका और विनायक के प्रिय प्रासाद वल्लभी शैली के मंदिरों में ही बताये गये हैं।[4] इसी से प्रेरित हो यहां वल्लभी शैली के शाक्त सम्प्रदाय से सम्बन्धित मंदिरों का निर्माण किया गया।

(5) मिश्रक वैसर शैली

योगबद्री मंदिर (पाण्डुकेश्वर)—यह मंदिर बद्रीनाथ के पास पाण्डुकेश्वर ग्राम में है। तलछंद योजना के अंतर्गत् देखें तो इस मंदिर के दो भाग हैं - मूल प्रासाद और गूढ़मण्डप। ये दोनों चतुरस्त्रकार हैं। घनाकार मण्डप ढलवां है तथा मूल प्रासाद की कटि तक ऊँचा है। इसका वितान स्वयं दो सादे चतुष्कोण स्तम्भों पर आधारित है। उर्ध्वछंद योजना के अन्तर्गत् वेदीबंध तीन सादी चाकौर 'मुल्डिंग' से युक्त है, जिसमें अधोअन्तरपत्र पर धरण शीर्ष (लुमाओं) की माला बनी है। इस प्रकार का अंकन हमें देवगढ़ (झांसी) के विष्णु मंदिर में देखने को मिलता है। कटिभाग सर्वथा सादा और समतल है। यद्यपि इसके चारों कोणों पर हल्के भित्ती स्तम्भ हैं और प्रस्तर खण्डों में उतार-चढ़ाव है। कपोताली स्वयं अन्तरपत्र और मेखला से युक्त है। मेखला के ऊपर चारों कोणों पर बर्हिमुख खड़े चार सिंह ऐसे प्रतीत होते हैं, मानो वो शिखर को सम्भाल रहे हों। ठीक इसी प्रकार का उदाहरण हमें परशुराम मंदिर (भुवनेश्वर) में भी देखने को मिलता है। जहां चार कोणों पर खड़े सिंहों ने आमलक शिला को सम्भाला हुआ है। कपोताली और शिखर के मध्य कंठ अंदर को धंसा हुआ वर्तुल तथा जटिल विन्यास वाला है। इसके ऊपर वृत्तशिखर निर्मित है, जिसका स्कंध विस्तृत और भारी है। इसके चारों ओर चार लंबोत्तर चैत्य

---

1. विष्णुधर्मोत्तर पुराण, 111, 86, 21-30
2. अपराजित पृच्छा 105. 34-36.
3. *तिवारी राकेश* सर्वेक्षण रिपोर्ट, 1980-81, तदैव पृ. 66, सिंहअमर : सरहनबुर्जुग और धमना खुर्द के प्रतिहार कालीन देवालय, ध्यानम् अंक 3, पृ. 20
4. समरांगण सूत्रधार-अध्याय 58, श्लोक 6-7, 12-13-14

गवाक्ष बने हैं। शिखर के ऊपर काष्ठ और धातु पत्रों का छाद्य निर्मित है। मण्डप घनाकार है, उसकी ऊँचाई मूल प्रासाद की कटि तक सीमित है। प्रस्तर पट्टिकाओं से उसका ढालू रूप में छान किया गया है। मण्डपवितान दो सादे चतुष्कोण स्तम्भों पर आधारित है। इस प्रकार मंदिर अंदर और बाहर से नितांत सादा है। केवल शिखर के चतुर्दिक चारलंबोतर चैत्यगावाक्ष बने हैं। द्वार के ऊपर पद्म ललाट बिम्ब उत्कीर्ण है।

सम्पूर्ण भारत में हमें जितने भी मंदिर ज्ञात हैं, उन्हे वस्तुत: हमने शिखर की बनावट के आधार पर ही विभिन्न शैलियों में विभाजित किया है। अर्थात् यदि शिखर चतुरस्त्र है तो नागर, बहुपक्षीय है तो द्रविड़, और यदि वृत्त है तो वैसर।[1] इस परम्परा के आधार पर योगबद्री मंदिर को वैसर शैली का मान सकते हैं। क्योंकि मंदिर का शरीर चतुरस्त्र है और शिखर वृत्ताकार (स्तूपों के समान)। इसलिए इस मंदिर की शैली को मिश्रक वैसर शैली नाम देना उचित होगा। गढ़वाल हिमालय के इस भाग में वैसर शैली के मिश्रित रूप का निर्माण आश्चर्य की बात नहीं है, स्वयं चालुक्यों के सांस्कृतिक केंद्र पट्टदकल में छ: मंदिर द्रविड़ शैली के और चार आरम्भिक नागर शैली के हैं और फिर वैसे भी कोई स्थान विशेष स्थापत्य के आधार पर किसी एक शैली विशेष से नहीं बंधा है।[2] यही कारण हैं कि स्थापत्य के विभिन्न रूपों का निर्माण हमें एक स्थान पर भी देखने को मिल जाता है।

गढ़वाल हिमालय के मंदिरों की स्थापत्यिक विशेषताएं

(1) काल निर्धारण की दृष्टि से हम यहां के मंदिरों को दो श्रेणियों में विभाजित कर सकते हैं। पहली श्रेणी में वे मंदिर आते हैं, जो 6वी-7वीं शती ई. के बीच निर्मित हुए तथा जिनमें मंडप का निर्माण बाद में करने की परम्परा थी। दूसरी श्रेणी में वे मंदिर आते हैं, जो 10वीं शती के बाद निर्मित हुए। इनमें मंडप का निर्माण मूल योजना के अन्तर्गत् किया जाने लगा था।

(2) गढ़वाल हिमालय के मंदिरों की स्थिति देखने से लगता है, कि प्रस्तर मंदिर निर्माण से पूर्व यहां मंदिर काष्ठ निर्मित ही रहे होंगे। छाद्य की सामग्री के रूप में काष्ठ का व्यापक प्रयोग हुआ, इसका प्रारम्भिक कारण हिमपात से सुरक्षा रहा होगा। कपाट भी काष्ठ से ही बनाये गये और स्नायु के रूप में लोहे की कील प्रयुक्त की गई।[3]

(3) गढ़वाल हिमालय के मंदिर आकार में लघु और भूषा में नितान्त सादे हैं। मंदिर निर्माण में सर्वत्र स्थानीय बालुकाश्म प्रस्तर का प्रयोग हुआ है। फलस्वरूप इसके कठोर स्वभाव ने स्थापत्य को मजबूती प्रदान की है। इन मंदिरों में गारा आच्छादन का निषेध है तथा शुष्क चिनाई ग्रहण की गई है।

---

1. *पिशरोटी, के.राम. ई.* : क. खंड 6,(1) जुलाई, 1939, पृ. 36-37, द्र. राव प्रोसीडिंग्स इंडियन हिस्ट्री कांग्रेस कलकत्ता, 1964, पृ. 64 भी
2. *शुक्ल, द्विजेन्द्र नाथ* : भारतीय स्थापत्य, पृ. 262, प्रो. एस.के. सरस्वती भी आकार को शैली विशेष का निश्चित और स्पष्ट चिन्ह नहीं मानते (आर्किटेक्चर, हिस्ट्री एण्ड कल्चर ऑफ इण्डियन पीपुल, खंड 5 पृ. 531)
3. *कठोच, यशवंत सिंह :* मध्य हिमालय का पुरातत्व, 1981, 37.

(4) यहां के मंदिरों में प्राय: देवदार, थुनैर और कैल की लकड़ी प्रयुक्त की गई है।[1] लकड़ी का प्रयोग प्राय: आमलक के ऊपर शीर्ष को ढकते हुए काष्ठ निर्मित छाद्य (छत्र या बिजौरा) को बनाने में मिलता है। संभवत: तिब्बत एवं नेपाल से निरन्तर सम्पर्क के कारण पैगोडा की तरह की यह शैली यहां प्रचलित हुई होगी। बिजौरे या छत्र पर खूबसूरती से नक्काशी करने की परम्परा यहां के मंदिरों में देखने को मिलती है।

(5) सम्पूर्ण मंदिर वास्तु की संरचना के लिए भी लकड़ी का प्रयोग हुआ है। इसके उदाहरण खाई क्षेत्र (टोंस की अरली घाटी) में मिलते हैं। पैगोड़ा प्रकार की इन काष्ठ मंदिरों की केवल पीठ प्रस्तर निर्मित होती है।

(6) लोहे का प्रयोग यहां मुख्यत: दो प्रस्तर खण्डों को जोड़ने के लिए किया गया है, जबकि इन प्रस्तरों को प्राय: गारा लगाकर जोड़ा जा सकता था। यही नहीं कहीं-कहीं पर छाद्य तथा प्रस्तर के उत्तरांग को सहारा देने के लिए भी लौह पट्टिकाओं का प्रयोग किया गया है।

(7) छत्र शैली के प्रधान मंदिरों की शीर्ष भूषा में आमलक, काष्ठ छत्र और कलश का क्रम है, जबकि रुचक शैली के शिखर मंदिरों में ग्रीवा, आमलक और कलश का क्रम है। शिखर के ऊपर ग्रीवा पर स्थित आंवले की तरह कटावदार गोल चक्र के आकार की आकृति, जिसे आमलक शिला कहते हैं, को गढ़वाल हिमालय के शिखर शैली के प्राय: सभी मंदिरों पर प्रदर्शित करने की परम्परा थी।

(8) मंदिरों की मुख्य दीवारें सादी रखने अथवा विभिन्न अलंकरणों से सजाये जाने का प्रचलन इस क्षेत्र में था। कुछ मंदिरों की दीवारें शिखर की तरह उभार लेकर तीन भागों में बंटी दिखाई देती हैं। प्राय: दीवारों को अर्धकमल या पूर्ण कमल, घड़े के ऊपर रखे पत्ते आदि मांगलिक चिन्हों से सजाया जाता था। यह तथ्य दृष्टव्य है, कि इस प्रकार की गहनों से सजे हुए सभी मंदिर 10वीं शती से पूर्व के हैं। बाद में जो निर्माण हुए उनमें अधिकांश की दीवारें सादी हैं।

(9) गढ़वाल हिमालय के मंदिरों की तलछंद योजना के अन्तर्गत मूल प्रासाद चतुरस्त्र ही पाया गया है। परंतु ये कहीं त्रिरथ विन्यास है और कहीं पंचरथ। गर्भगृह पर जो नागर रेखा शिखर निर्मित है, वो एकाण्डक है और उरुश्रृंग (अंग शिखर) रहित है। यद्यपि अपवाद स्वरूप केदारनाथ के भद्रों पर चार समतल हल्के, उरुश्रृंगों का निर्माण किया गया है।

(10) ज्यादातर मंदिरों में नागर शैली के रेखा शिखर निर्मित किये गये हैं।[2]नागर शैली के रेखा शिखर और पीढ़ा-देउल (फांसणा शैली) के शिखर युक्त मंदिरों के गर्भगृह वर्गाकार हैं, जबकि वल्लभी शैली के मंदिरों के गर्भगृह आयताकार बनाये गये हैं। ऐसा शायद इसलिए

---

1. देवदारु (Cedrus Libani: Var, Deodora), कैल (Pinus excelsa), थुनैर (Taxus Baccata= yew) पीत रंग का नरदेवदारु दीर्घजीवी होता हैं, उससे अधिक दीर्घजीवी लाल रंग के काष्ठ वाला थुनैर माना जाता है।
पर्सी ब्राउन: इण्डियन आर्किटेक्चर बुद्धिस्ट एण्ड हिन्दू पीरियडस, पृ. 111, पिशरोटी प्रो. के. राम: ई.क. खंड 6(1) जुलाई, 1939, पृ. 37

किया गया है ताकि एक से अधिक प्रतिमाओं की अर्चना एक साथ की जा सके।[1] ज्ञातव्य है, कि हिन्दू स्थापत्य में चतुरस्त्र ही प्रासाद की मूल एवं प्रधान योजना है। प्रासाद मण्डल[2] तो आयत गर्भगृह को एक दोष मानता है।

(11) गजपृष्ठाकृति (वल्लभी शैली) मंदिरों में आयताकार कक्षों के ऊपर गजपृष्ठाकृति छत निर्माण की परम्परा प्राचीन मौर्य, शुंग काल से ही प्रचलित थी।[3] सांची, भारहुत, उदयगिरि आदि के शुंगकालीन प्रासाद इसके उदाहरण हैं। इस प्रकार के मंदिरों में जगती या पीठ स्थापित करने की परम्परा या तो थी ही नहीं या फिर बहुत नीची पीठ बनाई गई थी। गढ़वाल हिमालय क्षेत्र में वल्लभी शैली के मंदिर निर्माण की सुविधा के अनुसार तीन प्रकार के हैं— प्रथम श्रेणी में वे मंदिर हैं, जिनमें आयताकार गर्भगृह ही समूचा मंदिर है, जैसे-माता मंदिर (गोपेश्वर), उमा-महेश मंदिर (मदमहेश्वर), नंदादेवी मंदिर (बजिंगा, पट्टी भिल्लंग), दूसरे प्रकार के वे मंदिर हैं जिनमें आयताकार गर्भगृह और अन्तराल हैं, जैसे भस्मासुर मंदिर (नारायणकोटि), सिद्धेश्वर महादेव (वैतरणी) और तीसरे वे मंदिर हैं, जिनमें आयताकार, गर्भगृह, अंतराल और वर्गाकार मंडप हैं जैसे-बूढ़ा भरसार मंदिर (भरसार)।

(12) यहां के मंदिरों के शिखर कोनों पर आंवले की तरह कटावदार आकृतियों से सजे रहते हैं, इनमें शिखर क्षितिज रूप में चार अथवा छः भागों में बंट जाता है, ये भूमि आमलक कहलाते हैं। इन शिखरों पर प्राय: सिंहमुख आकार के कीर्तिमुख दर्शाये जाने की परम्परा है। गुप्तकाल के इस बहुप्रचलित अलंकरण को मांगलिक प्रतीक माना जाता है, जो अनिष्ट का नाश करने वाले पंचानन रूद्र हैं।

(13) उर्ध्वछंद योजना के अन्तर्गत् मंदिर वेदीबंध से आरम्भ होता है, जो कि जगती विहीन है। वेदीबंध पर निर्मित जंघा हल्के भित्ती स्तम्भ युक्त है तथा भद्रो पर शूरसेन भूषित घनद्वार इसकी विशेषता है।

(14) प्रासाद योजना के अन्तर्गत् गढ़वाल हिमालय के मंदिरों में स्तम्भों का प्रयोग खुले मण्डप अथवा प्राग्ग्रीव के आगे तथा गर्भगृह एवं विस्तृत मण्डप के आंतरिक भाग में किया गया है, ताकि छाद्य पट्टिका एवं वितान के उत्तरांग को अवलम्ब प्रदान किया जा सके।

स्तम्भ के चार प्रकार होते हैं—चतुरस्त्र, अष्टास्त्र, षोडशशास्त्र और वृत्त। यहां के मंदिरों में मुख्यत: दो प्रकार के स्तम्भों (चतुरस्त्र और अष्टास्त्र) का ही प्रयोग देखने मिलता है। चतुरस्त्र प्रकार के स्तम्भों का प्रयोग छत्र शैली के मंदिरों में किया गया है, जैसे गोपेश्वर, बिनसर, पैठाणी के शिव मंदिर, विष्णुमंदिर आदि बद्री, योगबद्री मंदिर पाण्डुकेश्वर आदि। जबकि रुचक वर्गीय शिखर मंदिरों के स्तम्भ बहुधा अष्टास्त्र प्रकार के हैं, जैसे चण्डी मंदिर गोपेश्वर, आदिबद्री मंदिर आदि। यहीं नहीं इस शैली में प्राग्ग्रीव भी द्विस्तम्भीय है।

---

1. *स्ट्रेला क्रेमरिश* : द हिन्दू टेम्पल पृ. 150, टि. 52
2. *प्रासाद मण्डल* : दोषंद गर्भमायातम् 3.3
3. *सहाय सच्चिदानंद* : मंदिर स्थापत्य का इतिहास, पटना 1981:5

(15) चटपल्लव या कुम्भ स्तम्भ या घट पल्लव भूषा गुप्त स्तम्भों की विशेषता रही है। यही विशेषता हमें गढ़वाल हिमालय स्थापत्य कला के अन्तर्गत् स्तम्भों पर देखने को मिलती है। इस भूषा का प्रयोग यहां स्तम्भों पर आगे बाद तक भी किया जाता रहा। लुकाधड़ी (कोटद्वार) से प्राप्त चतुरास्त्र स्तम्भ के शीर्ष पर घट पल्लव अभिप्राय अंकित है। सम्भवत: यह घट पल्लवभूषा का गढ़वाल हिमालय में सबसे प्राचीन उदाहरण है (लगभग 7वीं-8वीं शती ई.), लक्ष्मी नारायण, बद्रीश्वर महादेव मंदिर (नारायण कोटि) के स्तम्भ तथा राजराजेश्वरी मंदिर (रानिहाट) के मण्डप स्तम्भ (दोनों लगभग 9वीं शती ई.) भी घट पल्लव के सुंदर उदाहरण हैं।

(16) हिन्दू प्रासाद रचना में द्वार एक प्रधान अंग है। गढ़वाल हिमालय के मंदिरों के प्रवेशद्वार पूर्वाभिमुख, पश्चिमाभिमुख तथा दक्षिणाभिमुख पाये जाते हैं। यद्यपि प्रवेश द्वार कहीं पर सादे भी दृष्टिगोचर हैं। यह तथ्य भी दृष्टव्य है, कि 10वीं शती ई. तक के मंदिरों के प्रवेशद्वार अलंकृत हैं, जबकि उसके बाद के मंदिरों के प्रवेश द्वारों में सादापन झलकता है। परंतु यहां सदा से ही प्रवेश द्वार को अलंकृत करने की प्रथा रही है। गंगा-यमुना, कीर्तिमुख, किन्नर, मिथुन, नवगृह के अलावा फुल्लशाखा, नागशाखा और पत्रशाखा के अंकन हमें यहां मंदिर द्वारों पर देखने को मिलते हैं। प्रवेश द्वारों के बाहरी स्तम्भों पर भद्रमुखों चंद्रशालाओं का अलंकरण भी किया गया हैं। कुछ मंदिरों के उदुम्बर भी हमें अलंकृत मिलते हैं, इस पर गजसिंह, नाग, गजारोही के दृश्य अंकित हैं। साथ ही उत्तरांग पर प्राय: गणेश का अंकन मिलता है। लेकिन कभी-कभी यहां ब्रह्मा, विष्णु, महेश का अंकन भी देखने को मिल जाता है। उत्तरांग के उभय पार्श्वों पर ब्रह्मा एवं विष्णु निरूपित किये जाने की प्रथा भी रही है।

(17) गढ़वाल हिमालय के मंदिरों के वितान या गर्भगृहों की छत प्राय: सोपान युक्त या सादी है। कहीं-कहीं से केन्द्रित वृत्तों के मध्य अथवा अकेला पूर्ण विकसित कमल भी वितान पर देखने को मिलता है। यहां हमें वितान के सम्भवत: दो प्रकार—समतल वितान और पंक्ति वितान दिखाई देते हैं। समतल वितान के अन्तर्गत् पाषाण पट्टिकाओं द्वारा समतल छादन कर दिया जाता है। यहां के जिन मंदिरों में गर्भगृह आकार में ज्यादा बड़ा नहीं है, वहां समतल वितान एकाश्मक है और धरणी शीर्षो पर आश्रित है, परंतु जहां गर्भगृह विशाल है, वहां वितान अनेकाश्मक तो है ही, साथ ही साथ धरणी शीर्षों के अलावा स्तम्भों पर भी आश्रित है। पंक्ति वितान के अन्तर्गत् टिअर्स या क्षैतिज पट्टी बढ़ाकर छतें डाली जाती थी। पाषाण पट्टिकाओं को एक या एक से अधिक पंक्तियों में रखा जाता था। पंक्ति वितान रचना की कोष्ठक प्रणाली ही है। यही गढ़वाल हिमालय में मुख्यत: प्रयुक्त हुई है।

(18) शुकनासा मंडित अंतराल युक्त रेखा शिखर हिमाद्रि शैली की विशेषता है। गढ़वाल हिमालय के चतुरास्त्र तथा चतुस्त्रायत (Rectangular)दोनों प्रकार के मंदिरों में शिखर के अग्रभाग में (अंतराल के ऊपर) स्थित शुकनासा प्रधान स्थापत्य भूषा रही है। जैसा कि नाम से विदित है, यह संरचना तोते की नाक की तरह उभार लिये होती है। अग्नि पुराण में शुकनासा को प्रासाद पुरुष की नाक कहा गया है। यह तथ्य भी दृष्टव्य है, कि 9वीं-10वीं शती ई. के

बाद मंदिरों में शुकनासा हमें सादी मिलती है। शुकनासा को चंद्रशालाओं, रथिकाओं द्वारा सज्जित किये जाने की प्रथा थी। इसके मध्य में नटराज,शिव, सूर्य, लकुलीश, शिव-त्रिमुख, भद्रमुख, गंगा-यमुना, गंधर्व, मालाधारी, विद्याधर, पत्रवल्ली, फुल्ल, पद्म आदि का अंकन भी हमें मिलता है। यह तथ्य ध्यान देने योग्य है, कि शुकनासा गवाक्षाकार भाग (चैत्य गवाक्ष) के शिल्प और अलंकरण से मंदिरों का काल निर्धारण करने में सहायता मिलती है।

(19) शुकनासा के ऊपर गजसिंह दिखाने की प्रथा भी यहां के मंदिरों में विद्यमान रही है। यद्यपि गजसिंह का अंकन हमें स्तम्भ और छत्र (कनौपी) में भी मिलता है। इस अभिप्राय में उड़ीसा के मंदिरों की भांति हाथी को अपने पंजों से दबाये सिंह अंकित रहता है। दुर्गासप्तशती के देवी महात्म्य में कहा गया है, कि देवी का सिंह चामर नामक राक्षस के हाथ पर उछल कर चढ़ बैठा। महिषासुर भी जब महागज के रूप में आया, तो देवी के वाहन सिंह द्वारा उसे भी पराभूत होना पड़ा। कालान्तर में इसे पावन और अमंगल का निवारण करने वाला प्रतीक मानकर देवालयों में बहुतायत से अंकित किया गया।

इस क्षेत्र के मंदिरों के निर्माण में पूजा पद्धति के साथ-साथ गुजरात, उड़ीसा, खुजराहो तथा राजपूताना आदि क्षेत्रों में विकसित वास्तुकला का प्रभाव भी दृष्टिगोचर होता है। मंदिर के बाह्य भाग में अलंकरणों की प्रधानता, गर्भगृह के सम्मुख अंतराल का निर्माण, शिखर पर गवाक्ष (Sunray-Window) का निर्माण, अंलकृत प्रवेश द्वार, शिखर पर लघु चंद्रिकाओं से बने जालक, पंचायतन मंदिर आदि बाह्य स्थापत्य कला की छाप है।

इस प्रकार हम देखते हैं, कि स्थानीय स्थापत्य कला ने बाह्य स्थापत्य कला के अनेक अंगों को अपने में आत्मसात् किया और उसका बड़े पैमाने पर बड़ी कुशलता के साथ अपनी निजी वास्तु परम्परा में उपयोग किया। इसी का परिणाम है, कि स्थानीय स्थापत्य या वास्तुकला ने अपनी अस्तित्व को प्रखरता से बनाये रखा और मिलकर मंदिरों के रूप में जो रचना साकार की, वो गढ़वाल हिमालय की ही नहीं सम्पूर्ण उत्तर भारत की अमूल्य निधि बन गई है। प्रदक्षिणा पथ विहीन मंदिर, कम ऊँचाई के मंदिर, रथ रेखा शिखर, द्विस्तरीय चैत्य गवाक्ष, मंदिर के साथ नौला या पुष्करणी बनाना, शिखर पर कीर्तिमुख, गर्भगृह के सामने सस्तम्भ मंडप यहां की मंदिर वास्तु कला की विशेषताएं हैं, जिनका प्रयोग मंदिरों में बाह्य स्थापत्य कला के विभिन्न अंगों के साथ कुशलता से किया गया।

❑❑❑

संक्षेपिका

(Abbreviation)

आ.स.इ.ए.रि.	आर्किओलॉजिकल सर्वे ऑफ इण्डिया, एनुअल रिपोर्ट (कलकत्ता)
इ.आ.-ए.रि.	इंडियन आर्किओलॉजी-ए रिव्यू (नई-दिल्ली)
इं.ऐं.	इंडियन एंटिक्वारि (मुम्बई)
इं.क.	इंडियन कल्चर (कलकत्ता)
इं.हि.क्वा.	इंडियन हिस्टोरिकल क्वार्टर्ली (कलकत्ता)
उ.भा.	उत्तराखण्ड भारती (नैनीताल)
एपि.इं.	एपिग्राफिया इंडिका (कलकत्ता और दिल्ली)
एशि.रिस.	एशियाटिक रिसर्चेज (कलकत्ता)
एन.इं.	एंशिएन्ट इंडिया (नई-दिल्ली)
ए.रि.इं.एपि.	एनुअल रिपोर्ट ऑन इंडियन एपिग्राफी (नई-दिल्ली)
कर्नि.अ.स.रि	कर्निंघम आर्किओलोजिकल सर्वे रिपोर्ट्स (कलकत्ता, शिमला)
ज.एपि.सो.इं.	जर्नल ऑफ दि एपिग्राफिकल सोसाइटी ऑफ इण्डिया (भारतीय पुरालेख पत्रिका-मैसूर)
ज.ए.सो.बं.	जर्नल ऑफ दि एसियाटिक सोसाइटी बंगाल (कलकत्ता)
ज.इं.हि.	जर्नल ऑफ इण्डियन हिस्ट्री (त्रिवेन्द्रम)
ज.ओ.रि	जर्नल ऑफ दि ओरिएण्टल रिसर्च (मद्रास)
ज.ब.उ.रि.सो	जर्नल ऑफ दि बिहार एण्ड उड़ीसा रिसर्च सोसाइटी (पटना)
ज.न्यू.सो.इं.	जर्नल ऑफ दि न्यूमिज्मैटिक सोसाइटी ऑफ इण्डिया (वाराणसी)
ज.यू.पी.हि.सो.	जर्नल ऑफ दि यू.पी. हिस्टोरिकल सोसाइटी (लखनऊ)
ज.रा.ए.सो.	जर्नल ऑफ दि रॉयल एशियाटिक सोसाइटी ऑफ ग्रेट ब्रिटेन (लंदन)
ना.प्र.प.	नागरी प्रचारिणी पत्रिका (वाराणसी)
न्यू. इं. ऐं.	न्यू इंडियन एंटिक्वरि (मुम्बई)
प.इ.प.शो.प.	पर्वतीय इतिहास परिषद की शोध पत्रिका (नैनींताल, पौड़ी, गोपेश्वर)
प्रोसी. इ.हि.कां.	प्रोसीडिंग्स इंडियन हिस्ट्री कांग्रेस (कलकत्ता, मुम्बई आदि)
भा.वि	भारतीय विद्या (बम्बई)
सं.पु.प.	संग्रहालय पुरातत्व पत्रिका (लखनऊ)
इ.एन.पी.जे.एन.एस.	एडिम्बर्ग न्यू फिलोसोफिकल जर्नल, न्यू सिरिज
ए.एस.आई.	आर्कियोलॉजिकल सर्वे ऑफ इण्डिया
दि.हि.ग.	दि हिमालयन गजेटियर

□□□

सहायक ग्रंथ सूची
(Bibliography)

अग्निहोत्री पतंजलिकालीन भारत

अल्तेकर गुप्तकालीन मुद्राएं

ईलिएट और डौसन हिस्ट्री ऑफ इण्डिया, खण्ड 3

उपाध्याय, बलदेव भारतीय दर्शन, भारतीय धर्म और दर्शन

उपाध्याय, वासुदेव गुप्त साम्राज्य का इतिहास

उपेन्द्र ठाकुर हूणस् इन इण्डिया

ओझा प्राचीन भारतीय लिपि-माला, मध्यकालीन भारतीय संस्कृति

कर्निंघम लेटर इण्डोशिथियन्स, एन्शिएन्ट जियोग्राफी, आर्कियोलॉजिकल सर्वे रिपोर्ट्स

कल्हण राजतरंगिणी

काणे अर्थशास्त्र का इतिहास, भाग 1-5

कालीदास रघुवंश, कुमार सम्भव, मेघदूत, ऋतुसंहार, विक्रमोवंशीय, मालविकाग्निमित्र, अभिज्ञानशाकुंतलम्

गजेटियर बिजनौर, देहरादून

जयचन्द्र विद्यांलकार भारतीय इतिहास की मीमांसा

डबराल, शिव प्रसाद उत्तराखण्ड का इतिहास प्रथम 5 खंड, गढ़वाल का नवीन इतिहास, उत्तराखण्ड यात्रा दर्शन, उत्तराखण्ड के अभिलेख एवं मुद्रा, उत्तराखण्ड के पशुचारक,

नौटियाल, के.पी. आर्कियोलॉजी ऑफ कुमाऊँ, चौखम्बा संस्कृत सीरिज, वाराणसी 'दि न्यूमिजमैटिक हिस्ट्री ऑफ कुमाऊँ', ज.न्यू.हि.इ., पृ. 375-386

पुराण विष्णु, ब्रह्मा, शिव, वायु, मारकंडेय,

बाणभट्ट कादम्बरी, हर्षचरित्

महाभारत आदि, वन, शान्ति

रतूड़ी, एच.के. गढ़वाल का इतिहास, गढ़वाली प्रेस देहरादून, 1928 ई.

सांस्कृत्यायन, राहुल पुरातत्वनिबन्धावली, बौद्ध संस्कृति, तिब्बत में बौद्ध धर्म, किन्नर प्रदेश में, मध्य एशिया का इतिहास, हिमालय परिचय-सभी खण्ड,

राजशेखर काव्य मीमांसा

राय चौधरी प्राचीन भारत का इतिहास

पाण्डेयू, राजबली	हिस्टोरिकल ऐंड लिटरेरी इन्सक्रिप्सन्स, और इंडियन पैलिऑग्राफी, 1, द्वि.सं., वाराणसी, 1957 ई.
वाटर्स	ऑन युवान-च्वाङ ट्रेवल्स इन इण्डिया
एटकिन्सन, ए.टी.	दि हिमालयन गजेटियर, दिल्ली 1973 ई. (दि हिमालयन डिस्ट्रिक्ट्स ऑफ दि नार्थ-वेस्टर्न प्रोविन्सेज ऑफ इण्डिया, के नाम से प्रथम प्रकाशन, इलाहबाद, 1882-86 ई.) (हि.गजे.)
बोस, एस.सी.	'नोमैडिज्म इन हाई वैलीज ऑफ उत्तराखण्ड एण्ड कुमाऊँ' जी.आर.आई. 22 (3), 1960
समरांगणसूत्रधार	(स.सू.)
वास्तुविद्या	(सम्पा.) गणपति शास्त्री. त., त्रिवेन्द्रम, 1913 ई.
विश्वकर्माप्रकाश	(पत्रात्मक) भाषाटीकाकार मिहिरचंद्र, श्री वेंकेटश्वर मुद्राणालय मुम्बई, संवत् 1971
अपराजितपृच्छा	(अ.पृ.), पोपट भाई अम्बाशंकर गायकवाड़, ओरियन्टल सिरिज, 15, बड़ौदा
रुपमण्डन	(सम्पा.) डॉ. बलराम श्रीवास्तव, वाराणसी, संवत् 2021
बृहत्संहिता	(बृ.सं.), श्रीवेंकेटेश्वर मुद्राणालय मुम्बई, संवत 2009.
विष्णुधर्मोत्तर पुराण	(वि.ध.), श्री वेंकेटेश्वर मुद्राणालय मुम्बई, संवत् 1969.
महानिवाणतंत्रम्	श्री वेंकेटेश्वर मुद्राणालय मुम्बई, संवत् 1986
मत्स्य पुराण	हिन्दी साहित्य सम्मेलन, प्रयाग संवत् 2003
अग्नि पुराण	श्री कृष्णराज ओड्यर महाराजकृत
श्रीतत्वनिधिः	श्री वेंकेटेश्वर मुद्रणालय मुम्बई, संवत् 1958
वास्तुशिरोमणि	पुराना दरबार टिहरी की पांडुलिपी
अग्रवाल, वासुदेवशरण	स्टडीज इन इंडियन आर्ट, वाराणसी, 1965 (स्ट.ई.आ.) और पाणिनी कालीन भारत वर्ष, वाराणसी, 1961, द्वि.सं.
प्रसन्नकुमार, आचार्य	एन्साइक्लोपीडिया ऑफ हिन्दू आर्किटेक्चर, 1934
कृष्ण देव	टेम्पल्स ऑफ नार्थ इण्डिया, नेशनल बुक ट्रस्ट, दिल्ली, 1969, हिन्दी 1971
गोटेज, हर्मन	अर्ली वुडन टेम्पल ऑफ चम्बा, 1955 और 'दि क्रोनोलॉजी ऑफ दि चाँद डाइनेस्टी एण्ड मेडिवल मोन्यूमेंटस ऑफ कमाऊँ ज.इ.हि.खण्ड 29 (1)
प्रमोद चंद्र, प्रो.	(सम्पा.) स्टडीज इन इंडियन टेम्पुल आर्किटेक्चर, अमेरिकन, इ.ई.स्ट. नई दिल्ली
भट्टाचार्य, तारापद	ए स्टडी ऑफ वास्तुविद्या और कैनन्स ऑफ इण्डियन आर्किटेक्चर, द्वि.सं. कलकत्ता, 1963

सौन्दर राजन, के.वी.	इंडियन टेम्पुल स्टाइल्स नई दिल्ली, 1972
सिन्हा, बी.सी.	मार्ग प्रदर्शिका पुरातत्व संग्रहालय, गुरुकुल कांगड़ी, विश्व विद्यालय, हरिद्वार 1973 ई.
श्री बद्रीनाथ मंदिर	जीर्णोद्वार नवीनीकरण समिति का प्रतिवेदन, लखनऊ, 1975 ई.
अग्रवाल,डी.	'रॉक पेंटिग्ज इन कुमाऊँ', मैन एण्ड एन्वाइर्नमेंट, अहमदाबाद, खंड 2, 1978
कठौच, वाई.एस.	मध्य हिमालय का पुरातत्व, 1981 गढ़वाल हिमालय के मंदिरों, मूर्तियों एवं अभिलेखों का अध्ययन, गढ़वाल विश्वविद्यालय, श्रीनगर (शोध प्रबंध) 1978
कारनक, एच.रिबेट	'रफ नोट्स आन सम् एन्शिएन्ट स्कल्पचरिंग्स ऑन राक्स इन कुमाऊँ ज.ए.सो.ब., 66 (2), 1877
वत्स, एम. और अग्रवाल	'ए नोट आन स्कल्पचर्स ऐट लाखामंडल', ज.यू.पी.हि.सो.
वोगेट. जे.	'हिल टेम्पुल्स ऑफ वेस्टर्न हिमालयाज', आई.ए.एल.खंड 20 (1)
कीलहार्न, एफ.	'पांडुकेश्वर प्लेट ऑफ ललितशूरदेव', इं.ऐ. भाग 25, 1896, पृ. 177-184
गुप्ते,वाई.आर.	'टू तालेश्वर कॉपर प्लेट्स' एपि.इं., खंड 13, 1915-16, पृ.109-121
चक्रवर्ती, एस.पी.	बागेश्वर इन्सक्रिप्शन ऑफ भूदेवदेव, ज.ए.सो.बं., खंड 7,1838, पृ. 1056-58
छावड़ा, बी.सी.	'लाखामण्डल फ्रैग्मेंटरी स्टोन इन्सक्रिप्शन्स ऑफ गुप्ता पीरियड', ज.यू.हि. सो., खंड 17 (1), जुलाई 1944, पृ.80-83
तैलंग, वी.एस.	'बाड़ाहाट का त्रिशूल लेख' गंगा का पुरातत्वांक, जनवरी 1933 ई.
रामचंद्रन, टी.एन.	'अश्वमेध साइट नियर कालसी' ज.ओ.रि.,खंड 21 (1-4), 1953, पृ. 1-31
सरकार, डी.सी.	'सम एन्शेन्ट किंग्ज ऑफ कुमाऊँ एंड गढ़वाल' भा.वि., 12, पृ.149-52
साधुराम, पी.	'एन्शेन्ट टेम्पुल्स एंड इन्सक्रिप्शन्स ऑफ पलेठी' सिद्ध भारती, खंड-2, 1950
केदारखण्ड	श्री वेंकेटेश्वर मुद्राणालय, मुम्बई संस्करण, संवत् 1963
पातीराम, आर.बी.	गढ़वाल एन्शेन्ट एण्ड मार्डन, आर्मी प्रेस शिमला, 1916
पाण्डे, बदरीदत्त	कुमाऊँ का इतिहास, अल्मोड़ा, 1937 ई.
विकेट, जे.ओ.बी.	सेटलमेंट रिपोर्ट् ऑन् कुमाऊँ एण्ड गढ़वाल, इलाहबाद, 1870

वाल्टन, एच.जे.	ब्रिटिश गढ़वाल-ए गजेटियर (इलाहबाद 1910) पुनः 1921 देहरादून-ए गजेटियर, इलाहबाद, 1911
शरण, महेश कुमार	ट्राइवल काइन्स, नई दिल्ली, 1972
अल्तेकर, ए.सी.	'दि यौधेयाज ऐज दि पालिटिकल सक्सेसर्स ऑफ दि कुषाणाज इन नार्दन इण्डिया' ज.यू.पी.हि.सो, 16, पृ. 52-55
क्राकर, एच.इ.	'ए ट्रिप टू लाखामंडल', ज.यू.पी.हि.सो., खंड 4 (2), 1930, पृ.26
गैरोला, तारादत्त	अर्ली हिस्ट्री ऑफ दि गढ़वाल राजाज् (634 से 1325 ई.), ज.यू.पी.हि.सो., खंड 1 (2), 1917, पृ. 160-167
द्विवेदी, शाकम्बरी	'कालसी का अशोक लेख और स्रुघ्न नगर' पर्वतीय इतिहास परिषद शोध पत्रिका, प्रथम अंक 1972 ई., पृ.15-25
पावेल प्राइस, जे.सी.	'सम नोट्स ऑन दि अर्ली हिस्ट्री ऑफ कुमाऊँ 'ज.यू.पी.हि.सो., खंड 4 (2), 1930 पृ.5-14 'कुणीन्दाज एंड कत्यूरीज' वही, खंड 18 (1,2) 1945, पृ.214-18
अवस्थी, रामाश्रय	खुजराहो की देव-प्रतिमाएं, ओरिएंटल पब्लिशिंग हाऊस, गया कुंज, सिविल लाइन्स, आगरा-2, 1967
अग्रवाल, डी.पी.	रॉक पेंटिंग्स इन कुमाऊँ, मैन एण्ड एनवायरमेंट, 1978
जोशी, एम.पी.	इंडियन सोसाइटी फार प्रीहिस्ट्री एण्ड क्वार्टनरी स्टडीज, अहमदाबाद, पृ. 75-77
अशोक, यमुनादत्त वैष्णव	हिमालय के सदेह स्वर्गारोही, धर्मयुग, जून 1977
ऐलन, जे.	कैटलॉग ऑफ दि इण्डियन क्वाइन्स इन दि ब्रिटिश म्यूजियम, लंदन, 1936
कर्निंघम ए.	आर्कियोलाजिकल सर्वे ऑफ इण्डिया, वा. 1, 1862-63, वा. III, 1871-72, और वा. XIV, 1878-79
कृष्ण, नन्दिता	दि आर्ट ऑफ आइकोनोग्राफी ऑफ विष्णु नारायण, डी.बी. तारापोरवाला, 210, दादाभाई नौराजी मार्ग, मुम्बई, 1980
कार्नेक, एच. रिवेट	रफ नोट्स ऑन सम एन्शेन्ट स्कल्पचरिंग ऑन राक्स इन कुमाऊँ सिमिलर टू दोज फाउण्ड इन मोनोलिथ्स एण्ड राक्स इन यूरोप, ज.ए.सो.ब., वा. XIV, प्लेट 1, पृ.1877
काला, सतीश चंद्र	फरदर लाइट ऑन दि टेरीटरी ऑफ दि कुणिन्दाज, जर्नल ऑफ यू.पी.हि.सो., वॉ.VIII लखनऊ, 1935
	सम इन्टरेस्टिंग्स क्वाइन्स ऑफ दि यौधेयाज, जर्नल ऑफ न्यूमेसमेटिक्स सोसाइटी, वा XVIII, वाराणसी, 1953

क्रेमिश, स्टेला दि हिन्दू टेम्पल, कलकत्ता, 1946

जोशी, एम.पी. सम इन्सक्रीप्शन्स ऑफ न्यूली डिस्कवर्ड टेम्पुल ऑफ शिव इन अल्मोड़ा डिस्ट्रिक्ट, बुलेटिन ऑफ म्यूजियम एंड अर्कियोलॉजी इन यू.पी., नं. 10, लखनऊ, पृ.1-6, 1972,

दि इंडियन टेम्पुल फार्म्स, अभिनव पब्लीकेशन्स, ई. 37, हौज खास नई दिल्ली, 1977

तिवारी, राकेश शिव मंदिर-पैठाणी, संग्रहालय पुरातत्व पत्रिका, अंक 25, पृ.51-52, लखनऊ, 1980

-बुमन सुयाल के प्राचीन मंदिर, ध्यानम् युवा परिभ्रमण एवं सांस्कृतिक समिति, लखनऊ पृ.23-30, 1981

-बागेश्वर, धर्मयुग, 3-9 मई, 1981

-पलेठी के प्राचीन देवालय, गढ़वाल, ध्यानम् पृ. 31-42, लखनऊ, 1982

नेगी, जगमोहन सिंह रुपकुण्ड मिस्ट्री, अमृत बाजार पत्रिका, अगस्त 31, कलकत्ता, 1955

नौटियाल, के.पी. एंड. खण्डूरी, बी.एम. रानीहाट एण्ड इट्स इन्वाएर्न्स एस्केवेशन्स, ऑफ एन अर्ली हिस्टॉरिक साइट इन गढ़वाल, दि हिमालय, वा I, पृ.21-38, 1977

नैटियाल, के.पी., खण्डूरी, बी.एम., नौटियाल, विनोद , राजपूत, डी.एल. इन केस्ट ऑफ लिथिक इण्डस्ट्रीज इन गढ़वाल हिमालयः रिजल्ट ऑफ फर्स्ट फैज. सर्वे, दि हिमालय, वा. 4, पृ.61-67

पर्सी बाऊन इंडियन आर्किटेक्चर बुद्धिस्ट एंड हिन्दू पीरीयड्स, डी.बी. तारापोरवाला, 210 दादाभाई नौराजी मार्ग, बम्बई, 1976

प्रयाग दयाल ए न्यू होर्ड ऑफ यौधेय क्वाइन्स फ्रॉम देहरादून, जर्नल ऑफ दि न्यूमेसमेटिक्स सोसाइटी ऑफ इण्डिया, वॉII, वाराणसी, 1937

फ्यूहरर, ए. मन्युमेंटल एन्टीक्विटीज एंड इन्सक्रिप्शन्स ऑफ दि नार्थ वेस्ट एंड अवध, ए.एस. आई., इलाहबाद, 1991

फ्रान्के, ए.एच. ऐन्टीक्विटीज ऑफ इंडियन तिब्बत, वॉ I, आर्कियोलोजीकल सर्वे ऑफ इण्डिया, न्यू. इम्पीरीयल सिरीज, एस.चांद एंड कम्पनी रामनगर, दिल्ली, 1972

बनर्जी, जितेन्द्र नाथ दि डवलपमेंट ऑफ हिन्दू आइकनोग्राफी, कलकत्ता विश्वविद्यालय, बालगंज, कलकत्ता (द्वितीय संस्करण), 1956

बडोनी, बुद्धि प्रकाश भिलंगना घाटी की प्राचीन प्रतिमाएं, 1982

भट्टाचार्य, बी.सी. इंडियन इमेजज, कॉसमो पब्लिकेशन, नई दिल्ली (रिप्रन्टेड, प्रथम प्रकाशन 1921), 1978

राव, टी.ए. गोपीनाथ एलीमेन्ट्स ऑफ हिन्दू आइकनोग्राफी, इंडोलॉजिकल बुक हाउस, वाराणसी, 1971

वत्स एम.एस. स्कल्पचर्स इन दि मेन टेम्पुल ऐट बैजनाथ, प्रासीडिंग्स ऑफ इंडियन हिस्ट्री कांग्रेस, वॉ. XIII, 1950

वर्मा, ठाकुर प्रसाद दि पैलिओग्राफी ऑफ ब्राह्मी स्क्रिप्ट इन नार्थ इंडिया, सिद्धार्थ प्रकाशन, वाराणसी, 1971

व्हीलर, एम. अर्ली इंडिया एंड पाकिस्तान टू अशोक, लंदन, 1959

शिवराम मूर्ति,सी. जियोग्राफिकल एंड क्रानोलॉजिकल फैक्टर्स इन इण्डियन आइकनोग्राफी, ऐशेन्ट इंडिया, 6, पृ. 21-63, 1950

खण्डूरी, बी.एम. आर्किओलॉजी ऑफ अलकनन्दा वैली, 1993

सरकार, डी.सी. थ्री प्लेट्स फ्रॉम पाण्डुकेश्वर, एपीग्राफिया इंडिका वॉ XXXI, 1955-56, इन्सक्रीप्शन्स फ्राम यू.पी., एपीग्राफिया इंडिका, वॉ XXXIV, 1962

सांकालिया, एच.डी. प्रो हिस्ट्री एंड प्रोटोहिस्ट्री ऑफ इण्डिया एण्ड पाकिस्तान, द्वितीय संस्करण, डेकन कालेज् पूना, 1974

सिंह, रामचंद्र सर्वे, संग्रहालय पुरातत्व पत्रिका, अंक-1, लखनऊ, 1968
-सम अन्नोन टेम्पुल्स इन लोअर हिमालय रेंज, उ.प्र. राज्य पुरातत्व संगठन, लखनऊ, 1982

सिंह, एस.वी.बी. ब्रह्मनिकल आइकन्स ऑफ नार्थ इंडिया, सागर पब्लिकेशन्स, 72, जनपथ, नई दिल्ली, 1977

हेन्वुड, डब्लू.जे. नोटिस ऑफ दि राक बेसन्स देवधुरा नियर अल्मोड़ा इन अपर इंडिया, इ.एन.जे.पी.एन.आई., वॉ IV, पृ.204-206

❑❑❑

2